Horst Rückert **Das Blendwerk**

Horst Rückert

# Das Blendwerk

## Von der „Colonia Dignidad“ zur „Villa Baviera“

A1 Verlag

## Inhalt

**Nach Pinochet**



**Kurzporträts von Aussteigern**



**Die „Villa Baviera“**

# Was geht mich das an?

*Eingang zum Casino Familiar*

Ein angenehm sonniger Herbsttag im März 2003.

Ein leicht angerostetes Schild „Casino Familiar“ weist Brigitte und mich an, rechts auf eine breite Schotterstraße abzubiegen. Nach wenigen Kilometern staubiger Fahrt taucht eine bayerische Halluzination im tiefen chilenischen Süden auf: ein großes zirkusähnliches Zelt, gekrönt von einem riesigen Löwen mit weißblauer Raute, ein Papp- und Holzklon des Originals vor der Münchner CSU-Parteizentrale. Aus unsichtbaren Lautsprechern schallt leise Marschmusik. Ein älterer Mann, in der Hand eine Eisenbahnerkelle und auf dem Kopf eine weiße Eisenbahnermütze, winkt uns mit selbstgewisser Autorität in einen der überdachten Parkplätze. An großen Tierfiguren vorbei, auf denen Kinder herumklettern, gehen wir auf den Zelteingang zu. „Tres picos“ – „Dreispitz“ steht auf einem Schild neben der Tür, auf einer Holztafel die Tagesangebote: Hasenbraten, ein Viertel Ente,

Gans mit Rotkohl. Gleich hinter der Tür begrüßt uns linkerhand ein strahlend lächelnder Franz Josef Strauß von einem großen Farbfoto mit der Widmung: „Allen Besuchern des ‚Bayerischen Dorfes' ein herzliches Grüß Gott! Ihr Franz Josef Strauß", rechts hängen grobkörnig vergrößerte Aufnahmen der Geschwister Scholl. Im großen Zeltrund stehen vor naiv gemalten Alpenszenen einfache braune Holztische, rot-weiß kariert gedeckt, fast alle sind besetzt von chilenischen Familien, die hier im Restaurant der „Villa Baviera", 440 km südlich der Hauptstadt Santiago, deutsches Essen genießen wollen. Wir sitzen kaum, da steht schon ein Kellner bei uns und reicht uns eine bunt bebilderte Speisekarte: Leberkäse mit Spiegelei, Bratwurst, Schnitzel „Wiener Art" mit Pommes frites, Eisbein mit Sauerkraut, eine große Auswahl an Eisbechern und Kuchen. In seiner Stimme klingt etwas Rheinland mit, als er fragt, was wir trinken möchten. Pisco Sour und Wein, in Chile selbstverständlicher Bestandteil jedes Essens, gibt es nicht, dafür aber Löwenbräu in den vertrauten hellblauen Dosen. Wir möchten ihm erzählen, dass wir aus München kommen und uns auf diesen Ausflug gefreut haben, dass wir deutsches Essen vermissen, möchten fragen, woher er kommt, aber ungeachtet eines Namensschildes, das ihn als „Helmut" ausweist und zur Kommunikation einlädt, antwortet er mit keiner Silbe, schaut über unsere Köpfe hinweg und wartet stumm mit unbewegter Miene auf unsere Bestellungen. Er bringt sie nach kurzer Zeit. Das Essen ist lecker, es schmeckt wie in einer Vorstadtwirtschaft, mit dem Duft von Frittieröl über Pommes und Schnitzel, Essigölwasser im geschnipselten Gemüsesalat und Salz, Pfeffer, Ketchup zum Nachwürzen auf dem Tisch.

Es gruselt uns bei all den Versatzstücken von Gemütlichkeit: die ununterbrochen im Hintergrund stampfende Marschmusik vor der Alpenkulisse, die Kellner, die in stummer Effizienz durch das Summen der Gespräche eilen wie an Schnüren gezogen, alle gleich aussehend: beiges Hemd, schwarze Schleife, glatte Rasur, rechts gescheiteltes halblanges blondes oder brünettes Haar, das leicht geschwungen in die Stirn fällt. Keine einzige Kellnerin. Frauen finden wir erst, als wir nach dem Essen in den Laden neben dem Zelt gehen. Hinter der Tante-Emma-Theke stehen sie in Dirndln, die Haare geflochten und zu Gretchen-Nestern hochgesteckt und verkaufen uns, wonach wir uns schon nach wenigen Monaten in der chilenischen Fremde sehnen: Schinken, Salami, Mettwurst, Leberwurst, Quark, Plätzchen. Den Magen mit deutschem Essen und den Kühlschrank unseres Busses mit deutschen Lebensmitteln gefüllt, fahren wir nach Concepción zurück. In die Neugier auf die „Alemanes", über die wir so viel gehört haben, sind Zweifel und Fragen eingedrungen. Diese Kleider und Frisuren aus den 50er Jahren. Die aufdringliche bayerische Folklore. Das konservierte Deutschtum. Die Militärmärsche als Hintergrundmusik. Die strenge Trennung von Männern und Frauen. Das Gegenüber eines konservativen bayerischen Ministerpräsidenten und einer Gruppe von Studenten, die für ihren Widerstand gegen den Nationalsozialismus 1943 hingerichtet wurden, das die Gäste wie durch eine Schleuse aus dem chilenischen Süden in eine bayerische Alpenkulisse führt. Der Flugplatz, auf dem zehn einmotorige Propellermaschinen stehen. Der riesige Steinbruch nebenan. Was ist das hier? Ein deutsches Musterunternehmen? Eine Bayernshow? Ein Museum der Straußjahre? Die Fassade einer Anstalt, in der Musterexemplare deutscher Tüchtigkeit dressiert werden? Decken die heimeligen Plastikteile große Geschäfte? Oder gar große Verbrechen?

Wir haben von deutsch-chilenischen Freunden einige Andeutungen über die „Colonia Dignidad" gehört, die sich jetzt „Villa Baviera" (Bayerisches Dorf) nennt, eine Siedlung von Deutschen etwa 200 km nordöstlich von Concepción in der Nähe der kleinen Stadt Parral: Es seien fleißige, tüchtige, wohltätige Menschen, die genau deswegen als „Nazis" verleumdet würden. Ihr Anführer, Paul Schäfer, sei untergetaucht, niemand wisse wo, weil er einmal Pinochet unterstützt habe, werde er nun von Linken mit Anklagen wegen Kindsmissbrauch überzogen. Genaues erfahren wir nicht, vor allem, weil unsere Freunde sich nicht in etwas einmischen wollen, das sie persönlich nichts angeht: „Sie haben mir nichts getan!", meint einer. Sie meinen aber wohl auch, dass sie mit uns, die wir trotz der gleichen Sprache Fremde aus Deutschland sind, nicht offen sprechen können. Sie bauen einen Schutzwall des Schweigens um Menschen, die, genau wie sie, bis heute Pinochets Diktatur für die Rettung des Vaterlands vor dem Kommunismus halten, gegen uns, denen sie Verständnislosigkeit für die Belange und Besonderheiten Chiles unterstellen.

Chilenische Freunde hingegen konfrontieren uns mit schlimmen Gerüchten, die für sie Gewissheiten sind: über entführte und von

Schäfer missbrauchte Kinder aus armen chilenischen Familien, über Folterkeller in der Siedlung, über Waffendepots, über trübe Geschäft mit Organen, die Patienten entnommen würden, über Hunderte von Millionen US-Dollar, die Paul Schäfer auf Auslandskonten versteckt habe, über beste Beziehungen zur chilenischen Justiz und zum chilenischen Militär, die eine Verfolgung seiner Verbrechen bis heute verhinderten. War die bayerische Kulisse also die Fassade einer Verbrecherorganisation? Die jahrzehntelang unter so unterschiedlichen Präsidenten wie dem Christdemokraten Frei, dem Marxisten Allende, dem Militärdiktator Pinochet und der Sozialistin Bachelet ihren Geschäften nachgehen konnte?

Wir waren der deutschen Kolonie zum ersten Mal 1991 begegnet, auf unserer Reise von Lima, wo ich an der Deutschen Schule als Lehrer für Deutsch und Geschichte arbeitete, nach Patagonien. Ein Kollege hatte, während wir auf der Panamericana dem südlichen Ende der Welt entgegeneilten, bei Concepción einen Abstecher zum Restaurant Casino Familiar gemacht und einen Prospekt der „Villa Baviera" mitgebracht, die das Lokal betreibt. Wir amüsierten uns über die Trachten und Lederhosen der blonden Frauen und Männer, die uns auf den Fotos vor schneebedeckten Bergen entgegenstrahlten und die so genau dem verkitschten Bild von Deutschland entsprachen, das sich viele Menschen in Südamerika machen. Ein cleverer Versuch, das Klischee deutscher Tüchtigkeit und schöner deutscher Landschaften zu bedienen und Touristen anzulocken. Vage erinnerten wir uns an Berichte im „Stern" und im „Spiegel" über Folter und Mord, gingen dem Widerspruch zwischen dem Gehörten und halb Vergessenen und dem idyllischen Bild, das wir sahen, aber nicht nach. Wir ließen die merkwürdige Siedlung am Wegesrand liegen.

2003 kam ich als Schulleiter an die deutsche Schule jener Stadt Concepción, an der wir zwölf Jahre zuvor vorbeigefahren waren, weil sich dem chilenischen Reiseführer „Turistel" zufolge ein Umweg nicht lohnte. Nun konnte ich die Gerüchte und Berichte über die Deutschen in der Nachbarschaft nicht mehr wegschieben, und wollte es auch nicht. Ich wollte begreifen, was da vorgegangen war.

Zwei Jahre nach unserem ersten Besuch im Restaurant der „Villa Baviera" wird Paul Schäfer in Argentinien verhaftet, nach Chile ausgeliefert und wegen des vielfachen Missbrauchs von Jungen vor Gericht gestellt. Das lange Schweigen über ihn und seine Anhänger bricht in einem kurzen landesweiten Skandal auf. Alle Zeitungen und Fernsehkanäle berichten. Das riesige Gelände bei Parral, das bisher mit Zäunen, Wachtürmen und Eisentoren gegen die Außenwelt abgeschottet war, wird zugänglich. Viele der „colonos“, wie die Chilenen sagen, kehren nach Deutschland zurück, manche versuchen in Chile Fuß zu fassen.

Wir lernen einige von ihnen in Concepción kennen und führen viele lange Gespräche. Sie erzählen kaum glaubliche Geschichten von brutalen Prügelstrafen, endloser Arbeitsfron, Elektroschocks, sexueller Unterdrückung hinter elektrisch geladenen Zäunen, und sie suchen Hilfe für ein Weiterleben in einer ihnen völlig unbekannten Welt.

Kurz vor unserer Rückkehr nach Deutschland kehren wir 2008 noch einmal im Casino Familiar ein. Einiges hat sich geändert: Statt Marschmusik plätschert gefälliger Pop, Franz Josef Strauß ist aus der Eingangsschleuse ebenso verschwunden wie die Geschwister Scholl, im Zelt bedienen chilenische und deutsche Frauen und Männer und halten mit den Gästen zweisprachig freundlichen Small Talk. Es gibt noch Löwenbräu, aber auch chilenisches Bier, chilenischen Pisco, chilenischen Wein. Einiges ist gleich geblieben: Die Speisekarte, das Zelt mit seinen drei Spitzen, gekrönt von Löwe & Raute, der Kinderspielplatz, der Schaffner aus den 50er Jahren als Parkwächter, das geputzte, funktionierende Äußere. 5 Jahre später, im Oktober 2013, besuchen wir das Restaurant wieder. Nichts hat sich verändert. Ist das Gasthaus des „Bayerischen Dorfes“ heute nichts weiter als eines von vielen gastronomischen Unternehmen in Chile, eine Tourismusattraktion, die nur im Namen und im kulinarischen Renommee noch an eine berüchtigte deutsche Siedlung anknüpft? Die sich aber von der dunklen Vergangenheit gelöst hat? Oder lebt in diesem Musterbild von deutscher Sauberkeit, Ordnung und Gemütlichkeit auch heute noch etwas vom Geist der „Colonia Dignidad“ und ihres Gründers und Führers Paul Schäfer fort?

# Ein Tag im Leben eines Kindes

*Es war in den 80er Jahren, ich war 10 Jahre alt, als das geschah, was ich hier berichte. Eines Tages war ich gerade dabei, meine Hausaufgaben zu machen, die ich von meiner Lehrerin aufbekommen hatte. Plötzlich kam Paul Schäfer in die Bäckerei, und alle liefen zu ihm hin und begrüßten ihn, nur ich nicht, ich machte mit meinen Hausaufgaben weiter. Sekunden später stand Schäfer neben mir und fragte mich, warum ich ihn nicht gegrüßt hatte, worauf ich ihm antwortete, dass ich Angst vor ihm hätte und deswegen nicht zu ihm gehen wollte. Also rief er seinen Sprinter (das war an diesem Tag Horst Schaffrik, der nur wenige Meter entfernt stand) und sagte ihm: „Damit sie einen Grund hat mich zu fürchten, such dir einen Stock und versohl ihr den Hintern." Tante Ruth Gert, die für die Bäckerei zuständig war, gab Horst einen Holzschrubber, mit dem er mir brutal auf den Hintern schlug, so lange und so hart, dass ich mich danach vor Schmerzen nicht mehr auf den Stuhl setzen konnte. Alle, die dabei waren, beobachteten die Tracht Prügel, ohne ein Wort zu sagen. Als es vorbei war, sagte Schäfer zu mir: „Jetzt hast du wirklich einen Grund, vor mir Angst zu haben, und jetzt geh und mach deine Hausaufgaben." Am Nachmittag machte ich meine Mathematikaufgaben, und am nächsten Tag kam Karin Schmidtke, meine Mathematiklehrerin, und fing sofort an mich auszuschimpfen, weil meine Hausaufgaben so schlecht waren, und fragte mich, wo ich denn meine Gedanken gehabt hätte. Ich antwortete ihr, dass ich mich nicht hatte konzentrieren können. Aber sie bestand darauf, den Grund für meine schlechte Hausaufgabe zu erfahren, und ich sagte ihr, dass ich vom „Tio" eine schwere Tracht Prügel bekommen hatte, weil ich ihn gestern nicht gegrüßt hatte, und erzählte ihr alles, was geschehen war. Gleich darauf fuhr Tante Ruth mit dem Fahrrad zum Zippelhaus und informierte Schäfer, dass ich Karin Schmidtke alles erzählt hatte. Am Nachmittag ging plötzlich die Tür der Bäckerei auf, Schäfer trat ein und schrie mich an: „Wozu musst du bei anderen über mich herziehen und sagen, dass du von mir eine Tracht Prügel bekommen hast? Ich geb dir gleich noch eine, und dann lohnt es sich, dass du anderen das weitererzählst." Wieder rief er nach Horst Schaffrik und befahl ihm, mich zu schlagen, diesmal aber ohne Erbarmen. Und Horst nahm erneut den Schrubber und fing an, mich vor den Augen von Schäfer, Tante Ruth und anderen Mädchen, die dabei waren, gnadenlos zu schlagen, bis der Schrubber zerbrach. Da fragte Schäfer Tante Ruth gleich, ob sie nicht irgendetwas anderes hätte, was mehr aushielt, damit man mit der Strafe fortfahren könnte. Sie ging weg und kam mit einem Stück Gartenschlauch zurück, damit machte Horst mit der Tracht Prügel weiter. Aber plötzlich unterbrach Schäfer Horst und sagte zu mir, dass es sich jetzt wirklich lohnte und ich die Strafe fühlen würde, die ich verdiente, und er beugte meinen Kopf nach unten, hob mir den Rock hoch, zog mir die Unterhosen etwas herunter und Horst machte mit der Tracht Prügel weiter. Vor lauter Schmerzen versuchte ich mich auf den Boden zu werfen, aber Schäfer hielt mich am Arm und am Kopf fest und ich blieb gebückt stehen, so dass Horst mich besser schlagen konnte.*

*Ich weiß nicht mehr, ob diese Schläge 10 Minuten oder länger dauerten, ich habe keine Ahnung, aber ich weiß noch, dass Schäfer lachte, als er wegging und sagte, dass ich jetzt wirklich genügend Grund hätte, über ihn herzuziehen. Diese Tracht Prügel habe ich nie vergessen können. Es war das Schlimmste, was ich an Schlägen aushalten musste. Ich erinnere mich nur, dass ich für einige Tage nicht mehr auf einem Stuhl sitzen konnte, und ich mich zum Schlafen mit dem Gesicht nach unten auf das Bett legte.*[1]

Eva Laube wuchs als adoptiertes chilenisches Kind in der „Colonia Dignidad" auf. Es dauerte mehr als 20 Jahre, bis sie Herman Schwember, den die chilenische Regierung 2005 als Sonderbeauftragten für die deutsche Kolonie eingesetzt hatte, von diesem Tag erzählen konnte. Paul Schäfer saß da schon im Gefängnis, Ruth Gert war immer noch Leiterin der Bäckerei und lebte mit Karin Schmidtke und Horst Schaffrik weiterhin in der Siedlung, die nun „Villa Baviera" hieß.

1 Ihr Bericht findet sich bei Herman Schwember: Delirios e indignidad. El estéril mundo de Paul Schäfer, Santiago 2009 (posthum), S. 23/24

# Die „Private Sociale Mission e.V."

*Paul Schäfer (Mitte), der Gründer der „Colonia Dignidad", mit ihm anvertrauten Jugendlichen, vermutlich noch als „Jugendpfleger" Anfang der 1950er Jahre*

## Ein Wanderprediger im Nachkriegsdeutschland

Paul Schäfer wurde am 4. Dezember 1921 in Troisdorf in der Nähe von Köln geboren, als jüngster von drei Söhnen von Anna Schäfer, geborene Schmitz.[1] Sein ältester Bruder Walter stammte aus einer vorehelichen Beziehung der Mutter und wurde von Jakob Schäfer, einem Fabrikarbeiter, adoptiert. 1931 ließen sich die Eltern scheiden, drei Jahre später heiratete Anna Schäfer wieder. 1941 lebte sie bereits wieder mit einem anderen Mann zusammen. Mit Sicherheit erlebte Paul in der kleinen Zweizimmerwohnung die Sexualität der Mutter mit, ob er selbst Opfer sexueller Attacken eines seiner Stiefväter wurde und ob darin die Quelle seiner Pädophilie liegt, ist unbekannt.

Durch einen Unfall hatte er ein Auge verloren[2], die Entstellung durch ein Glasauge machte ihn zum Außenseiter. Mit Mühe und zweimaligem Sitzenbleiben schaffte er die Volksschule und fand Gelegenheitsarbeit bei Dynamit Nobel. 1941 wurde er eingezogen. Weil er wegen seines Auges kein Soldat werden konnte, wurde er bei der Luftwaffe zum Sanitäter ausgebildet. Seine Brüder fielen im Krieg, er kehrte zurück. Nach 1945 trieb er dahin, als Helfer und Begleiter Danilos, eines homosexuellen „Kraftmenschen", der sich auf Jahrmärkten als „stärkster Mann der Welt" verkaufte, ehe er Arbeit als Jugendpfleger in freikirchlich-evangelischen Einrichtungen fand. Er nannte sich selbst „Diakon", ohne eine entsprechende Ausbildung zu haben, und betreute Jugendliche in Bethel, in Lüchow-Dannenberg, in Heidenheim. 1955 arbeitete er als stellvertretender Leiter eines Männerwohnheims in Mönchengladbach. Nirgendwo blieb er, stets wurde er nach kurzer Zeit entlassen. Der Grund war immer der gleiche: der Verdacht, ihm anvertraute Jugendliche sexuell missbraucht zu haben. Mehr als einen Verdacht gab es nie. Bis 1961 wurden keine Anzeigen erstattet, es wurden Anzeichen übersehen, Andeutungen verdrängt, ein Problem beiseitegeschoben, ein Mann entlassen. Was man sah, sprach man nicht aus, was man wusste, wurde nur angedeutet. Es gab Worte für das, was Schäfer tat, niemand wollte sie aber in den Mund nehmen. Ein Beispiel berichtet Ina Ritz, die mit ihrer Schwester im Fürsorgeheim für schwer erziehbare Jugendliche in Heidenheim arbeitete.[3] Schäfer wurde dort im August 1953 entlassen. Der Direktor Kuno Beck erklärte ihr den Grund so: „Ich habe mich von Herrn Schäfer trennen müssen, weil er für das Haus nicht tragbar ist." Der Mann sei schlecht. Die beiden Schwestern, die viel Zeit mit Schäfer verbracht hatten, seien nur Tarnung für ihn, er nutze sie aus. Ida verstand die Andeutungen nicht und fragte, ob der Direktor glaube, dass „wir was Intimes mit Schäfer haben". Die Antwort war eine für ein junges Mädchen unverständliche Beschwichtigung, das Gemeinte, die pädosexuelle Neigung Schäfers, für sie nicht entschlüsselbar: „Nein, das haben Sie nicht, das weiß ich."

So konnte sich Schäfer durch Westdeutschland, durch seine Lust treiben lassen. Er fand immer wieder Arbeit, nicht nur, weil jeder seiner Arbeitgeber den wahren Grund für seine Entlassung verschwieg. Er kam bei den ihm anvertrauten Jungen gut an, ehe er sie in sein Bett zwang. Wo Schäfer war, da war was los. In den Nachkriegsjahren, in denen die Erwachsenen mit dem eigenen Überleben beschäftigt waren, kümmerte er sich um Jungen, um die niemand sich kümmerte. In dieser Wiederaufbauzeit, in der Jugendliche wie ihre Eltern ganz auf

Verzicht, Sparsamkeit, Arbeit ausgerichtet waren und freie Zeit kaum existierte, bot er Freizeiten an.[4] Er tat dabei mehr als nur seine Pflicht. Er organisierte Radtouren, Wanderungen, Lagerfeuer, Theateraufführungen. Die Jungen schwärmten für ihn, denen, die Eltern hatten, wurde der Kontakt mit Schäfer verboten – vergeblich, sie kletterten nachts aus dem Fenster, um bei den Wanderungen und am Lagerfeuer dabei zu sein. Erwachsene waren misstrauisch, nicht weil sie vom Missbrauch ihrer Söhne etwas ahnten – der blieb das Geheimnis zwischen Täter und Opfern –, sondern weil sie als Eltern spürten, wie sie den Einfluss über ihre Söhne verloren, und weil sie als Christen der Botschaft des Seelenfängers nicht glaubten, die er aus der Bibel herauslas und die ihnen ihre Kinder fröhlich überbrachten: Schäfer sei der wahre Nachfolger Jesu, er empfange seine Wahrheit direkt von Gott, er werde wie Christus verfolgt und angefeindet, und wie einst die Jünger zu Jesu sollten nun sie gegen die Welt, in der der Teufel sein Wesen treibe, treu zu ihm halten. Zu dem emotionalen Band zwischen den allein gelassenen Jungen und ihrem fürsorglichen Betreuer flocht er ein spirituelles. Dieses doppelte Band deckte die sexuelle Beziehung, die von den auserkorenen Jungen als Geheimnis gewahrt wurde, und grenzte sie ab von der Welt, der feindlichen, abweisenden, ungläubigen.

Sechs junge Männer und einige eher geduldete als willkommene Mädchen waren der Kern von Schäfers Gemeinde[5], deren Aufbau er zunächst neben seinen Heimtätigkeiten betrieb und dem er sich ab 1956 ausschließlich widmete. Er zog mit seinen Getreuen durch Deutschland und verkündigte seine Botschaft. Es gelte, sich auf das nahe Ende der Welt, auf das bevorstehende Gericht Gottes über die Menschheit vorzubereiten, „Ewigkeitszubereitung" nannte er das – es klang unbeholfen für Außenstehende und war zugleich einer der Begriffe der ganz eigenen Sprache Schäfers, die sich nur den Gläubigen erschloss. Täglich müsse der Mensch sich bemühen, emporzustreben und Fleischeslust und Sünde zu überwinden. Er müsse sich aus alten Banden lösen, die Familie und vor allem die „Fleischespest" hinter sich lassen und sich ganz in die Gemeinde einfügen. „Eltern sind die, die den Willen Gottes tun", mussten die lernen, die noch ihren leiblichen Eltern anhingen. Der Wille Gottes offenbarte sich in seinem Verkünder, durch ihn sprach er zu den Gläubigen, in der Gemeinschaft Schäfers mit seinen Anhängern war Gottes Gegenwart „wahrnehmbar“. Er untermauerte seine ganz auf ihn als Gottes Propheten zugeschnittene Lehre mit passenden Bibelzitaten, etwa der Geschichte von Jesu Fußwaschung an seinen Jüngern aus dem Johannes-Evangelium, die er als Aufruf an seine „Freunde“, an seine Anhänger interpretierte, andere und sich selbst von Sünden zu reinigen: „Wasche deinen Freund, Bruder, Schwester ab den Klatsch und den Geiz, die Fleischeslust und das Afterreden (...) Wasche ab und lasse abwaschen, auch bei dir, bis die letzten Flecken und Runzeln schwinden.“ Die Reinheit der Seligen stellte er mit drastischen Bildern dem „Dreck“, dem „Unrat und dem „Kot“ gegenüber, durch den die Sünder, die Ungläubigen gingen, eine strikte Trennung vom heilen „Drinnen“ und bösen „Draußen“, die ein Fundament seiner Gemeinde wurde.[6]

Trotz dieser gelegentlichen Verweise auf die Bibel löste er seine Anhänger allmählich von ihren christlichen Wurzeln und band sie allein an sich. Er verwendete weder christliche Symbole noch Rituale, auch die höchsten Feiertage wie Weihnachten und Ostern wurden nicht gefeiert. Der Sonntag war nicht heilig, Arbeit, der Dienst an der Gemeinde, machte aus jedem Tag einen Feiertag.

Aus der hingebungsvollen Gruppe, die sich um ihn scharte, wuchs eine rasch sich vergrößernde, organisierte Gemeinschaft. In ihr fand der Außenseiter seine Heimat, der Stellungslose sein Einkommen, der Pädophile seine Opfer. Religiöse Erbauung und Geldbeschaffung waren von Anfang an verquickt. Schäfer ließ schon 1950 in Gartow Jungen aus seinem Jugendkreis selbst gefertigte Postkarten verkaufen, nach dem Gottesdienst, mit Erlaubnis des Pastors. Wer sie kaufte, glaubte einen „Baustein für das Jugendheim des Kirchenkreises Gartow“ zu erwerben, die jugendlichen Verkäufer mussten aber alle Einnahmen bei Schäfer abliefern.[7]

Rundschreiben, in denen Schäfer sich als die Stimme des Herrn darstellte, hielten die Kommunikation in der wachsenden Gemeinde aufrecht. „Prüfet den Herrn und das, was ich schreibe. Der Herr hat noch nie enttäuscht.“ Auch einfache organisatorische Hinweise auf ein bevorstehendes Sommertreffen und die Unterbringung in Zelten verband er mit Bibelzitaten wie „Und die Ströme werden fließen“ oder Sätzen wie „Erkennst du, daß die heilige Harmonie in dir gestört ist“, die er nicht auslegte, sondern wirken ließ.[8] So dunkel der

Sinn für Außenstehende sein mochte, die Mitglieder hörten hier die Stimme Gottes. Neu Hinzugekommene wurden aufgefordert, in Briefen die Veränderungen mitzuteilen, die sie an sich selbst wahrnahmen, nachdem sie Schäfer begegnet waren. Sie sollten dabei nicht ihre Sünden beichten, sondern von Fortschritten auf ihrem Weg zu Gott berichten. Schriftliche Aufträge und schriftliche Rechenschaft: Die emotionale und spirituelle Bindung zwischen Prediger und Jüngern wurde formalisiert, zugleich gewann Schäfer Unterlagen über persönlichste Erlebnisse seiner Anhänger, die er aufbewahren und jederzeit verwenden konnte.

Schließlich bekam die Schäfer-Gruppe eine hierarchische Struktur. 1954 lernte Schäfer in Braunschweig den 29-jährigen Hugo Baar kennen, einen Baptistenprediger, der in dem selbst ernannten Propheten seinen Heiland fand: „Zum ersten Mal in meinem Leben stehe ich einem Mann gegenüber, der mich förmlich durchschaut, den ich zu hören begehre."[9] In der Baptistengemeinde in Gronau, in der Baar 1955 als Prediger wirkte, trat Paul Schäfer regelmäßig auf.[10] Hugo Baar war ein eleganter Mann, ein guter Redner mit einer warmen, Vertrauen schaffenden Ausstrahlung. Als sich die Gronauer Gemeinde über Schäfer zerstritt, gingen von 93 Ehepaaren 35 mit ihm.[11] Der erste Vorstand der entstehenden Gemeinde wurde vertraglich festgelegt: Schäfer als erster Vorsitzender, Baar als erster und Hermann Schmidt, ein ehemaliger Luftwaffenoffizier aus Hamburg, als zweiter Stellvertreter. Nur in diesem Dokument schrieb sich Schäfer auch formal eine führende Position zu, in der Folgezeit schob er andere als öffentliche Repräsentanten vor.

Schäfer zog durch Deutschland, warb, organisierte. Er konnte Menschen packen und an sich binden, einer von vielen Wanderpredigern der 50er Jahre, darunter regionale Größen wie der Flüchtlingspfarrer Goebel, der in Nord- und Westdeutschland als Volkstribun der Vertriebenen auftrat,[12] internationale Stars wie die Amerikaner Billy Graham und William Branham, die vor Tausenden von Menschen ihre Endzeitvisionen verkündeten und Wunderheilungen vorführten, oder der landesweit bekannte Jesuitenpater Leppich, der wie Graham für seine wortgewaltig-aggressiven Predigten von der Presse den Titel „Maschinengewehr Gottes" erhielt und 1959 in Köln 40.000 Menschen versammeln konnte.[13] Daran gemessen war Schäfer ein kleiner Prophet, der zunächst per Anhalter reisen musste, ehe im April 1956 ein „größeres Geldgeschenk einer Schwester"[14] die Anschaffung eines dunkelgrünen Mercedes ermöglichte. Innerhalb eines Jahres wuchs seine Anhängerschar auf immerhin 40 Personen. Am 9. Juni dieses Jahres lud Schäfer zur „Brüderkonferenz" nach Mönchengladbach ein. In der dortigen Jugendherberge unterschrieben seine Anhänger einen Vertrag, der sie zu „Kreuzlern" machte. Sie nahmen sinnbildlich das Kreuz auf sich und trugen es für Jesus und ihren Anführer Paul Schäfer, der wie Jesus verkündete: „Niemand kommt zum Vater denn durch mich". Sie waren, wie Willi Georg sich erinnert, „dazu bereit, ihr persönliches Leben aufzugeben und ihre Arbeitskraft und ihr verdientes Geld der Gemeinschaft zu überlassen". Dafür bekamen sie „Bekleidung, Essen und Schlafen frei".[15] Die unentgeltliche Arbeit der Mitglieder war die Grundlage der Gemeindefinanzen, hinzu kam der „Zehnte", den alle vom Lohn abführten, den sie in ihren Berufen verdienten, und Spenden und Schenkungen, zu denen sie ständig aufgerufen wurden und um die sie bei Firmen und auf Straßensammlungen baten. Die Einnahmen verwaltete Alfred Schaak, ein gelernter Drogist. In dieser Zeit stießen auch die späteren Führungsmitglieder Kurt Schnellenkamp, Albert Schreiber sowie das Ehepaar Dr. Gisela und Gerd Seewald zu Schäfer.[16]

Eine finanzielle Basis, eine hierarchische Struktur, vertragliche, schriftlich fixierte Verpflichtungen: aus einer enthusiastischen Schar von Anhängern eines Predigers war eine organisierte Gemeinde, eine kleine freie Kirche geworden, die „Private Sociale Mission e.V.", die am 31. Dezember 1956 gegründet wurde. Der Vereinszweck: „die Aufnahme gefährdeter und bedürftiger Jugendlicher, Hilfe für Minderbemittelte und Erholungsbedürftige, Verkündung des Evangeliums".[17] Vorsitzender war Hugo Baar, sein Stellvertreter Kurt Schnellenkamp, Schatzmeister Alfred Schaak. Schäfer, der spirituelle Führer, figurierte nur als „Treuhänder".[18]

Der Sitz der Mission war ein Grundstück in Heide bei Siegburg, das der Kölner Anwalt Dr. Otto Nelte verkauft hatte und auf dem die Gemeinde zunächst eine Baracke errichtete. 1957 waren dort 17 Jugendliche gemeldet, unter ihnen Hartmut Hopp, der spätere Repräsentant der „Colonia Dignidad" gegenüber dem Staat Chile, und Ernst-Wolfgang Müller, dem als Erstem die Flucht aus Chile gelang.

Beide waren von ihren Müttern Schäfer zur Erziehung übergeben worden. Besuche der Kreisfürsorger bestätigten den guten Zustand der provisorischen Einrichtung. Drei Jahre später, am 23. September 1960, wurde das Jugendheim eingeweiht, ein zweistöckiges Haus mit mehreren Flügeln, Nebenhaus und Swimmingpool, in einem parkähnlichen Garten gelegen und von einem Zaun umgeben, „eine beeindruckende Leistung“ der Missionsgemeinde.[19] Zur Feier lud man Bundespräsident Heinrich Lübke ein. Er kam zwar nicht, immerhin aber nahmen Frau Dr. Friesecke, Staatssekretärin im Bundesministerium für Familien- und Jugendfragen, und Peter Etzenbacher, der CDU-Landrat des Kreises Siegburg, teil sowie der Botschafter der Republik Chile, Arturo Maschke. Zu ihm hatte vermutlich Albert Schreiber Kontakt aufgenommen, der als Bauarbeiter an der Botschaft beschäftigt war. Die Einladungen wurden im Namen der jugendlichen Bewohner verschickt, die die Gäste auch begrüßten, die Jungen in langen schwarzen Hosen, die Mädchen in weißen Blusen und dunklen Röcken, mit einem Blasorchester und einem Chor, der deutsche Volkslieder darbot und „Preußens Gloria“. Sie prägten das Bild der Mission: ein Bild der Heimatliebe, des Traditionsbewusstseins, der Ordnung, der Sauberkeit und des Gottvertrauens, ein Ensemble konservativer Ideale der 50er Jahre. Die „Private Sociale Mission“ hatte offenbar an einsamen, vernachlässigten, schwierigen Kindern ein großartiges Erziehungswerk vollbracht. Die Staatsekretärin Dr. Friesecke lobte: „Dieses Haus (könnte) als Modell für ähnliche Einrichtungen in der Bundesrepublik dienen.“ Landrat Etzenbacher gab es „den Glauben an die Menschheit wieder“. Der Direktor des Gymnasiums Siegburg, das einige der Jugendlichen besuchten, verfiel in begeisterte Alliterationen: „Hätten wir doch mehr solche Leiter und Lehrer in unseren Lehranstalten, die so eindeutig und klar nach letzten Werten ausgerichtet sind.“[20]

Dieses Heim war das Zentrum einer Gemeinde, die sich an urchristlichen Idealen ausrichtete: „Und alle, die gläubig geworden waren, bildeten eine Gemeinschaft und hatten alles gemeinsam.“ (Apostelgeschichte 2, 44) Alle Habe wurde der Gemeinschaft übergeben, alle Kraft ihr gewidmet, Freunde und Familien verlassen, wenn sie den Schritt zu Schäfer nicht billigten. Ihr Glaube war Schäfer, der seine Worte direkt von Gott empfing und verkündete. Er gab seinen

Anhängern eine tief empfundene Gewissheit, ein Leben in und für Gott zu führen. Als Stimme Gottes war Schäfer frei von Sünde. Trügerisch, was ihre Augen sahen: wie gerne Schäfer Jungen duschte und badete, wie oft Jungen morgens aus seinem Schlafzimmer kamen. Geheim, was in der Nacht geschehen war:

*Paul Schäfer hatte das Prinzip, dass er eines der Kinder als seinen Diener zu sich holte. Diese Kinder waren den ganzen Tag von schwerer Arbeit befreit und konnten sogar die Kommandos von Schäfer an Erwachsene weitergeben. Am Abend duschte man dann mit den anderen Jungen zusammen, und dann kam Paul Schäfer und seifte einen ein, spielte an den Genitalien herum und flüsterte einem ins Ohr, man solle doch schon mal in sein Zimmer gehen, er würde gleich nachkommen. In diesem Zimmer setzte man sich dann in aller Regel auf einen Stuhl vor einer Höhensonne, in der man sich nackt bräunte. Schäfer schlich wie ein räudiger Kojote um einen herum. Man hatte eine Augenschutzbrille wegen der Höhensonne auf, man konnte ihn nicht sehen. Und dann landete man in den Händen von Schäfer.*[21]

Falsch waren die Zweifel, die sich einstellten, sie konnten nur vom Bösen, von der „Finsternis (...) inspiriert" sein.[22] Wahr war allein ihr Glaube an den unscheinbaren, nur 1,68 großen, von einem groben Glasauge entstellten Mann mit dem zurückweichenden Haar, der nur mühsam lesen und schreiben konnte. Er hatte die magische Macht, die Max Weber Charisma nannte, über die, die an ihn glauben wollten.[23] Er bot den Ängstlichen Schutz vor einer Welt voller Teufel, er gab den Suchenden Halt und ihrem Leben Sinn. Für Hugo Baar war er Papst der kleinen Kirche und Heiliger zugleich: „Schäfer ist der Geistliche. Er hat sich eine Zeitlang heiliger Vater genannt. Der Stuhl, auf dem er sitzt, ist der heilige Stuhl."[24]

Alle hatten diesen Halt und Sinn, bevor sie Schäfer verfielen, in kleinen freikirchlich-evangelischen Gemeinden wie den Baptisten gesucht, familiäre Gruppen von Gläubigen, in denen man sich kannte, sich half, sich aussprach. Weder die lutherische noch die calvinistisch-reformierte Großkirche gab ihnen die ersehnte Unbedingtheit des Glaubens, die Unmittelbarkeit der Hingabe an Gott, die Überwältigung durch Offenbarung. „Die anderen waren für uns nicht mehr volle Christen, wie es in der theologischen Sprache heißt: keine wiedergeborenen, keine echten Christen. Wir waren das."

Die Trennung von den „anderen" bedeutete oft den Bruch mit Freunden und der Familie. Allein in Gronau wurden zwischen 1955 und 1959, ehe Hugo Baar von den Baptisten als Prediger entlassen wurde, zwei Ehen geschieden, vierzehn Frauen lebten von ihren Männern getrennt, weil die sich Schäfer nicht anschließen wollten. „Wenn dein Ehepartner aber von Gott abgefallen ist, bist du praktisch frei", verkündete Baar.[25] Er riet Frauen, ihre Männer so lange zu reizen, bis diese zuschlugen, und dann die Scheidung einzureichen.[26] Das Unverständnis ihrer Umgebung härtete den Glauben der Schäfer-Anhänger nur noch: „Es gehört (...) zur Überzeugung jedes einzelnen (...), daß wir als eine Gruppe, die die Entscheidung getroffen hat, die Wahrheit, die wir erkannt haben, anderen gegenüber nicht so verständlich machen können, die eben nicht eine so tiefe Erleuchtung oder Erkenntnis haben oder eine solche Entscheidung getroffen haben."[27]

Kurt Schnellenkamp, später einer der wichtigsten Gefolgsleute von Paul Schäfer, erinnerte sich 2006, dass er in den letzten Kriegswochen Gott ein Gelübde geleistet habe: „Wenn du mich hier raus bringst, gehört mein Leben dir." Dieses Gelübde hielt er. „Ich suchte eine Gemeinschaft, wo ich dabei sein konnte. Das habe ich nirgendwo gefunden, bei den Baptisten nicht, nicht bei den Diakonissen. Aber bei Paul Schäfer, da wurde die Wahrheit ausgepackt. Da fühlte ich mich wohl. Da war das absolute Vertrauen zum Wort Gottes, zur Bibel, und letztlich auch zu Paul Schäfer damals."[28]

Bis auf 15 waren alle[29] Flüchtlinge aus Osteuropa bzw. ehemaligen deutschen Gebieten in Polen und der Tschechoslowakei, darunter die sudetendeutsche Familie Wagner, von deren drei Kindern zwei zu Schäfer gingen, der Vater von Erwin Fege, dem späteren Sicherheitschef der „Colonia Dignidad", der in Lettland geboren wurde[30], oder Hugo Baar als Russlanddeutscher.[31] Nach traumatischen Erlebnissen suchten sie im zerstörten Westdeutschland eine neue Heimat und erfuhren von ihren Landsleuten anfangs durchaus Hilfsbereitschaft, dann aber immer mehr Herablassung und Ablehnung, Beschimpfung und Spott, Ausgrenzung und Feindseligkeit.[32] Sie waren fromme Protestanten aus lutherischen oder freikirchlichen Gemeinden, deutschsprachig, glaubensstark und in sich geschlossen. In den evangelischen Gemeinden Westdeutschlands erlebten sie Enttäuschungen: Wo sie lebendige Frömmigkeit suchten, fanden sie ein konventionell eingefahrenes Gemeindeleben. Wo sie Verständnis für ihr Leiden erwarteten, fanden sie Befremden über ihr Anderssein. Wo sie eine neue Identität formen wollten, fanden sie sich von Informationen und mitmenschlicher Aufmerksamkeit ausgeschlossen. So wandten sie sich häufig ab von den evangelischen Gemeinden, in denen sie zunächst Aufnahme gesucht hatten und kleineren Glaubensgemeinschaften außerhalb der Amtskirche zu.[33] Die evangelisch-freikirchliche Gemeinde in Groß Schwülper im Harz etwa, aus der Schäfer 1954 23 Anhänger gewann, war eine reine Flüchtlingsgemeinde, ihre Mitglieder nannte der Dorfschullehrer „polnische Edelsäue".[34]

Nur drei von Schäfers frühen Gefolgsleuten – Hermann Schmidt und das Ehepaar Seewald – kamen aus akademisch gebildeten Familien, die anderen stammten von Bauern, kleinen Händlern, Handwerkern und Arbeitern ab. Die Mütter waren überwiegend Hausfrauen oder Bäuerinnen, wenn sie außerhalb der Familie arbeiteten, dann als Köchinnen, Näherinnen, Arbeiterinnen oder Kindergärtnerinnen.[35] Fromme Flüchtlinge mit einfacher Schulbildung: das war das Milieu, in dem Schäfer seine Anhänger fand.

Sie unterwarfen sich festen Ritualen, um sich öffentlich von Sünden zu reinigen, sich gemeinsam ihres Glaubens zu vergewissern und unter aller Augen ihre Hingabe an Schäfer zu zeigen.

Eines davon war die Predigt Schäfers, der die Gemeinde stundenlang zu lauschen hatte. Er war kein guter Redner, schrie plötzlich zwischen langen Phasen monotonen Dahinsprechens, suchte nach Worten, wiederholte sich. Schon die mindesten Bekundungen des Glaubens: wach bleiben, Zeichen des Zuhörens geben, dürften schwer gefallen sein.

Beichten mussten öffentlich abgelegt werden. Ihre kathartische Wirkung beschrieb eine Anhängerin so: „Bruder Sch... meinte, (...) es sei notwendig, das ganze Leben vor Gott und einem Menschen, dem Seelsorger, zu ordnen. Wenn ich wolle, könne ich anfangen und auspacken, alles was mir an Sünde in meinem Leben bewusst wäre. Nach einigem Überlegen und kurzem inneren Kampf tat ich das dann auch und nannte alles, was mir einfiel. Zum Schluss beteten wir um Vergebung und eine nie gekannte Freude durchströmte plötzlich mein Herz."[36] Schäfer führte Beichtgespräche wie Verhöre, sie wurden auf Tonband aufgenommen, um allen „ein lebendiges Miterleben aller Segnungen mitzuteilen", aber auch, um sie gegen Zweifelnde und Abtrünnige einsetzen zu können.[37] Häufig ging es um unterstellte sexuelle Gedanken, um sexuell interpretierbares Verhalten. Dabei konnte jegliche Handlung sexualisiert werden. Selbst Fußballspielen wurde zum sündigen Akt.[38]

*Eine Gruppe von Jungen spielte während einer Zeltfreizeit Fußball, einige Mädchen schauten zu. Wolfgang Müller fing mit einem Hechtsprung einen Ball. Bei der öffentlichen Beichte am selben Abend machte ihm Schäfer das zum Vorwurf: „Da waren sechs oder sieben Jungen, die haben beobachtet, dass du dich extra geworfen hast wegen der Mädchen, die hinter dem Tor standen." Er wehrte sich: „Ich hab die doch gar nicht gesehen!" „Auch noch leugnen! Und vorher hast du die Hose hochgezogen, damit sie beim Sprung in die Hosenbeine gucken und das sehen konnten." „Wenn ein Ball kommt, dann schmeiß ich mich. Ich hab die doch gar nicht gesehen!" Die anderen Jungen griffen ein: „Wir haben genau gesehen, dass er das gemacht hat! Extra die Hosenbeine so hochgezogen und sich geschmissen, damit die reingucken konnten."*

Die Strafe am Sünder vollzog die Gruppe, nicht der Leiter. Wer gefehlt hatte, wurde nackt ausgezogen und verprügelt, mit Händen und Fäusten, mit Gürteln und Kabelenden, bis er blutete. Dann musste er ein Geständnis unterschreiben, das Schäfer diktierte und aufbewahrte. Prügel als Buße, Prügel als Demonstration des unbedingten Gehorsams, Prügel eines Kollektivs, in dem sich auflöste, was an rationalen Zweifeln, menschlichem Mitgefühl und privaten Bindungen seiner Mitglieder noch vorhanden war. Prügel, die auch eine exorzistische Bedeutung hatten. Für die Gemeinde steckte der Teufel in Sündern, er provozierte Abweichungen vom rechten Weg, er sandte böse Geister, die wieder herausgeprügelt werden mussten.[39] Die öffentliche Bestrafung hieß „den Teufel blamieren", das Reinigungsritual „entpesten", bewusst ungebräuchliche Wendungen, die ihre Bedeutung nur innerhalb des Glaubens der Gemeinschaft gewannen und sie von der Welt der Nichtgläubigen abtrennten. So selbstverständlich Prügel als Strafe auch in den 50er Jahren in Schulen und Familien waren, die Häufigkeit und Brutalität in Schäfers Gemeinde überschritten das damals als normal empfundene Maß.

Schließlich das Fasten. Nur Wassertrinken war dabei erlaubt, die Dauer bestimmte Schäfer. Fasten galt als „Universalheilmittel"[40]. Schäfer selbst fastete nicht, Fasten war ein Ritual der Reinigung von Sünden, dem sich der Führer ohne Sünden nicht unterwerfen musste.

Ein wesentliches Gebot für das Leben in der Gemeinde war das Leben ohne Sexualität. Wer zu Schäfer kam, musste, wie die Apostel Jesu, bereit sein, Partner und Familie aufzugeben. Männer und Frauen lebten in getrennten Unterkünften, Ehen gab es nur als selten genehmigte Ausnahme für besonders ergebene und geprüfte Anhänger. Sexuelle Bedürfnisse und Regungen, die durch das Treuegelübde nicht plötzlich verschwanden, hielten in den Gläubigen das Bewusstsein wach, Sünder zu sein, dem selbst gewählten Glauben nicht genügen zu können. Sex wurde Verhandlungsgegenstand in ständig sich wiederholenden öffentlichen Beichten und in gemeinschaftsstiftenden Bußritualen. Für die nie gestillten Triebe, für die immer neu unterdrückte und nicht zu vernichtende Sehnsucht nach Liebe gab es nur ein Objekt: das Oberhaupt, Paul Schäfer. Die nie zu tilgende Schuld, die Gebote des eigenen Glaubens in Gedanken und Taten zu brechen, konnte nur er vergeben. Für ihn galt das Verbot des Geschlechtsverkehrs ebenso wenig wie das Fastengebot. Er stand über den Regeln, die allein er bestimmte.

## Ausreise nach Chile

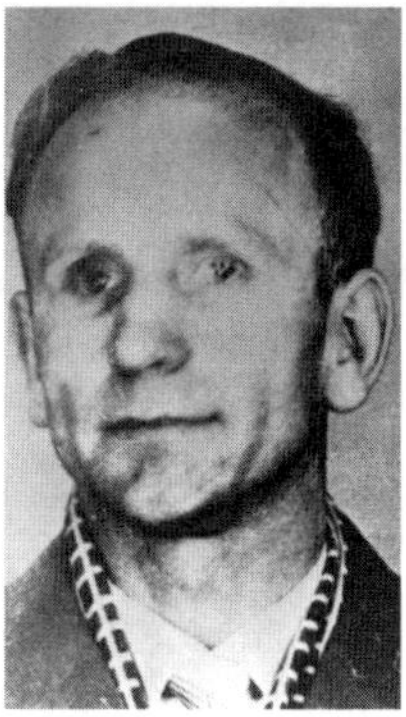

*Paul Schäfer in den 1960er Jahren*

Schon auf der „Brüderkonferenz" 1956 in Mönchengladbach sprach Schäfer von Auswanderung, verschob sie aber „in weite (...) Ferne".[41] Nach der Einweihung des Jungenheims 1960 wurden die Pläne konkreter. Das Führungstrio Schäfer, Baar und Schmidt bereiste auf der Suche nach geeigneten Grundstücken Marokko, Tunesien und Israel, erwogen wurden auch die klassischen Auswanderungsländer Australien, Kanada und Südafrika. Warum aber sollte eine junge Gemeinde, deren Wirken gerade einen öffentlich gefeierten Höhepunkt erreicht hatte, Deutschland verlassen? Schäfer berief sich wie immer auf den „Ruf Gottes". Er wollte seine Anhänger in ein Land führen, in dem sie Gott ganz dienen, sich auf das nahe Kommen des Herrn vorbereiten und ihren Glauben ohne Bedrohung und Verfolgung leben könnten. Die Bedrohung kam aus dem kommunistischen Osten, Schäfer sah im Traum den „russischen Stiefel", der „Europa niedertritt".[42] Diese Furcht wucherte in der Atmosphäre des Kalten Krieges, dessen politische Spannungen im August 1961 mit dem Bau der Berliner Mauer sich bis an den Rand eines bewaffneten Zusammenstoßes zwischen den USA und der UdSSR zuspitzten, und gerade die Flüchtlinge unter Schäfers Gefolge teilten sie. Die Listen, die Schäfer für die auslegte, die auswandern wollten, füllten sich rasch.

Ganz nahe war eine andere Bedrohung. 1961 zeigten zwei Familien aus Gronau, die nicht zu seiner Gemeinde gehörten, Schäfer an. Ihre Söhne hatten an einer Freizeit in der Jugendherberge Waldbrühl teilgenommen, auf der Schäfer nach neuen Anhängern suchte, und zu Hause erzählt, was Schäfer dort mit ihnen angestellt hatte.[43] Von der Bonner Staatsanwaltschaft wurde unter dem Aktenzeichen 14 JS 173/61 ein Ermittlungsverfahren wegen des Verdachts auf sexuellen Missbrauch von Schutzbefohlenen eingeleitet und gegen Schäfer, der nach der Erkundungsreise durch den Nahen Osten in Brüssel geblieben war, ein Haftbefehl ausgestellt.[44] Die Auswanderung musste nun schnell erfolgen, in ein Land, das kein Auslieferungsabkommen mit Deutschland hatte. Botschafter Arturo Matschke vermittelte Kontakte in Chile. Schäfer ließ für 34.000 DM von der CORFO, einer staatlichen Organisation, die seit 1939 die Industrialisierung Chiles vorantreiben sollte, das „Fundo El Lavadero" kaufen, ein dreitausend Hektar großes Stück Wildnis am Fluss Perquilauquén, 35 km von der kleinen Stadt Parral entfernt, 320 km südlich von der Hauptstadt Santiago. Eine Gruppe italienischer Einwanderer hatte zuvor vergeblich versucht es zu erschließen. Trotz des Haftbefehls reiste Schäfer ohne Schwierigkeiten über Luxemburg nach Chile aus. Die Erwachsenen folgten in Gruppen, die Minderjährigen, deren Erziehung und Betreuung ja Zweck der „Private Sociale Mission e.V." war, flogen mit – ganz legal, wenn ihre Eltern sich einverstanden erklärten. Etliche unterschrieben, weil sie glaubten, ihre Kinder würden mit dem Jugendchor an einer Reise ins europäische Ausland teilnehmen.[45] Taten sie das nicht, wurden die Kinder mitgenommen und die Einverständniserklärungen gefälscht. Zusätzlich führten die Begleiter nervenärztliche Atteste mit sich, dass es sich um „geistesgestörte Kinder" handele.[46] Rund 50 Kindern wurden auf diese Weise faktisch entführt.[47] Sie flogen auf Umwegen über Luxemburg und Argentinien nach Chile, in unauffälligen Gruppen von maximal sechs Personen, zwei erwachsene Begleiter und zwei bis vier Kinder. Andere „wurden zu mitternächtlicher Stunde in einer Nacht- und Nebelaktion per Charterflug von Luxemburg ausgeflogen".[48] Etwa 20 Mädchen reisten per Schiff von Genua nach Chile, bei den Grenzkontrollen gaben die Begleiter an, es handele sich um Kriegswaisen.[49] Als hilfreich erwies sich auch ein Empfehlungsschreiben des damaligen Bundesministers für Familie und Jugend, Franz Wuermeling.[50] Insgesamt wanderten bis 1963 230 Menschen aus. Hugo Baar blieb als Leiter der „Privaten Socialen Mission" zurück und betrieb zusammen mit Alfred Schaak und einigen Frauen die Lebensmittelgeschäfte weiter, auf deren Einnahmen die Auswanderer vorerst noch angewiesen waren.[51]

Eine strenge Prüfung der Papiere, kritische Nachfragen der Grenzbeamten – das gab es offenbar nicht. Eltern, die sich an das Auswärtige Amt wandten, als sie merkten, dass ihre Kinder nicht auf eine Chorreise, sondern nach Chile gebracht worden waren, fanden kein Gehör.[52]

1 Die Darstellung folgt, soweit nicht anders vermerkt, in den Fakten, nicht in den Wertungen und Interpretationen, dem Buch von Ulla Fröhling: Unser geraubtes Leben, Köln 2012

2 Nach Friedrich Paul Heller: Lederhosen, Dutt und Giftgas. Die Hintergründe der Colonia Dignidad, Stuttgart 2006, S. 13, stach er es sich in einem Wutanfall selbst aus; Salinas und Stange berichten von einem Unfall bei einem Spiel mit den Brüdern Walter und Hans, Claudio R. Salinas/Hans Stange: Los amigos del „Dr." Schäfer. La complicidad entre el Estado Chileno y Colonia Dignidad, Santiago 2006, S. 67

3 Fröhling, S. 75ff.

4 Vgl. dazu Axel Schildt: Von der Not der Jugend zur Teenager-Kultur: Aufwachsen in den 50er Jahren, in: Axel Schildt/Arnold Sywottek: Modernisierung im Wiederaufbau. Die westdeutsche Gesellschaft der 50er Jahre, Bonn 1998, S. 335–348

5 Es sind Alfred Matthusen, Gerhard Mücke, Rudolf Cöllen, Heinz Kuhn, Horst und Herbert Münch; vgl. Fröhling, S. 29

6 Rundschreiben Nr. 14 vom Mai 1956, zitiert bei Friedrich Paul Heller: Colonia Dignidad. Von der Psychosekte zum Folterlager, Stuttgart (1993), S. 235

7 Fröhling, S. 63

8 Ebenda, S. 78

9 Heller 2006, S. 49

10 Gero Gemballa: Colonia Dignidad. Ein deutsches Lager in Chile, Reinbek (1988), S. 35

11 Ebenda, S. 38

12 Jutta Beyer/Everhard Holtmannn: Verspätete Politisierung des „Fünften Standes“. Anmerkungen aus regional vergleichender Perspektive zu einigen Aspekten der politisch-kulturellen Integration von Flüchtlingen in der frühen Nachkriegszeit, in: Flüchtlinge und Vertriebene in der westdeutschen Nachkriegsgeschichte. Bilanzierung der Forschung und Perspektiven für die künftige Forschungsarbeit, hrsg. von Rainer Schulze, Doris von der Brelie-Lewin, Helga Grebing, Hildesheim 1987, S. 282–287, hier S. 283

13 Vgl. Johannes Leppich: Das Maschinengewehr Gottes, www.geschichte.nrw.de/chronik 1959, aufgerufen am 25.11.2012

14 Rundbrief 13, zitiert bei Fröhling, S. 86

15 Zitiert ebenda, S. 87

16 Gemballa 1988, S. 36

17 Fröhling, S. 92

18 Gero Gemballa: Colonia Dignidad. Ein Reporter auf den Spuren eines deutschen Skandals, Frankfurt/Main, New York 1998, S. 77

19 Fröhling, S. 131

20 Ebenda, S. 133 und 135

21 So schildert Ernst-Wolfgang Kneese den Missbrauch durch Schäfer in „Der ewige Onkel ist hinter Gittern“, taz vom 12.3.2005

22 Kurt Schnellenkamp über seine Gedanken beim Anblick der „Sprinter“, die um Paul Schäfer waren, im Film „Deutsche Seelen“. Leben nach der Colonia Dignidad, von Martin Farkas und Matthias Zuber, Zorro Film GmbH München/Berlin 2010

23 Karl-Heinz Walter, der spätere Generalsekretär der Europäischen Baptisten-Föderation, begegnete Schäfer 1959. „Paul Schäfer habe ich als eine sehr dominierende, bestimmende Persönlichkeit kennengelernt, von dem für viele Leute eine Faszination ausging, fast ein Zwang, der mir nicht ganz erklärlich war. Irgendetwas ging von ihm aus, das die Leute beeinflußte. Niemand wagte, gegen ihn anzutreten, gegen ihn aufzustehen.“ Zitiert bei Gemballa 1998, S. 64

24 Hugo Baar, in: Protokoll der 10. Sitzung des Unterausschusses für Menschenrechte und Humanitäre Hilfe des Auswärtigen Amtes am 22.2.1988, www.agpf.de/Colonia-Bundestagsprotokoll, S. 144. Dort findet sich auch das folgende Zitat

25 Gemballa 1988, S. 38 und S. 39

26 Heller 1993, S. 15

27 Ebenda, S. 141; s.a. Gemballa 1988, S. 38

28 So in dem Film „Deutsche Seelen“

29 Nach Ausführungen von Lothar Bossle vor dem Unterausschuss für Menschenrechte und Humanitäre Hilfe des Auswärtigen Amtes 1988, Unterausschuss 1988, S. 88

30 Lorena Mazuré Loos: Perspektiven der deutsch-chilenischen Minderheit in Chile auf Colonia Dignidad, Magisterarbeit an der Universität Wien, (Wien 2009), S. 45

31 Ebenda, S. 45

32 Helga Grebing urteilt über das Verhältnis von Flüchtlingen zu Einheimischen insbesondere in ländlichen Gebieten zusammenfassend: „Nach einer kurzen Phase der Zuwendung zu den Flüchtlingen als den vom Krieg in extremer Weise Betroffenen (wuchs) die Kluft zwischen Einheimischen und Flüchtlingen in dem Maße, in dem man möglichst umstandslos zur Normalität zurückzukehren trachtete, zugleich aber damit deutlich wurde, daß Flücht-

linge nicht bloß Gäste waren, sondern integriert werden wollten im Sinne eines Gleichseins mit der einheimischen Bevölkerung." Helga Grebing: Bericht über die Forschung zur Geschichte der Flüchtlinge und ihre Eingliederung in Niedersachsen nach 1945, in: Flüchtlinge und Vertriebene, a.a.O., S. 269–272, hier S. 271. Persönliche Berichte vor allem von Frauen über ihre Ankunft im besetzten Deutschland, die diese allgemeine Einschätzung illustrieren, finden sich zahlreich im Sammelband „Treibgut des Krieges. Zeugnisse von Flucht und Vertreibung der Deutschen", herausgegeben vom Volksbund Deutsche Kriegsgräberfürsorge, Kassel 2008, S. 17ff.

**33** Vgl. dazu Lothar Albertin: Flüchtlinge – eine kirchenhistorische Chance für den Protestantismus nach dem Zweiten Weltkrieg: Beobachtungen aus der Region Ostwestfalen-Lippe, in: Flüchtlinge und Vertriebene, a.a.O., S. 288–301, hier S. 298ff. und allgemein zur Abwehr der Flüchtlinge in protestantischen Gemeinden Christoph Kleßmann: Kontinuität und Veränderungen im protestantischen Milieu, in: Schildt/Sywottek, S. 403–417

**34** Fröhling, S. 26

**35** Schwember, S. 70; er befragte 2006 die Bewohner der „Villa Baviera" nach ihrer Herkunft, 36 von 106 Familien beantworteten seinen Fragebogen, über die Berufe von 46 Vätern und 40 Müttern erhielt er Auskunft

**36** Zitiert bei Klaus Schnellenkamp: Geboren im Schatten der Angst, München 2007, S. 50

**37** Heller 1993, zitiert auf S. 19 einen undatierten Brief Schäfers, in dem er um Spenden für die Anschaffung eines Tonbandgeräts bat

**38** Vgl. Fröhling, S. 121f.

**39** Ein Mädchen aus Schäfers Gemeinde sagte 1961, als gegen ihn wegen Kindsmissbrauch ermittelt wurde, aus: „S. (...) galt als schwieriges Mädchen und wäre nur mit Schlägen zu bändigen, meinte Schäfer, so würde der Teufel ausfahren." Heller 1993, S. 19

**40** Fröhling, S. 86

**41** Ebenda, S. 87

**42** Ebenda, S. 147; vgl. auch Gemballa 1988, S. 43 und S. 46

**43** Ernst-Wolfgang Kneese in einem Telefongespräch mit dem Autor am 9.1.2013

**44** Ernst-Wolfgang Kneese vor dem Unterausschuss für Menschenrechte und Humanitäre Hilfe des Auswärtigen Amtes 1988, Unterausschuss 1988, S. 124; vgl. auch Salinas/Stange, S. 55/56

**45** Das tat z.B. die Mutter von Ernst-Wolfgang Kneese, deren Einverständniserklärung Ulla Fröhling abdruckt; Fröhling, S. 153, was Ernst-Wolfgang Kneese in einem Telefongespräch mit dem Autor am 9.1.2013 bestätigte

**46** Gemballa 1988, S. 47

**47** So die Angaben von Ernst-Wolfgang Kneese; „Vom Opfer zum Jäger", Hamburger Abendblatt vom 29.3.2005, www.abendblatt.de

**48** Loos, S. 47

**49** Ebenda; s.a. Gemballa 1998, S. 81

**50** European Center for Constitutional and Human Rights (ECCHR): Stellungnahme zur Rolle von Hartmut Hopp innerhalb der Colonia Dignidad, Berlin 2011, S. 4

**51** Heller 1993, S. 29

**52** Ebenda, S. 48; s.a. Gemballa 1998, S. 80f.

# Die „Colonia Dignidad“

*Eingang zum Gelände der „Sociedad Benefactora y Educacional Dignidad“, Mitte der 1980er Jahre*

## „Totalaufbau“[1]

Am 26. Juni 1961 gründeten Schäfers Mitstreiter Hermann Schmidt, Rudi Cohn und Erhard Eidner offiziell die „Sociedad Benefactora y Educacional Dignidad“ (etwa: Gesellschaft für Wohltätigkeit und Erziehung „Würde“) in Chile. Am 21. September desselben Jahres erhielt sie den Status einer juristischen Person und wurde als Non-Profit-Organisation (NPO) anerkannt, was ihr unter anderem Zoll- und Steuerfreiheiten einbrachte. Der Name war das nach außen immer und immer wieder verkündete Programm: wohltätig zu sein, „armen und kranken Leuten zu helfen“, wie es Erwin Fege, einer der Auswanderer, ausdrückte.[2] In der Festschrift zum fünfzehnjährigen Bestehen 1976 verband ein pathetisches „Wahrheitsbekenntnis“ den Willen zum Helfen mit einem aus entsetzlichen Erfahrungen gespeisten, nicht so sehr politischen als vielmehr quasi religiösen Antikommunismus: Flüchtlinge, gerade dem Grauen des Kommunismus entkommen, entschlossen sich zur Abkehr von einer gottlosen, der Apokalypse besinnungslos ausgelieferten Welt und zum Dienst am Nächsten.

*Der eigentliche Impuls unserer Bemühungen liegt hinter schweigendem Entsetzen und stummer Verzweiflung. (...) Die Initiatoren kommen aus einer Zeit und aus einem Land, in welchem sich die Auflösung aller materiellen, geistigen und ethischen Werte vollzogen hatte. Sie kommen aus einem Werde- und Gärungsprozeß, aus welchem sich allein der nackte Mensch ausgeschieden hatte. Die Gründer sind Menschen, die in einer Sekunde ihre Familie verloren, welche die Stücke der Leiber ihrer Angehörigen sammelten, die in zahllosen Tagen und Nächten Blut, Tod und Grauen ausgestanden haben, die in Gefangenenlagern jahraus, jahrein schmachteten. (...) Es sind Menschen, die diese end-menschlichen Konsequenzen überlebt haben und in tiefer Verantwortung den Ärmsten, wo es auch sei, umfassend zu helfen sich entschlossen.*[3]

Unausgesprochen, aber unübersehbar setzte sich die „Colonia Dignidad"[4] in eine alttestamentarische Tradition, wurde Schäfer zum Stifter einer neuen Religion erhoben: wie Moses Gottes Befehl gehorchend das Volk Israel aus der ägyptischen Knechtschaft ins gelobte Land führte, so brachte Schäfer seine kleine Gemeinde aus dem von bolschewistischer Unterdrückung bedrohten Westdeutschland in das leere Land im Süden Chiles, das zu kultivieren und fruchtbar zu machen der Auftrag Gottes an seine wahren Gläubigen war.

Nur wenige Monate zuvor, am 8. Juni 1960, hatte das bis heute schwerste Erdbeben die Stadt Valdivia im Süden Chiles verwüstet, 1.655 Menschen getötet, über 3.000 verletzt, zwei Millionen obdachlos gemacht. Hilfe wurde dort dringend gebraucht und in der Gründungsurkunde der „Gesellschaft für Wohltätigkeit" auch ausdrücklich versprochen[5], die neuen Siedler leisteten sie gleichwohl nie.

Sie mussten zunächst für sich selbst eine lebbare Umgebung schaffen, in urwaldartiger Wildnis, in Kälte und Dauerregen. Durch die Schilderung von Ernst-Wolfgang Kneese klingt noch 50 Jahre später, bei aller Wut des Ausgenutzten, Getäuschten und Enttäuschten, ein fast pfadfinderhafter Stolz auf das Geleistete:

*Auf Schlaf wird keine Rücksicht genommen, auf Sauberkeit wird keine Rücksicht genommen. Wir sind eingepfercht in einen riesengroßen*

*Galpón (Scheune, H.R.). Morgens putzen wir uns im kalten Wasser des Perquilauquén die Zähne mit einer Paste, die irgendwer selber mit Kies oder mit Schlammkreide und mit Pfefferminzgeschmack zusammengemischt hat. Schuhe, die nicht passen, Klamotten, die nicht passen. (...) Da fängt das an, dass ich merke, wir sind betrogen worden. Nichts von dem, was uns versprochen wurde, finden wir vor. Keine Schule, keine Ausbildung, kein wunderbares Paradies. Wir müssen Stämme aus dem Wald schleppen, bevor wir die erste Blockhütte bauen können. (...) Wir haben kein Dach über dem Kopf. Wir campen in Zelten wie die Indianer. Vier Wochen lang bei Regen. Wir haben einen großen Kupferkessel in der Mitte, darin kochen wir uns Suppe. Die Fleischeinlage muss in der Nacht zuvor mit der Schrotflinte geschossen werden (...) Und wir müssen Tieren auch noch das Fell abziehen, sie kleinmachen und braten (...) Beim Essen beißen wir auf Schrotkugeln, dass uns die Plomben wegfliegen. Auf Geruchsentfernung ist der Donnerbalken konstruiert. Wenn der Wind schlecht steht, hast du nicht nur die blaue Milchsuppe, dann hast du auch die Düfte von Exkrementen in der Nase. Und der Regen von oben. Was interessiert mich da in den Urwald zu gehen und Bäume zu schlagen und Häuser zu bauen? Bin ich denn bescheuert? Ich habe keine abgeschlossene Schulausbildung und keine Berufsausbildung. Darüber wird gar nicht mehr geredet.*[6]

Zuerst wurde ein Kinderhaus gebaut, dann das Gemeinschaftshaus, das Zippelhaus. Felder wurden gerodet, Wege angelegt, Wohngebäude für Neuankömmlinge entstanden, eine Mühle, ein Krankenhaus, eine Schule.

## „Arbeit ist Gottesdienst für uns"[7]

Alle Mitglieder der Gemeinde mussten arbeiten, ohne Lohn, auch nachts, sonn- und feiertags ohnehin. Ein Mann der ersten Tage erinnerte sich in der ganz eigenen Sprache der Kolonie Jahrzehnte später: „Frühmorgens ging's raus, und dann bis abends die Sonne unterging Steine sammeln, Sträucher zocken, Hagebutten schrappen."

Das Lied „Maquinatal" trägt im Titel den Namen eines der Täler, die die Siedler bewirtschafteten[8], und wurde bis in die 80er Jahre hinein bei Versammlungen zur Melodie des Riesengebirgslieds „Eingerahmt von hohen Bergen“ gesungen.[9] Es pries und vermenschlichte das Tal, das zur vertrauten Heimat, zum „Du“ für eine kleine auserwählte Schar geworden war. Es feierte das rastlose Arbeiten für die Gemeinschaft und den heilenden Dienst an den Mitmenschen, die nicht bezahlt werden, weil sie ihren Lohn in sich selbst tragen. Es huldigte den zu eigenständigen Wesen personifizierten Werkzeugen, die unaufhörlich tätig sind, als würden sie nicht bedient werden, sondern aus eigenem Entschluss die Menschen in ihrem unermüdlichen Schaffen begleiten, Menschen, die nur als „wir“, als Kollektiv der Auserwählten, und als „ihr“, als Empfänger von Befehlen erscheinen.

*Eingerahmt von hohen Bergen,*
*Perquital, so liegst Du da,*
*Berggewässer dich umrauschen,*
*Wiesen grünen in dem Tal.*
*Lavadero, neue Heimat*
*nur von wen'gen ausersehn,*
*wo Turbinen immer laufen*
*wo die Räder stets sich drehn.*

*Refrain:*
*Du mein liebes Maquinatal,*
*wo der Perqui so heimisch rinnt,*
*wo wir abends im Zippelhaussaal*
*in froher Runde beisammen sind.*
*Maquinatal, herrliches Tal,*
*du meine liebe Heimat Du.*

*Morgens noch, wenn alle schlafen,*
*nur der Frühdienst, der ist wach,*
*sind die Melker schon am schaffen,*
*früh beginnt für sie der Tag.*
*Talaktion auf vollen Touren,*
*Trecker fahrn die ganze Nacht:*
*„Bringt die Saaten in die Fluren,*
*sechs Uhr ist die Schicht vollbracht.“*

*Refrain: Du mein liebes Maquinatal …*

*Ist der Tag nun angebrochen,*
*reihn die Werkstätten sich ein,*
*Sägen singen, Hämmer klopfen,*
*alles stimmt in das Lied mit ein.*
*Heilsarmee marschiert zum Fischen,*
*Kommandos schall'n mit lautem Ton*
*Duftend steht bald auf den Tischen*
*Ihrer Müh und Arbeit Lohn.*

*Refrain: Du mein liebes Maquinatal (…)*

Arbeit war für alle war religiöse Pflicht. Sie konnte aber auch grausame Strafe oder gemeinsames, fast spielerisches Vergnügen sein.[10]

*Ein siebenjähriger Junge beobachtete zusammen mit anderen aus seiner Gruppe, wie aus Vogeleiern Jungtiere schlüpften, und wollte ausprobieren, ob auch er Eier ausbrüten konnte. Er nahm einen der Holzdeckel, die die Löcher der damaligen Latrinen bedeckten, drehte ihn um, säuberte den Innenring, legte Vogeleier hinein und setzte sich auf sie. Die Schalen brachen, Dotter und Eiweiß zerflossen zu Matsch. Nichts blieb in der Gemeinde unbeobachtet, sein kindliches Experimentieren, alarmierendes Zeichen eines eigenen Willens, wurde hart bestraft. Er wurde aus der Jungengruppe entfernt und einem jungen Mann zugeteilt, mit dem er auf den Feldern Schwerstarbeit verrichten musste. Arbeitete er, ein erschöpftes Kind, zu langsam, wurde er ausgepeitscht, lag er zerschlagen am Boden, wurde er mit Stiefeln getreten, bis er sich wieder hochquälte.*

*Zur Hagebuttenernte wurde in den Mädchengruppen ein Wettbewerb angeordnet: wer am meisten erntete, sollte eine Tafel Schokolade bekommen, eine seltener, fast sündiger Genuss. E. kam trotz erbitterter Anstrengungen auf den zweiten Platz, weil sie die Ernte unterbrechen musste. Ein anderes Mädchen hatte Schmerzen und wand sich in Angst, sie hatte ihre Periode bekommen, aber niemand wusste, was ihr da geschah. So lief E. kilometerweit aus den Hagebuttensträuchern zurück in die Siedlung, um im Hospital ein Medikament zu holen. Die Siegerin teilte ihre Schokolade am Ende mit der ganzen Gruppe.*

*Kinder beim Straßenbau – „denen es gefällt, bei der Arbeit Hand anzulegen“, steht dazu in der Jubiläumsbroschüre „15 años“*

*Auch Frauen mussten bei der Rodung harte Arbeit leisten*

Nur Schäfer hatte sich von jeder körperlichen wie administrativen Arbeit befreit. Er konnte aufstehen, wann er wollte, dann über das Gelände schlendern, seine Getreuen tadeln, anschreien und loben, an die Führungsmannschaft Aufträge verteilen, sich wieder ausruhen, eine Chorprobe leiten, sich Essen servieren lassen, einen Jungen in sein Badezimmer rufen, zur Versammlung läuten lassen – oder auch nichts von alledem tun.

## Gewinne

Harte, erschöpfende Arbeit gegen kärgliche Kost und löchrige Logis war, wie schon in Deutschland, die finanzielle Basis für den „Totalaufbau". Wichtig war in den ersten Jahren auch das bare Geld aus Deutschland. Dort betrieb die „Schaak und Kuhn OHG"[11] unter der Leitung von Alfred Schaak in Siegburg weiterhin Lebensmittelläden und eine Drogerie, deren Erlöse nach Chile flossen. Der Verkauf des Heimgeländes an die Bundeswehr brachte 900.000 DM. Und die Gläubigen, die Schäfer begleiteten, hatten ihren Besitz, ihre Lebensversicherungen, Sparverträge, Rentenansprüche, an die Gemeinde zu überschreiben.[12] Allein die deutschen Rentenversicherungsträger überwiesen nach einer Schätzung der Botschaft jeden Monat 30.000 bis 50.000 Mark auf zwei Sammelkonten der Kolonie.[13]

Die Kolonie widmete sich zunächst der Landwirtschaft zur Selbstversorgung, produzierte aber bald mehr als verbraucht wurde[14] und entwickelte sich rasch zu einem lukrativen Agrarbetrieb. In Rinder- und Schweineställen wurde intensive Tierzucht betrieben, eine Hühnerfarm lieferte Eier und Fleisch. In einem Wildgehege wurden Hirsche und Rehe gehalten. Gänse, Fasanen, Enten, Truthähne und Rebhühner liefen frei auf dem Gelände herum. Obst, Gemüse, Kartoffeln, Salat, Getreide wurden angebaut. Die Gemeinde betrieb eigene Mühlen, eine Bäckerei und Konditorei, eine Metzgerei, eine Käserei, eine Imkerei und einen „Saftladen" für Limonaden, Säfte und Marmeladen. Eine Lederwerkstatt, ein Sägewerk, eine Schreinerei, eine Schmiede, eine Dreherei, Auto- und Malerwerkstätten, eine Halle zur Wartung der eigenen Flugzeuge, Kühl- und Lagerräume machten sie nahezu autark. Eingeführt wurden nur Salz, Reis und Kraftstoffe, die in

Tanks unter der eigenen Tankstelle gelagert wurden.[15] Fleisch- und Wurstwaren, Kuchen und Käse wurden in eigenen Läden in Santiago und Concepción verkauft und ab 1985 auch im Casino Familiar angeboten, einem erfolgreichen Restaurant mit deutscher Küche bei Bulnes, etwa 90 km westlich von Parral an der Panamericana. Die Produkte waren (und sind bis heute) Bestandteil des Angebots der Supermarktkette Jumbo mit Filialen in Chile, Argentinien und Kolumbien, die dem deutschstämmigen Horst Paulmann gehört. Das hohe Ansehen Deutschlands, die sehr gute Qualität der Waren und das sorgfältig gepflegte Image eines gesunden Mustergutes sorgten für einen derart großen Absatz, dass die Kolonie Fleisch zur Verarbeitung zukaufen musste. Holz, eine Steinbruchanlage neben dem Casino Familiar, die unter anderem für den vierspurigen Ausbau der „Panamericana" den Schotter lieferte, und Minen, in denen 600 km südlich von Santiago bei Nahuelbuta Gold und bei Cuatín seltene Metalle wie Titan und Molybdän abgebaut wurden, brachten weitere Einnahmen, wenn sie auch nicht so lukrativ waren wie die landwirtschaftlichen Unternehmen.[16]

Aus Deutschland kamen Altkleiderspenden, die, soweit sie nicht den spärlichen Verbrauch der Siedler deckten, in den Läden der chilenischen Kette Paris verkauft wurden. Als gemeinnützige Organisation war die Kolonie von Steuern und Zöllen befreit und konnte so landwirtschaftliche Maschinen, Lkw und Pkw über den eigenen Bedarf hinaus importieren und weit unter dem chilenischen Marktpreisen gewinnbringend verkaufen. In Deutschland wurden die von der Schaak OHG selbst beladenen Container als „Missionsgut" deklariert und vom Zoll nicht kontrolliert. Schließlich erwirtschaftete das Krankenhaus Einnahmen, als ab 1963 dort auch Chilenen aufgenommen wurden, jede Behandlung wurde dem Nationalen Gesundheitsdienst Chiles in Rechnung gestellt.

Die Ausgaben waren niedrig: Löhne wurden nicht gezahlt, Freizeit und Urlaub waren unbekannt, die Arbeitszeit nur durch physische Erschöpfung oder die unberechenbaren Einfälle Schäfers begrenzt. Steuern mussten nicht abgeführt werden. Die Verpflegung der Siedler war kärglich, oft gab es eine dünne Milchsuppe, jeden Teebeutel gebrauchten sie mehrfach, der Satz des Gästekaffees ergab im zweiten Aufguss ihr Morgengetränk. Kleidung nähten sie selbst oder erhielten sie aus den in Deutschland gesammelten Altkleidern.[17] Sie wurde aufgetragen, bis die Löcher nicht mehr zu flicken waren. Frische Unterwäsche gab es einmal pro Woche, die Bettwäsche wurde im Abstand von vielen Wochen gewechselt. Hygieneartikel wie Seife oder Zahnpasta wurden streng rationiert. Wer eine neue Tube Zahnpasta wollte, musste die bis auf das letzte Quäntchen ausgepresste alte vorzeigen.[18]

Die Kolonie machte Gewinne. Da in vager Anlehnung an die Ideale urchristlicher Gemeinschaften der Besitz von Geld als Sünde galt, investierte man in weitere Landkäufe, so dass die „Colonia Dignidad" schließlich 14.000 ha umfasste. Rechtlich gehörte dieses Land allerdings nicht der „Gesellschaft für Wohltätigkeit und Erziehung Würde", sondern einzelnen Herren aus dem Führungskreis und ab Mitte der 80er Jahre auch zwei Frauen: Erika Heimann, der Ehefrau von Hans-Jürgen Blanck, und Maria Strebe, Schäfers Krankenschwester und papierener Gattin. Allen übrigen Siedlern gehörte nichts, ebenso wenig wie ihrem Anführer.

*Das Gelände der „Colonia Dignidad", 1970er Jahre*

Tatsächlich waren Schäfers Getreue reich.[19] Nur der Führer und einige wenige Getreue genossen die Früchte dieses Reichtums, den sie auch vor ihren Gläubigen verbargen. „Geld ist eines der bestgehüte-ten Geheimnisse der Colonia Dignidad".[20] Nach einem Bericht des Richters Hernán Robert Arias aus dem Jahre 1991 betrugen die Gewinne der Siedlungsfirmen in den Jahren 1984 bis 1989 567,5

Millionen Pesos, ca. 1.700.000 DM, beachtlich, aber auch kein Anzeichen märchenhaften Reichtums.[21] Herman Schwember, der Beauftragte der chilenischen Regierung für die Siedlung, sprach 2009 von „zig Millionen Dollar", über die die „Colonia" nach Pinochets Sturz verfügte. Er zitierte ohne Namen zu nennen vertrauliche Informanten, die sich keine andere Quelle für diesen immensen Reichtum vorstellen konnten als den Handel mit geschmuggelten und/oder in der Kolonie selbst hergestellten Waffen.[22] Ein „hochrangiger chilenischer Polizist" sagte 2010 einem Reporter der „Süddeutschen Zeitung": „Die haben ihr Vermögen nicht mit Käse, Aufschnitt und Kuchen gemacht."[23] Nach dem Putsch des Militärs am 11. September 1973 nutzte Schäfer das Zoll- und Steuerprivileg, um in großem Stil Waffen einzuführen und in kleinerem Umfang herzustellen, als Chile einem Waffenembargo unterlag. Illegal und ohne Wissen der allermeisten Kolonisten kamen so, ohne dass sich eine genaue Summe feststellen lässt, Millionen von US-Dollar zusammen, die auf Auslandskonten in den Vereinigten Staaten, Kanada, Brasilien und der Karibik angelegt wurden.[24] Die chilenischen Finanzbehörden unternahmen bis heute, soweit bekannt, keine Versuche, diesen Konten nachzuspüren.

## Abschottung von der Welt

Die „Colonia Dignidad", die doch dem Wohl armer Chilenen dienen sollte, war von der Welt der Chilenen strikt getrennt: räumlich, sprachlich und zeitlich.

Von dieser Welt erfuhren die Siedler nur das, was ihnen Schäfer erzählte oder erzählen ließ. In der Kolonie gab es weder Fernsehen noch Radio noch Zeitungen oder Zeitschriften. Manchmal trugen Hermann Schmidt oder Gerd Seewald, die Akademiker unter den Gefolgsleuten Schäfers, eine gefällige Auswahl an Nachrichten in den Versammlungen vor, gerne etwa Huldigungen an General Pinochet nach dessen Militärputsch.[25] Um sie herum wurde ein Zaun errichtet, der immer weiter verstärkt wurde, bis am Ende 8.000 Betonpfähle, 2,80 m hoch, das Gelände umschlossen. Die Spitzen der Pfeiler wiesen nach innen, um die Krone wurde Stacheldraht gezogen. Für die Gemeinde schied er das vertraute Drinnen vom fremden Draußen.

Draußen reihten sich feindliche Ideologien, fremde Menschen und wilde Natur zu einer Kette lauernder Gefahren, vor denen der Zaun schützte: „vor Kommunismus, plündernden Bauern und Tieren".[26] Er trennte sie von der ungläubigen Welt, die gefürchtet und zugleich verachtet wurde. Ein Siedler klagte nach dem Besuch eines Marktes in Parral: „Schrecklich, diese Menschen, sie sind besessen von Mode, Fressen, Saufen und schön sein Wollen, dabei sind's geknechtete, hohle Fratzen".[27] Rüdiger Schmidtke erinnerte sich an seine Gefühle als Junge: „Wenn ich den Fuß nach draußen gesetzt habe, vor die Schwelle unseres Fundo, da war die Welt und da gab's nichts, da konntest du nichts anstreben. Unsere Gemeinschaft war das Idol der ganzen Welt."[28] Innerhalb wie außerhalb des Zauns wurde ein Netz von Sensoren, Lichtschranken, Stolperdrähten und Kameras gelegt. Der „Galpón", das Empfangshaus, war Tag und Nacht mit bewaffneten Wachen besetzt, alle Bewegungen wurden per Funk an Schäfer gemeldet.[29]

*Wenn nun ein Besucher ins Fundo möchte, sieht das praktisch so aus: Der W1 (Wachtposten 1) meldet das Fahrzeug, sobald er es sieht, das ist in neun Kilometer Entfernung, per Telefon und Radio (Funk) dem Schäfer per Sprechanlage zur Pforte. Dann wird dieses Fahrzeug nach Typ und Farbe, beim drittenmal auch nach Nummer, so dreimal gemeldet, bis es endlich an der Pforte erscheint. An der wird alles „klar" gemacht, innen und außen, sagt Schäfer. Das bedeutet, die Mikrofone werden eingeschaltet, das Tor ist verschlossen, der Fotoapparat wird klargemacht, das Tonband läuft. Inzwischen ist (Schäfer) hinter der Kulisse des Empfangshauses angekommen und für normale Straßenpassanten, auch im Fundo, ungesehen. Er dirigiert und sieht sich von innen Passanten, Gäste an und befindet, ob sie durchs Tor fahren dürfen.*
*(Lotti Packmor, die mehrere Jahre an der Pforte arbeiten musste)*[30]

Fremde, die die Siedlung aufsuchen wollten, wurden schon lange vor ihrer Annäherung an den Zaun gemeldet. Es gab zuverlässige Informanten am Flughafen in Santiago, an Tankstellen entlang der Panamericana, in Kneipen in Parral.[31] Schmale „Mauspfade" abseits der chilenischen Schotterstraßen ermöglichten den ungesehenen Zugang zur Kolonie und eine schnelle Verfolgung von Flüchtlingen durch die Sicherungsmannschaften. So wirksam der Zaun die deutsche Siedlung von der chilenischen Umgebung trennte, so unüberwindbar war er für alle, die nach draußen wollten.[32]

Die Anlage drinnen war für Fremde undurchschaubar, zurechtfinden konnte sich nur, wer in ihr aufwuchs.[33] Sie entstand ohne Plan, ausgehend von den Notunterkünften und dem Versammlungssaal der Anfangszeit nach den spontanen Einfällen Schäfers, der Herr dieses Raumes war. Es gab weder ein Zentrum noch eine klare funktionale Zuordnung verschiedener Bereiche. Ein Gebäude beherbergte die Küche, die Geschäftsleitung und die Schlafräume der „Heilsarmee", in einem Anbau und in der Nähe des Krankenhauses lagen weitere Büros. Im „Frei-Haus", benannt nach dem ehemaligen christdemokratischen Präsidenten Eduardo Frei, befanden sich die Wohnung Schäfer und zwei Säle, in denen für Besucher musiziert wurde. Das Gebäude, in dem sich der Zippelsaal für Versammlungen und die Theaterbühne befanden, beherbergte auch Büros sowie ein kleines Fernsehstudio. Frauen wohnten sowohl im abseits gelegenen „Pedrohaus" als auch im „Kinderhaus". Lagerhäuser und Werkstätten waren über das ganze Gelände verstreut.[34]

Draußen sprach man spanisch, drinnen wurde nur deutsch gesprochen, ein Deutsch der 50er Jahre, in dem Worte wie „Halbstarke" weiterlebten und Schäfers Unterschrift „Krückstock" hieß. Alle Bewohner bekamen einen Spitznamen, in dem sich kindliches Blödeln und hämische Abwertung oft mischten. Wolfgang Müller hieß „Pfuscher", sein Freund Karl Stricker „Kuddel", Gerhard Mücke „der Mauk", Hartmut Hopp „Struppi".[35] Es gab „Tatter", „Dickback", „Spinti", „Pudding", „Hering" und „Jumbo". Männer ab 50 hießen „Komalos", ein Wort, dessen Herkunft ungeklärt ist und das außerhalb der Kolonie keinerlei Bedeutung hat.[36] Bei den Jungen passten „Bammels" auf „Bimmels" auf.[37] Prügel wurden auch „gründliche Schinkenverarbeitung" genannt.[38] Selbst in Geschäftsbriefen an die Dependance in Siegburg herrschte ein „Ton pubertärer Albernheit"[39], wenn ein „Klausi" einen „Bäcker" von „Wolle" grüßte. Die Mitglieder der Kolonie machten sich in ihrer Sprache gegenseitig zu unmündigen Jugendlichen und isolierten sich zugleich bewusst von der Umwelt. „Es ist sehr schwierig mit uns zu reden", sagte Hartmut Hopp zu katholischen Nonnen, die sich in der Nähe der Siedlung niedergelassen hatten und mit ihren Nachbarn ins Gespräch kommen wollten.[40]

Schließlich etablierte sich in der Kolonie eine eigene Zeit.[41] Da es keine regelmäßig arbeitsfreien Sonntage und Feiertage gab[42], keine

Geburtstage und Todestage, war Zeit ein konturloser Strom des Vergehens ohne Einschnitte, an denen sich Erinnerung hätte festmachen können. Es gab nur die zyklische Wiederkehr von Tag und Nacht, von regnerischen Wintern und heißen Sommern. Das Leben war eine dauernde Gegenwart, in der die Vergangenheit – das Leben vor Schäfer – ausgelöscht und die Zukunft schon da war. Christen mag ein seliges Leben erst nach dem Tod im verheißenen Paradies erwarten, die Anhänger Schäfers hatten mit dem Leben in der „Colonia" dieses Heil schon erreicht. Veränderung und Entwicklung, Hoffnung und Streben waren weder nötig noch möglich. Die Tage verliefen gleichförmig, aber durch die willkürlichen Einfälle des Anführers auch unvorhersehbar. Die dahinfließende Zeit brachte keine Sicherheit, sie erforderte ständige Wachsamkeit. Die Änderungen, Abweichungen, Unterbrechungen im Gleichmaß, auf die man stets gefasst sein musste, kamen von Schäfer, der sich damit auch als Herr der Zeit präsentierte und als absoluter Souverän die Ordnung durchbrach, die er selbst errichtet hatte. Am Beispiel der jungen Männer der sogenannten „Heilsarmee" schildert Heller den Ablauf eines Tages:[43]

„Ein typischer Tag in der Colonia Dignidad begann (...) um 7.30 Uhr. Ungewaschen gingen die Heilsarmisten die 20 Minuten zum mitten in der Siedlung gelegenen Zippelhaus, wo sie sich anfangs in einem Graben und später im Bach wuschen. Dann wurde im Zippelsaal gefrühstückt. Danach begann im gleichen Saal, auf drei bis vier Gruppen verteilt, der Schulunterricht. Ein Teil (...) arbeitete vormittags in den Wirtschaftsbetrieben. Das dauerte bis etwa 12 Uhr. Um 12.30 Uhr trafen sich (die Männerstimmen) zum Singen. Dieses Singen wurde durch Predigten und Gebet unterbrochen. Prediger war meistens Schäfer, der um 12 Uhr gerade aufgestanden war. Wenn Schäfer irgendetwas während dieses Singens am Mittag nicht passte, mussten sich die Betreffenden zu Gebeten zurückziehen anstatt weiterzusingen. Sie aßen dann später in der Küche, während Schäfer im Saal aß. Von 15 bis mindestens 21 Uhr mussten die Siedler arbeiten. Um 18 Uhr gab es Kaffee und Schnitten, die aber neben der Arbeit zu sich genommen wurden. Kuchen gab es nur sonntags. Die Arbeit konnte, wenn z. B. Erntezeit war oder Baumaßnahmen anstanden, bis tief in die Nacht dauern. Falls nötig, wurden Scheinwerfer aufgestellt. Für Einzelne konnte die Arbeit durch Musikunterricht unterbrochen werden. Ab 21 Uhr gab es, wenn nicht gearbeitet wurde, Sport, Instrumentalunterricht und Proben der einzelnen Stimmen (...) Einschnitte im Tagesablauf waren der von Lautsprechern in die ganze Siedlung übertragene Signalton (Pito, spanisch für „Pfiff") (...) Bei Einbruch der Dunkelheit konnte der Pito zu einer Versammlung rufen, oder Schäfer ging jagen. Wenn weder das Eine noch das Andere geschah, ging die Arbeit weiter. Der Feierabend konnte tief in der Nacht beginnen. Am Anfang wurde gebetet. Dann wurde, nach Geschlechtern getrennt, im Saal gegessen. Das konnte um 23 Uhr, aber auch um 3 Uhr nachts sein. Nach dem gemeinsamen Essen spielten Rebeca Schäfer und Maria Schnellenkamp Geige und danach wurden Briefe vorgelesen, die die Verwandten aus Deutschland geschrieben hatten. (...) Nun, da alle gegessen hatten, predigte er. (...) Die Versammlungen konnten bis lange nach Mitternacht dauern. Wenn Schäfer auf Jagd gehen wollte, gab es keine Versammlung. Das konnte in der Jagdsaison bis zu fünf Mal in der Woche geschehen."

Das Vergehen der Zeit konnten die Gemeindemitglieder nur grob am Lauf der Sonne abschätzen, aber nicht messen. Eine Uhr war ein Symbol der Privilegierung, dessen Besitz Schäfer genehmigte. Gruppenführer durften sie haben, und die „Sprinter" genannten Lieblinge unter den Jungen trugen sie als Zeichen ihrer Auserwähltheit am Handgelenk.

## Die Versammlung

Die Versammlungen, ein schon in Deutschland praktiziertes Ritual, waren nicht nur eine Bühne für Schäfers Predigten und Mitteilungen. Sie waren der Ort öffentlicher Verhöre und kollektiver Bestrafungen, der jähen Schrecken verbreitenden Demonstration der Macht des Führers und des Rausches der kollektiven Gewalt, die sich ungehemmt an denen austobte, die Schäfer eines Vergehens beschuldigt und damit auch schon überführt hatte. Sie waren der Ort perfekter sozialer Kontrolle, der öffentlichen Beichten und gegenseitigen Beschuldigungen.

Die „Gruppentanten" hielten auch kleinste Verfehlungen von Kindern schriftlich fest und lasen sie vor.[44] Keine Handlung, kein Gespräch, ja kein Gedanke – nichts sollte geheim bleiben, alles sollte ausgesprochen werden. Rüdiger Schmidtke erinnerte sich 2006: „Ich habe mit allem Ernst und aller Überzeugung gesagt, was ich wusste."[45] Etwas zurückzuhalten war eine Sünde wider die Gemeinschaft. Sie waren der Ort peinlicher Selbstbefragungen, weil auch die, die gerade nicht beschuldigt wurden, jederzeit durch ein Zeugnis anderer zum Objekt einer spontanen Verhandlung und Opfer physischer Misshandlungen werden konnten:

*Habe ich heute meine sämtlichen Pflichten erfüllt? Habe ich auf die Minute und Sekunde genau den Tag in meinem Aufgabenheft (...) gewissenstreu und gehorsam aufgelistet? Habe ich meine drei Musikinstrumente fleißig und zeitgenau geübt? Habe ich meine Schularbeiten, Sportübungen, Gymnastik, Karate, meine Putzdienste, meine Arbeit auf dem Feld, in der Werkstatt, in der Abwässergrube oder am Schreibtisch von meinen Aufsehern rechtzeitig unterzeichnen lassen können? Und dabei nichts übersehen oder womöglich verschwiegen? Habe ich ...? Habe ich ...?*[46]

Öffentliche Bekenntnisse, Beobachtungen anderer Siedler, Berichte der Gruppentanten über ihre Kinder, der Inhalt gegenseitiger Beichten, persönliche Briefe, selbstverfasste Lieder oder Gedichte – alles wurde schriftlich festgehalten in einer „Seelsorgerakte", die von Gerd Seewald über jedes Mitglied geführt wurde. Eine „penible Seelenbuchhaltung" und eine stets gegenwärtige Drohung: alle wussten, dass es diese Akten gab, niemand wusste, was in ihnen stand, der Inhalt konnte jedoch „jederzeit gegen jeden prozessual herangezogen werden".[47]

## Geschlechtertrennung und Hierarchie

Die Gesellschaft der Siedler war nach zwei Prinzipien gegliedert: strikte Geschlechtertrennung und eine von Schäfer bestimmte soziale Hierarchie. Jungen und Mädchen wuchsen streng getrennt voneinander auf, Frauen und Männer arbeiteten in eigenen Gruppen. Die Arbeitsteilung folgte traditionellen Rollenklischees: Frauen in der Küche, der Wäscherei, dem Krankenhaus, Männer auf dem Bau und im Handwerk. Die Rodung der Felder, Aussaat und Ernte führten beide zusammen. Ehepaare wurden bei der Ankunft in Chile getrennt, sie bekamen erst 1979 bzw. 1980 wieder ein gemeinsames Zimmer. Sie mussten sich „heimlich irgendwo im Freien oder sonst wo treffen (...) Es darf auch nicht gesehen werden, dass sich die beiden Verheirateten da zusammen als Eheleute bewegen."[48] Hochzeiten wurden von Schäfer arrangiert, der auch die Paare bestimmte. Er selbst heiratete, um den Schein heterosexueller Normalität zu wahren, die Krankenschwester Maria Strebe, die ihn bis zu ihrem Tod pflegte. Bis 1966 genehmigte er keine Heirat, im Mai 1969 fand eine Sammelhochzeit von sieben Paaren statt. Auch diese Paare durften zunächst nicht miteinander leben, Frauen, die bei heimlichen Zusammenkünften schwanger wurden, wurden unter der Aufsicht einer eigenen Pflegerin isoliert. Die wenigen Kinder, die im Krankenhaus zur Welt kamen – in den ersten fünf Jahren nur acht[49] – wurden nach vier Wochen den Müttern abgenommen und in ein Kinderheim gebracht[50], ab 4 Jahren lebten sie im Kinderhaus, in dem im Erdgeschoss die Jungen und im ersten Stock die Mädchen wohnten.[51] Ebenso wurde mit den Kindern verfahren, deren Mütter bereits schwanger nach Chile gekommen waren.[52] Geschwister kannten sich nicht, Kinder wussten nicht, wer ihre Eltern waren, ja nicht einmal, dass es Eltern gab.[53] Klaus Schnellenkamp lernte seinen Vater als „Onkel Kurt" und seine Mutter als „Tante Elisabeth" kennen, bei der ersten Begegnung wurde ein Familienfoto für Verwandte in Deutschland gemacht, bei der zweiten verabreichten ihm beide eine Tracht Prügel, ohne sich im mindesten als Vater und Mutter zu erkennen zu geben.[54] Erwachsene wurden als „Onkel" und „Tante" mit dem jeweiligen Vornamen angeredet, Schäfer wurde „tío" oder „tío permanente" genannt, Onkel oder ewiger Onkel, der immer bei seiner Gemeinde bleiben würde, auch nach seinem Tod,[55] er ließ sich auch als „Pius" (der Fromme) oder „Heiliger Vater" ansprechen. Der Schöpfer des Glaubens stand über der Gemeinschaft, die nur durch ihn existierte, und er gehörte ihr als „Onkel" zugleich an. Die Anreden als „Tanten" und „Onkel" bezeichneten die menschlichen Bindungen in einer Gemeinschaft strikter Geschlechtertrennungen: eine Nenn-Verwandtschaft ohne familiäre Intimität und Liebe zwischen Kindern und Erwachsenen und ohne Sexualität zwischen Mann und Frau.

Männer und Frauen waren jeweils Altersgruppen zugeordnet.[56]

| **Männer** | **Frauen** |
|---|---|
| Edelweiser (bis 5 Jahre) | Spechte |
| Keile (6 bis ca. 12 Jahre) | Falken |
| Heilsarmee (bis 35 Jahre) | Halalis |
| Askaris (bis 40 Jahre)<br>Mittlere und Große Knappen (bis 50 Jahre) | Frauengruppe |
| Komalos (50 bis 60 Jahre) | Omagruppe |

Innerhalb dieser Altersgruppen gab es besonders loyale, von Schäfer ausgesuchte und bevorzugte Männer und Frauen, die „Grünen" bzw. die „Dragoner". Die „Grünen", im Alter der „Heilsarmee" und den „Askaris" zugeordnet, waren bewaffnete junge Männer, hatten Schäferhunde und Fahrzeuge zur Verfügung. Sie verfolgten Flüchtlinge und kontrollierten an den Grenzanlagen. Die „Dragoner" waren die Aufseherinnen in den Mädchengruppen. Sie berichteten Schäfer alles, was sie hörten und sahen und wachten auch übereinander, dass keine etwas vor dem Herrn verschwiege.

In den Gruppen herrschte ein Klima der Angst, Freunde gab es nicht, jeder wachte über den anderen, niemandem konnte man etwas anvertrauen, ohne Gefahr zu laufen, dass es weitergegeben wurde. Angst und Einsamkeit fühlten gerade Kinder: „Ich konnte nachts oft nicht schlafen, weil ich mich so allein fühlte."[57] „Freunde, Freunde? Da gab es keinen einzigen für mich, weil jeder der Spion des anderen war, also war niemand sicher, mit wem er gerade sprach."[58]

Die Leitung der Kolonie und die Jurisdiktion für Verfehlungen lagen in den Händen der „Herren", die sich, wann immer es Schäfer gefiel, zusammensetzten. Die Zugehörigkeit zu dieser Führungsgruppe bestimmte Schäfer, zu ihrem Kern gehörten[59]:

**Albert Schreiber**, Kontaktperson zu den lokalen Behörden und nach dem Militärputsch zu den deutschstämmigen Juntamitgliedern Rodolfo Stange und Fernando Matthei und als „Spion" ein besonders eifriger Zuträger Schäfers über Gespräche und Gerüchte in der Kolonie;

**Gerhard Mücke**, als Leibwächter Schäfers dessen ständiger Begleiter und Exekutor harter Strafen;

**Hartmut Hopp**, polyglotter Verbindungsmann zur Außenwelt;
**Hans-Jürgen Blanck**, der Justitiar der Kolonie;
**Rudolf Cöllen**, zuständig für die innere Organisation einschließlich der Außensicherung;
**Karl van den Berg**, der Stellvertreter Cöllens;
**Gerd Seewald**, Verwalter der „Seelsorgeakten" und Leiter der Schule[60]
**Kurt Schnellenkamp**, eine Art Vertriebsleiter und Einkäufer, der Kontakte zu Firmen in Chile und Europa hielt;
**Hans-Jürgen Riesland**, **Friedhelm Zeitner**, **Wolfgang Müller Altevogt** und **Johann Spatz**.

Hermann Schmidt, auf dem Papier Vorsitzender der „Sociedad Benefactora", gehörte nicht zu den „Herren", er diente als „Aushängeschild" für die chilenische Öffentlichkeit.[61]

Schäfer selbst war in Deutschland wie in Chile der spirituelle Führer, legitimiert durch Gott, der durch ihn sprach und den Glauben seiner Anhänger an ihn. Ein formales Amt mit klaren Zuständigkeiten hatte er weder hier noch dort inne, so wenig wie er in juristischen Dokumenten als Vertreter der deutschen „Private Sociale Mission" oder der chilenischen „Sociedad Benefactora" auftauchte. So omnipräsent und allmächtig er innerhalb der „Colonia" war: in der Welt draußen trat er nicht auf, er ließ vielmehr wiederholt verbreiten, er lebe nicht mehr in der Siedlung oder auch, er sei tot. Er habe Selbstmord verübt, hieß es 1966, als der flüchtige Wolfgang Müller erstmals schwere Anklagen erhob[62], ein Mensch mit diesem Namen lebe nicht in der Kolonie, behauptete Hermann Schmidt 1968, als eine Kommission des chilenischen Abgeordnetenhauses einen Bericht erstellte[63], unter dem Namen „Dr. Schneider" führte er den deutschen Botschafter 1977 durch sein Reich, als Amnesty über Folter und Mord berichtet hatte[64], verschwunden war er 1996, als die chilenische Polizei ihn wegen Kindsmissbrauch suchte und er sich in unterirdischen Bunkern versteckte.

In der engeren Führung der Kolonie waren Frauen nicht vertreten. Erika Heimann, die Frau von Hans-Jürgen Blanck, kümmerte sich um die Finanzverwaltung, Gisela Seewald leitete bis 1978 das Krankenhaus, beide gehörte aber nicht zum „Herrenclub". Frauen bildeten jedoch das untere Ende der gemeindeinternen Hierarchie. Dort stand die Gruppe der „Vögel". Sie umfasste etwa 20 junge Frauen, die sich irgendeine von Schäfer als solche definierte Verfehlung zuschulden kommen hatten lassen. Im Falle von Waltraud Schaak bestand das Vergehen darin, dass sie 1962 in der Siedlung geboren wurde, nachdem ihre schwangere Mutter nach Chile ausgewandert war.[65]

Die „Vögel" durften bei Versammlungen nicht in den Saal, sondern mussten vor der Tür stehen bleiben. Sie mussten ihre Augen immer gesenkt halten, niemand durfte mit ihnen Blicke tauschen, niemand mit ihnen sprechen. Eine „Tante" führte sie an, überwachte sie bei der Arbeit und bestrafte sie mit Schlägen. Sie waren die Ausgestoßenen, die allen anderen buchstäblich vor Augen führten, was mit denen geschah, die Sünden begingen. Es verstärkte die Wirkung nur, dass unbekannt war, was ihnen angelastet wurde, es zeigte das unbedingte Vertrauen in die Handlungen Schäfers, dass alle davon ausgingen, sie müssten irgendetwas Schlimmes getan haben.[66]

Frauen hatten sich den Männern unterzuordnen und die Arbeiten zu erledigen, die ihnen zukamen. Sie hatten festes Schuhwerk, weite Röcke, Schürze und Kopftuch anzulegen. Schon kleine Abweichungen von dieser Kleiderordnung waren geächtet: Wenn eine Frau kein Kopftuch trug, wollte sie „wie eine Stadtdame" sein, wie ein „Weltmensch" – sie stellte sich selbst außerhalb der Gemeinschaft und gesellte sich der gottlosen Welt draußen zu. Wenn sie gar ihre Nägel polierte und auf ihr Aussehen achtete oder Sportkleidung trug, die ihren Körper ahnen ließ, war sie schamlos. Als geschlechtslose Arbeitsbienen durften Frauen Teil der von Gott auserwählten Gemeinschaft sein, eine attraktive Frau war ein „heilloses Weib", das ihr eigenes Seelenheil wie das der verführbaren Männer gefährdete.[67] Eine Sechzehnjährige, die so „kess" war, unter dem Kopftuch ihr Haar herausgucken zu lassen, wurde auf einer Versammlung verprügelt.[68] Der Körper einer Frau war eine gefährliche Hülle, mit der der Satan den Mann zur Sünde verleitete. Er musste verborgen werden, durfte sich unter den schmucklosen Arbeitskleidern nicht einmal umrisshaft abzeichnen, auf dass das Werk des Teufels vereitelt werden konnte.[69] „Die Mädchen müssen ein Leben wie eine alte Oma führen, die haben nicht die geringste Ahnung, was abläuft", erzählte Tobias Müller in jugendlicher Schnoddrigkeit 1997 dem „Spiegel".[70] Selbst in den wenigen Bibelexemplaren, die als Kopien den Mitgliedern zur Verfügung standen, waren anstößige Stellen (etwa die Erwähnung der Familie von Jesus) überklebt oder nicht mit kopiert. Eine für Kinder geschriebene Fassung der Bibel, „Schild des Glaubens" von Jörg Erb, enthielt Zeichnungen, die ebenfalls überklebt wurden, wenn sie sexuelle Assoziationen hervorrufen konnten, wie eine Zeichnung von Adam und Eva, deren Unterleibe von Blättern bedeckt, aber darunter eben auch zu ahnen waren.[71]

Sexuelle Unterdrückung war bereits in Deutschland ein wesentliches Prinzip des Gemeindelebens. In Chile wurde sie nun perfektioniert, durch die strikte Trennung der Geschlechter, die Tabuisierung der Sexualität und durch die gnadenlose Bestrafung jeglicher sexuellen Handlungen und Gedanken. Eine Bewohnerin erinnerte sich 2006:

*Als ich vielleicht 10 Jahre alt war oder 11, da tauchte in der Schule die Frage auf, weil unsere – naja, die Frau, die uns unterrichtete, Lehrer waren es ja alle nicht – sagte ja, die Männlichen befruchten die Weiblichen, dass sie sich vermehren können. Und da fragte einer, ja, wie geht das denn? Da hat sie nur gesagt, ja wie es im Einzelnen ist, das weiß ich auch nicht, ich weiß nur, dass es so geht. Die Frage stand bei mir offen, bis ich 48 war.*[72]

Jungen, die während des Schulunterrichts eine Erektion bekamen, mussten einen Spagat machen und beten, bis sie wieder „frei" waren.[73] Spagate wurden, weil sie so gut wirkten, den Jungen täglich auferlegt:

*Spagat – für mich war kein Problem, ich war einer, der am längsten unten saß, aber andere, die konnten gar nicht, die mussten mit – oooh, mit Gewalt runtergebracht werden. Das war natürlich nicht schön. Da haben einige heute noch dran zu knacken.*[74]

Da Geschlechtsverkehr nur ausgewählten Getreuen gestattet und gewöhnlichen Gemeindemitgliedern nur unter größter Geheimhaltung und nach ausgetüftelter Vorbereitung möglich war[75], blieb Selbstbefriedigung die gebräuchlichste Form von Sexualität. Sie wurde bereits bei Kindern verfolgt. Die Bettdecke musste beim Schlafen bis zum Kinn hochgezogen werden, die Hände auf der Decke liegen. Die Gruppenführer, die „Onkel" und „Tanten", kontrollierten die Einhaltung dieser Vorschriften. Schäfer selbst pflegte die Jungen zu fragen. „War heute was?" Schwiegen sie, sagte er: „Guck mir in die Augen!" Wenn es ihm gefiel, holte er Jungen zu sich ins Bett, wo sie zum Nachweis ihrer Unschuld eine Erektion vorzeigen mussten.[76]

*Turnvorführung mit dem obligatorischen Spagat*

Sex war das häufigste „Delikt“, das auf den Versammlungen öffentlich gebeichtet und bestraft wurde.[77] Schon Kindern wurden sexuelle Handlungen unterstellt, sie wurden gezwungen, etwas zu gestehen, von dem sie noch nicht einmal wussten, dass es überhaupt existierte. Bernd Schaffrik durchlebte als siebenjähriges Kind dieses Verhör[78]:

*Paul Schäfer (lässt) die Kinder zu sich bringen. Wie üblich immer einzeln. Keine Zeugen. Als Bernd an der Reihe ist, sagt Schäfer zu dem kleinen Jungen: „Da ist doch heute der Onkel Kurz zu mir gekommen und hat erzählt, dass du mit den Mädchen Geschlechtsverkehr hattest. Und der Onkel Mücke hat es auch gesehen.“ (...) Bernd ist tief erschrocken. Er kennt das gar nicht. Er weiß nicht, wovon der tío spricht. Aber er weiß, dass Fragen in diesem Ton immer Prügel nach sich ziehen. Und während er noch dasteht, starr vor Angst, kommt schon die ernste Nachfrage: „Willst du das etwa abstreiten? Soll ich den Onkel Kurt und den Onkel Mücke mal reinrufen?“(...) Diese Namen lösen einen weiteren Schock aus. Gerhard Mücke ist wie der Riese Goliath für den kleinen Bernd. Und auch Kurt Schnellenkamp ist nicht nur aus der Sicht eines Kindes ein Riesenkerl. (...) „Ja, soll ich die mal reinrufen?“, wiederholt Schäfer. Dann gibt Bernd alles zu. Alles. Obwohl er gar nicht weiß, was das ist und worum es geht. So macht er es immer. Und die anderen machen es auch so. (...) Doch nun will Schäfer Details wissen: „Hast du das gemacht? Zeigen!" Dann muss Bernd – und nacheinander jeder der Jungen – zeigen, was gemacht zu haben sie gestanden haben. Auch wenn sie gar nichts getan hatten. Sie müssen es zeigen am Körper von Onkel Paul.*

Die Verteufelung der Sexualität und die strenge Trennung der Geschlechter schlug sich in rapide sinkenden Geburtenzahlen nieder: In der Dekade 1950 bis 1960 wurden in der Schäfer-Gemeinde in Deutschland noch 82 Kinder geboren, die mit nach Chile auswandern mussten, in den beiden folgenden Dekade waren es noch 71, in den zwanzig Jahren zwischen 1980 und 2000 nur 9. Von da ab stieg die Zahl der Geburten rasch an, bis 2005 kamen wieder 29 Kinder zur Welt.[79] Wäre Schäfer in der „Colonia Dignidad" geblieben und gestorben, so hätte er eine zum Aussterben verurteilte Siedlung aus Greisen und einigen Jugendlichen hinterlassen. Die Gemeinschaft, die es nur durch Schäfer gab, sollte ohne ihn nicht weiterleben. Sie brauchte keine Nachkommen, weil nach ihm nichts kam.

## „Blut und Sperma"[80]

Die Verbote machten die Sünde allgegenwärtig, Strafe und Anklagen, Selbstbezichtigung und Anschuldigungen, öffentliche Bekenntnisse und Bestrafungen waren alltäglich. Einzig der Führer, Paul Schäfer, lebte seine päderastische Sexualität weiter aus, als offenes Geheimnis, das alle wahrnahmen, worüber aber niemand sprach. Alle Jungen mussten in sein Schlafzimmer, seine jeweiligen Favoriten, für andere ausgewiesen durch die Uhr an ihrem Handgelenk, hießen „Sprinter". Sie lebten ständig in seiner Nähe und durften mit ihm Auto fahren. Es gab immer zwei, die Schäfer je nach Lust austauschte: Ein Kind für sein Bett, ein junger Mann als sein Leibwächter, Diener und Chauffeur. Was die Gemeinde wahrnahm, war das Vorrecht dessen, der unmittelbar Gottes Wort empfing. Was zwischen Schäfer und den missbrauchten Jungen geschah, durften sie niemandem erzählen. Schäfer stellte es ihnen als „besonderen Moment" dar, als Ausdruck „der Liebe Gottes, die zu uns spricht."[81] Er schuf eine unauflösbar ambivalente Situation: zwischen Heimlichkeit und Mitwissen, zwischen

Verbot und Lust, zwischen peinlicher Sauberkeit und Schuldgefühlen, zwischen Selbstekel und Stolz, die die Opfer des Missbrauchs lebenslang zeichnete. Aki Laube erinnerte sich als Mann: „Dass die, die das erlebt haben, das nicht als sexuellen Missbrauch erlebt haben, sondern als Liebesbekundung, und dass dann dieser junge Mann, der dann heiraten will, vor einer Frau steht und plötzlich erkennen muss, wie er eigentlich missbraucht worden ist, das ist ein Schmerz, der ist grässlich, so schwer, so tief, so verletzend, so ... nicht reparierbar."[82]

Zahllose Jungen vergewaltigte Schäfer über Jahrzehnte hinweg, oft drei oder vier am gleichen Tag.[83] Efraín Vedder erlebte seinen ersten Missbrauch so:

*„Und nun, mein Sohn, gehen wir duschen." Schäfer sprang auf. „Du wirst müde sein, da wirkt eine Dusche Wunder." Ich folgte ihm ins Bad und begann mich auszuziehen. Schäfer stand an der Badewanne und stellte die Brause auf die richtige Wassertemperatur ein. Ich stieg in die Wanne und suchte nach der Seife. „Laß, Junge, das mache ich schon", sagte Schäfer. Ohne mich anzusehen, fing er an, den Schaum auf meiner Brust und im Gesicht zu verteilen. Ich mußte die Augen schließen, trotzdem brannte der Schaum unter meinen Lidern. Davon abgesehen, fand ich dieses Duschen eigentlich recht angenehm, bis ich plötzlich seine Hand zwischen meinen Beinen spürte. „Hier müssen wir immer ganz besonders gründlich saubermachen", hörte ich Schäfers Stimme an meinem Ohr. Ich zuckte zusammen. Dort hatte mich noch niemals eine Person berührt.*[84]

Bei den nächsten Duschen wiederholte sich dies, bis der Junge eine Erektion und einen ersten Orgasmus bekam, ein „schrecklichschönes Erlebnis"[85], und dieses Erlebnis dann Schäfer in dessen Bett und bei gelöschtem Licht bereiten musste, aber zu seiner Verwirrung und seinem Schrecken auch bereiten wollte. Das Duschritual offenbarte, dass der Missbrauch von Jungen auch für den Täter Schäfer ein ambivalenter Akt war, in dem Sauberkeit und Sündhaftigkeit sich ineinander verwoben. Schäfer konnte seine pädosexuellen Neigungen nur ausleben, wenn er sein Opfer reinigte, ehe er es vergewaltigte. Wie andere Täter, die als Autoritäten, als Lehrer, Trainer, Erzieher Jungen missbrauchen, inszenierte Schäfer immer das gleiche Ritual, er schuf einen Kontext, in dem der Vergewaltigung das Unrecht genommen wurde, indem er die sexuelle Handlung religiös überhöhte und in ein Reinigungsritual einfügte, er machte sich die Jungen mit der ganzen Autorität des religiösen Führers gefügig. Er beging eine Sünde, die nur ihm erlaubt, allen anderen aber verboten war und die er von sich und seinem Opfer abwusch.[86]

## Gewalt

Exzessive Prügelstrafen gehörten zum Alltag in der Kolonie. „Schlagen ist an der Tagesordnung. Die Gesichter der Kinder sind oft durch Schwellungen entstellt, die Lippen aufgeplatzt."[87] Efraín Vedder wurde als dreijähriges Kind von den „Tanten" im Kinderhaus durchgeprügelt, weil er nachts aufgestanden war, um etwas zu trinken.

*Alle drei (schlugen) gemeinsam auf mich ein, von Sinnen, völlig egal, wohin und ohne zu sprechen. Ich versuchte ihren Schlägen auszuweichen, drehte mich in der Sofaritze hin und her wie ein Aal und schrie wie am Spieß, aber die Schläge prasselten weiter. Sie schlugen immer weiter, schweigsam, verbissen, in einer stillen Raserei.*[88]

Dorothea Baar wurde von Schäfer vor den Augen ihres Vaters zusammengeschlagen: *Es wurde nichts gesprochen zwischen Schäfer und Dorothea, die damals ungefähr 28 Jahre alt war. Schäfer fing an, kaum dass er sie sah, sie anzuschreien und schlug mit seinen Fäusten derart auf sie ein, dass das Mädchen in dem Gang von einer Wand an die andere prallte. Als sie fiel, trat Schäfer sie mit den Füßen und schrie, sie solle ihm aus den Augen gehen. Ich blieb einige Meter entfernt stehen, ohnmächtig, ohne ein Wort hervorbringen zu können.*[89]

In den öffentlichen Verhören während der Versammlung unter Schäfers Leitung wurde der Delinquent von den Umstehenden verprügelt, die sich unter den Augen des Führers gegenseitig anfeuerten. Klaus Schnellenkamp hatte heimlich Gedichte über Friedrich II. von Preußen geschrieben, war dabei ertappt worden und wurde einem blutigen Gericht unterzogen, dessen primitive Brutalität sich in der Sprache des Richters spiegelt.

*„Wasch dir die blutige Fresse, du Satansbraten, du verbrutzelter! Los haut ihm was Anständiges in die Schnauze." (...) Mit ein paar Fußtritten aus dem Haufen ringsrum werde ich wieder in das dämonische Blickfeuer des Sektenchefs befördert. „Meikel, knall ihm noch 'n paar Saftige*

*ins gottlose Maul, dieses dreckige!" Mein Gesicht ist längst verschmiert, von Blut, das meine Augenlider verklebt. Mein rechtes Auge ist blau angeschwollen und völlig zu. (...) Nun braucht Schäfer keinerlei Ansporn mehr zu geben. Die bislang wie angewurzelt im Kreis stehenden Zuhörer beginnen zu schreien: „So ein besessener Kerl! Dämon! Teufelskind! Phantast! Krankes Arschloch!" Bis Schäfer mit einer kurzen Handbewegung das Zeichen zum Innehalten gibt. (...) „Hört, was der Satan für eine Macht über dieses Dreckschwein hat! Die ganze Hölle hat ihn besessen. Ja doch, Blanck! Muss ich dich immer wieder auffordern?" Blanck liest in trockenem Ton weiter vor. (...) Was folgt, ist eine unvergessliche Tortur durch den umstehenden Haufen. Ein Gemisch aus Prügeln, Fußtritten, Fausthieben und Flüchen.*[90]

Wie schon in Deutschland gab es für das Abweichen eines Einzelnen vom gottgefälligen Leben der Gemeinschaft nur eine Erklärung: es war das Werk des Teufels, der Sünder war besessen. Schläge waren Strafe und Exorzismus in einem. In ihnen betätigte und bestätigte sich die Gemeinde als Ganzes. Sie demonstrierte stets von neuem die unbedingte Treue zu ihrem Anführer. In den regelmäßigen Ausbrüchen kollektiver Gewalt löste sich auf, was an Individualität, an Glaubenszweifeln, Mitgefühl und privaten Bindungen bei Einzelnen noch vorhanden sein mochte. Die Gewalt, mit der jedes Verhalten bekämpft wurde, das in den Augen Schäfers fehlgeleitet war, ging aber nun in der Abgeschiedenheit des chilenischen Südens über Prügel weit hinaus. Ernst-Wolfgang Müller bekam nach seinem ersten Fluchtversuch Elektroschocks verabreicht, Waltraud Schaak erhielt als Kind mit einem Viehtreiber Stromstöße in die Scheide[91], Aki Laubes Schwester wurde so oft „Strom zwischen die Beine gehalten, Bettdecke hoch, zwischen die Beine gehalten", dass sie keine Kinder mehr bekommen konnte.[92] In der Vagina sah Schäfer den Sitz des Teufels, vermutlich sollten Mädchen aber nicht nur für ihr Frausein bestraft, sondern durch die Zerstörung ihrer Eileiter bewusst unfruchtbar gemacht werden. Dies geschah nicht nur in Einzelfällen. Der Psychiater Niels Biedermann stellte 2006 fest, dass viele Frauen „als Kinder im Alter zwischen neun und zwölf Jahren Erinnerungslücken, amnestische Episoden aufweisen. Es liegt die Vermutung nahe, dass sie missbräuchlichen Elektrokrampfbehandlungen ausgesetzt waren."[93] Auch Jungen wurden mit Elektroschocks traktiert, in den Hoden, wenn sie sexuelle Lust gezeigt hatten, aber auch an Kopf und Beinen. Aki Laube erlebte, seit er nicht mehr im Kinderhaus, sondern als Junge im „Neukra" schlafen musste (dem „Neuen Krankenhaus", das als Wohnhaus diente), diese beständige „Quälerei":

*Wir bekamen ein schwarzes Tuch über das Gesicht. Da wurde die Schlafhose ausgezogen und so mussten wir dann da liegen. Da verging nicht eine Nacht, wo man nicht mit Strom aus dem Schlaf gerissen wurde. Da waren zwei Herren, die waren zwischen 25 und 30, kräftige Burschen, und haben mich da rausgebracht in den Waschraum rein, Augen verbunden, haben mir die Schlafjacke auch noch ausgezogen und dann auf den Boden in die Ecke gedrückt. Beide hatten so ein Stromgerät in der Hand, das war so grässlich, unaufhörlich. Das hat der eine vorne reingehalten, der andere in den Hintern reingehalten, auf den Kopf gehalten, in den Rücken gehalten, in die Kniekehlen gehalten und hat sich wieder nach vorne gebeugt, wieder vorne rein, unaufhörlich. Und der Mund wurde mit dem Handtuch zugebunden. „Hörst mal auf zu schreien" ging das dann immer, „hörst mal auf zu schreien, sonst kriegst noch das Zehnfache." So ging das die ganze Zeit.*[94]

„Sie wollen, dass wir vergessen", sagte der in Ungnade gefallene Hugo Baar dem über Wochen mit Stromstößen misshandelten Efraín Vedder auf dessen Frage nach dem „Warum?"[95] Ort der Schockbehandlung war vorzugsweise das Krankenhaus der Kolonie. Dort wurde auch die zweite Methode gewaltsamer Disziplinierung angewandt, das zwangsweise Verabreichen von Medikamenten. „Für renitente Mitglieder lagen in einer Schublade der Küche mit Namen versehene Packungen mit Valium. Wer am Ende der Woche seine Portion nicht genommen hatte, wurde ins Krankenhaus geschickt und zur Rede gestellt. Wenn eine Blutuntersuchung zeigte, dass der oder die Betreffende beim Tabletteneinnehmen gemogelt hatte, bekamen sie oder er Psychopharmaka gespritzt."[96] „Renitenz" war jede Äußerung von Eigensinn. Ingrid Szurgelies etwa wurde wegen eines Berufswunsches jahrzehntelang mit Beruhigungsmitteln behandelt: „Mir wurde eingeredet, dass ich verrückt sei, dass ich Epilepsie hätte, als ich Schäfer gegenüber sagte, dass ich außerhalb eine Berufsausbildung machen wolle."[97]

Diese Behandlungen konnten sich über Wochen hinziehen, bis ihr Zweck, die Ruhigstellung unbotmäßiger Gemeindemitglieder, erreicht war.[98] Die Therapien lagen allein in der Hand der verantwortlichen Mediziner, der „Doctora" Gisela Seewald, die in Hamburg Medizin studiert hatte, ihren Titel aber in Chile nie hatte anerkennen lassen[99], und von Dr. Hartmut Hopp, der in den USA und an der renommierten chilenischen Universidad Católica hatte studieren dürfen. Die Medikamente, die sie verordneten, waren z.T. hochwirksame Psychopharmaka, wie Melleril, eine zur Behandlung von Psychosen verwendete Medizin, und Modecate, dessen Wirkstoff Fluphenazin zur Behandlung psychomotorischer Erregungszustände, aber auch zur Ruhigstellung von Tieren bei Transporten eingesetzt wird, oder starke Beruhigungsmittel wie Luminal, das auch zur Behandlung epileptischer Anfälle dient.[100] Die Nationale Gesundheitsbehörde (SNS) ließ nach Recherchen des Fernsehsender Canal 13 im Jahr 2005 3.017 Dosen des Narkosemittels Phenobarbital, 7.819 Dosen des Psychopharmakons Diazepam und 5.269 Dosen des Hypnotikums Chlordiazepoxid beschlagnahmen und stellte anhand von Unterlagen fest, dass 1999 über 10.000 Dosen Phenobarbital im Koloniekrankenhaus aufbewahrt worden waren, allein dies ausreichend, um jeden der etwa 300 Bewohner über dreißigmal zu betäuben.[101] Die gewaltigen Mengen zeigen die jeder medizinischen Notwendigkeit spottende Gebräuchlichkeit der Zwangsmedikation. Der Einsatz von Psychopharmaka war nicht nur ein Mittel zur Disziplinierung von Rebellen – sie dienten auch dazu, Kinder präventiv still zu halten. Magdalena Baar, die als Krankenschwester arbeitete, ohne – wie alle anderen auch – eine medizinische Ausbildung zu besitzen, erinnerte sich 2006 stockend daran als eine selbstverständliche Routine:

*Ja, zum Beispiel die Kinder, wenn die abends ruhig waren und ins Bett gingen usw., dann haben sie was zum Schlafen gekriegt, damit sie dann –. Und die Eltern waren – sie waren ja nicht bei ihren Eltern, sie waren ja so immer in Gruppen zusammen ja und – und die Erwachsenen haben gearbeitet und abends haben sie sich noch getroffen und Versammlungen gehabt und dies und jenes und dann gingen die Kinder ins Bett und damit sie dann auch still und ruhig waren – naja.*[102]

Wer sich nicht gerne in die Gemeinschaft fügte, wer nur den leisesten Eigensinn zeigte, war ein Besessener, ein Teufelsdiener. Mit den Elektroschockbehandlungen und der Zwangsmedikation, die sie zur Vertreibung des Bösen verabreichen ließen, überschritten die Führer der Kolonie die Grenze von der noch in den 60er Jahren weithin akzeptierten Prügelstrafe zur Folter. Die Gewalt, die von Beginn an im Inneren angewandt worden war, richtete sich ab 1973 gegen Feinde von außen.

1 Das Wort stammt aus einem Brief von Frida Bosch vom 8.3.1970, zitiert bei Heller 2006, S. 17

2 Loos, S. 47

3 Auf Spanisch in „15 años Sociedad Benefactora y Educacional Dignidad. 1961–1976", Festschrift ohne Angaben zu Verfasser, Erscheinungsort und -jahr (Eigenes Archiv), „Prólogo"; deutsche Fassung in der bei Gemballa 1998, S. 83 zitierten Version

4 Bei der Anhörung vor dem Bundestag 1988 stellt Hartmut Hopp klar, dass dieser Name niemals der selbst gegebene gewesen, sondern von der Außenwelt aufgezwungen worden sei: „Die Bezeichnung ‚Colonia Dignidad', falls sie sich auf die von mir im Augenblick vertretene Gesellschaft bezieht, ist von der Presse erfunden. Meines Wissens gibt es keine private oder öffentliche Institution mit einem solchen Namen in Chile. Die Sociedad Benefactora Dignidad mit Sitz in ‚Villa Baviera', Gemeinde Parral, ist eine Körperschaft des chilenischen Privatrechts, deren Statuten durch Regierungsdekret Nr. 3949 vom 21. September 1961 anerkannt wurden, wodurch sie gleichzeitig die Eigenschaft der juristischen Person erhielt." Unterausschuss 1988, S. 47

5 Wörtlich: „Bedürftigen Kindern und Jugendlichen Hilfe zu leisten, Kindern und Jugendlichen, die schutz- und heimatlose Waise sind im allgemeinen und im besonderen denen aus den vom Erdbeben von 1960 betroffenen Provinzen", zitiert nach dem in Salinas/ Stange, S. 255–257 auszugsweise abgedruckten Dokument

6 Zitiert nach Fröhling, S. 164f.

7 Männliche Stimme im Off aus dem Film „Deutsche Seelen", von der auch das folgende Zitat stammt

8 Der Name soll von einer Dampfmaschine stammen, die dort stand, bevor die „Colonia" errichtet wurde, schreibt Johannes Wieske in „50 Jahre Chile. 1961–2011 ‚Villa Baviera'", Gestaltung, Texte und Zeichnungen von Johannes Wieske, Los Angeles 2011, (Eigenes Archiv), S. 3

9 Zitiert nach Heller 1993, S. 37; Verfasser war Georg Packmor, der 1985 mit seiner Frau floh. Die Rechtschreibung und Zeichensetzung des Originals wurden beibehalten

10 Die folgenden Anekdoten wurden uns bei unserem Besuch in der „Villa Baviera" am 23.10.2013 erzählt

11 Sie wurde 1985 in „Schaak OHG" umbenannt, nachdem Heinz Kuhn sich von der Kolonie abgesetzt hatte; Gemballa 1988, S. 127

12 Fröhling berichtet zwei Fälle. Der wohlhabende Hamburger Kaufmann Helmut Schaffrik übertrug sein Vermögen der Schäfer-Gemeinde und wanderte, obwohl seit einer Kinderlähmung auf den Rollstuhl angewiesen, mit Frau und sieben Kindern nach Chile aus und musste dort vollkommen mittellos in einem Holzverschlag als Schuster arbeiten. Wolfgang Müllers Eltern überwiesen jeden Monat 300 DM für ihren Sohn an die Kolonie, der auch sein Erbe, der Erlös aus dem Verkauf des Elternhauses in Höhe von 147.311,54 DM zugutekam; Fröhling, S. 276; s.a. Gemballa 1988, S. 46

13 „Metropolis und Theresienstadt“, Der Spiegel 49/1987 vom 30.11.1987, www.spiegel.de. Eines davon hieß in der Kolonie „Konto HM“ nach seiner Inhaberin Hildegard Möhring, der Assistentin von Erika Heimann, die die Finanzen verwaltete; Salinas/Stange, S. 133. Gemballa 1998, S. 51 spricht ohne Quellenangaben sogar von einer Million pro Jahr – eine Zahl, die angesichts des damaligen Rentenniveaus wohl weit übertrieben ist. Die Renten wurden zudem in den 90er Jahren in etlichen Fällen wegen erheblicher Zweifel der Versorgungsämter, ob das Geld auch tatsächlich den Rentner zugutekäme, nicht mehr ausbezahlt; vgl. „Rente für Colonia?“, taz vom 24.8.1992 und „Colonia Dignidad mit Rentenanspruch“, taz vom 16.11.1996. Das Bundessozialgericht gestand 1995 den Landesversicherungsanstalten grundsätzlich das Recht zu, Renten an Bewohner der „Colonia“ nicht auszuzahlen, sprach aber 2001 abweichend von den Vorinstanzen einem klagenden Greis der Siedlung seine Rente zu; „Renten gesperrt“, taz vom 23.2.1995, und „Rente für Sektenmitglied“, taz vom 14.12.2001, www.taz.de

14 Die Darstellung folgt Heller 2006, S. 28ff. und Gemballa 1988, S. 111ff.

15 Gemballa 1998, S. 35

16 Heller 1993, S. 35f.

17 Schnellenkamp, S. 114; Schwember, S. 159

18 Informationen aus Gesprächen mit Bewohnern der „Villa Baviera“ im März 2008, die anonym bleiben möchten

19 Salinas/Stange, S. 126

20 Ebenda, S. 133

21 Ebenda; das Krankenhaus bezog nach diesem Bericht 1988 vom Nationalen Gesundheitsdienst etwa 185.000 DM (168.982.416 chil. Pesos), die Schule bekam ca. 7.000 DM (2.375.647 chil. Pesos) Subvention; Marcelo Araya Escortín, Pia Lecaros Álvarez: Se busca Paul Schäfer – salvador o demonio de Colonia Dignidad?, Santiago 1998, (Centro de documentación del Museo de la Memoria y los Derechos Humanos, Santiago), S. 123

22 Schwember, S. 96; Gemballa schätzt ohne weitere Nachweise das Vermögen für die 90er Jahre auf 50 Millionen US-Dollar, Gemballa 1998, S. 48

23 „Gebunkerte Geheimnisse“, Süddeutsche Zeitung vom 17.5.2010, www.sueddeutsche.de

24 „Doctor Hopp destapó red de lavado de dinero”, La Nación vom 24.5.2006; „Los otros secretos de Colonia Dignidad“ (ein Interview mit Klaus Schnellenkamp), La Nación vom 22.6.2008, www.lanacion.cl.

25 Schwember, S. 92; Erinnerung von Winfried Hempel im Film „The Colony: Chile's dark past uncovered“, by Faris Kermani and Lucia Newman, Al Jazeera Correspondent 11/2013, www.aljazeera.com, aufgerufen am 19.12.2013

26 Ortserkundungen (4): „Villa Baviera“. Die ehemalige Colonia Dignidad, Feature von Heike Tauch, Deutschlandfunk, 28.8.2007, 19.15–20.00 Uhr, Unkorrigiertes Manuskript, S. 6, www.dradio.de/download/72204/, aufgerufen am 6.6.2013

27 Heller 2006, S. 24

28 Statement im Film „Deutsche Seelen“

29 Lotti Packmor vor dem Unterausschuss für Menschenrechte und Humanitäre Hilfe des Auswärtigen Amtes, Unterausschuss 1988, S. 47

30 Lotti Packmor in einem Bericht für die deutsche Botschaft 1985, zitiert bei Gemballa 1988, S. 99

31 Ortserkundungen (4), S. 2

32 Heller 2006, S. 19; Fröhling, S. 212f.

33 „Ist alles durcheinander“, sagte ein namenloser „Gärtner“, der der Journalistin Heike Tauch 2006 einen Teil des Geländes zeigte; Ortserkundungen (4), S. 10; „Am Anfang war alles improvisiert“, erklärte der Architekt Johannes Wieske dem FAZ-Reporter Josef Oehrlein im gleichen Jahr, „Colonia Dignidad: Von da an war Weihnachten tabu“, FAZ vom 21.12.2006, www.faz.net

34 Vgl. die Lagepläne in Schnellenkamp, S. 230/231, und Efraín Vedder: Weg vom Leben, Berlin 2007, S. 206/207 sowie Gemballa 1988, S. 199f.

35 Fröhling, S. 222

36 Heller 2006, S. 25f.

37 Fröhling, S. 212

38 Gemballa 1988, S. 53

39 Fröhling, S. 161

40 Heller 2006, S. 24

41 Anregungen zu diesem Abschnitt verdankt der Autor Wolfgang Sofsky: Die Ordnung des Terrors. Das Konzentrationslager, Frankfurt am Main (1993), S. 88ff.

42 Anfang der 70er Jahre wurde an einem Heiligen Abend symbolisch der Weihnachtsmann ersäuft, von da an wurden keine christlichen Feiertage mehr begangen; Gemballa 1988, S. 51f.

43 Heller 2006, S. 31ff.

44 Gemballa 1988, S. 54; Beispiele im Faksimile auf S. 52f.

45 Statement im Film „Deutsche Seelen“

46 Schnellenkamp, S. 142f.

47 Zum System der „Seelsorgerakten“ vgl. Heller 1993, S. 54ff., Zitat S. 54

48 Lotti Packmor vor dem Unterausschuss für Menschenrechte und Humanitäre Hilfe des Auswärtigen Amtes, Unterausschuss 1988, S. 20

49 Salinas/Stange, S. 61

50 Gemballa 1988, S. 55f. Zwischen 1961 und 1997 wurden nach eigenen Angaben nur 65 Kinder in der Kolonie geboren, 12 wurden adoptiert. Bei der Botschaft waren davon nur 49 bzw. 10 registriert. Die genaue Zahl der Kinder, die chilenischen Eltern mit und ohne Einwilligung weggenommen wurden und in der Kolonie lebten, ist nicht bekannt; vgl. Gemballa 1998, S. 197

51 Schnellenkamp, S. 93

52 Fröhling, S. 175 und S. 195

53 Schnellenkamp, S. 93

54 Ebenda, S. 90f.

55 Diese Erklärung gab Schäfer selbst Juan, einem 13-jährigen chilenischen Jungen, der sich als Gast der „Juventud permanente“ in der „Colonia“ aufhielt; Araya/Lecaros, S. 27

56 Heller 2006, S. 25f., vgl. auch Vedder, S. 24f.

57 Winfried Hempel im Film „The Colony ...“

58 Franz Baar in Reportaje/Revista Nos/Aniversario 2005, S. 70 (Eigenes Archiv)

59 Vedder, S. 26, Gemballa 1988, S. 70ff., Salinas/Stange, S. 64f.

**60** Um diese Funktion in Chile ausüben zu können, hatte er als Einziger die chilenische Staatsangehörigkeit angenommen, wie Hans-Jürgen Blanck bei einer Vernehmung der Staatsanwaltschaft Frankfurt für den Prozess gegen Amnesty International aussagte; Heller 1993, S. 270

**61** Gemballa 1988, S. 71

**62** Salinas/Stange, S. 246; Araya/Lecaros, S. 106 zitieren eine Aussage von Hermann Schmidt: „Wir wissen nicht, wo Herr Schäfer ist, er ist weg, wir haben Angst, dass das Schlimmste geschieht, weil er eine Pistole mitgenommen hat."

**63** Salinas/Stange, S. 261; zitiert wird ein Brief des damaligen Senators Aylwin an den Justizminister Thayer

**64** Heller 1993, S. 188 und S. 206

**65** Vedder, S. 174

**66** Ebenda, S. 207

**67** Diese Vorwürfe wurden Lotti Packmor nach ihrer Flucht gemacht; Heller 1993, S. 48f. und S. 244f.

**68** Ursula Schmidtke versuchte daraufhin 1963 zu fliehen und ertrank dabei im Fluss Perquilauquén. Ihre Leiche wurde von Heinz Kuhn und Gerhard Mücke geborgen und ins Krankenhaus gebracht. Dort kam sie in ein Einzelzimmer. Am nächsten Tag teilte Schäfer auf einer Versammlung mit, dass sie an einer Lungenentzündung gestorben sei. So die Erinnerungen von Waltraud Baar, Schwember, S. 219f.

**69** Vgl. ebenda, S. 183

**70** „Die Pistole lag immer griffbereit", Der Spiegel 33/1997 vom 11. 8. 1997, www.spiegel.de

**71** Heller 2006, S. 42

**72** Ortserkundungen (4), S. 3

**73** Schnellenkamp, S. 121

**74** So erinnerte sich ein „Gärtner" 2006, den die Journalistin Heike Tauch in der „Villa Baviera" traf; Ortserkundungen (4), S. 10

**75** Fröhling, S. 238ff. berichtet von den Mühen von Wolfgang Müller und Gudrun Wagner, von der Entdeckung und dem anschließenden peinlichen Verhör

**76** Heller 2006, S. 34

**77** Schnellenkamp, S. 106

**78** Fröhling, S. 197f.; Tobias Müller berichtete im „Spiegel" ebenfalls, dass er von Schäfer sexueller Verhältnisse mit Jungen beschuldigt worden sei, er dies aus Angst auch zugegeben und die erfundenen Akte aufgeschrieben habe. Zur Strafe habe er auf dem Bau Schwerstarbeit leisten müssen. „Die Pistole lag immer griffbereit", Der Spiegel 33/1997 vom 11. 8. 1997, www.spiegel.de

**79** So die von Schwember, S. 71 mitgeteilten Zahlen

**80** Ernst-Wolfgang Kneese in einem Interview in José Maldavskys Film „Colonia Dignidad", Une secte nazie en pays de Pinochet, 2006, Produktion Temps noir, www.terrordeestadoenchile.blogspot.com.ar, heruntergeladen am 25. 6. 2013

**81** Vedder, S. 40f.

**82** Aki Laube im Film „Deutsche Seelen"

**83** Rechtsanwalt Hernán Fernández im Film „The Colony ..."

**84** Vedder, S. 36f.

**85** Ebenda, S. 40

**86** Zu den typischen Verhaltensweisen pädophiler Männer siehe www.gegen-missbrauch.de, aufgerufen am 7.1.2013; vgl. auch Dirk Bange: Sexueller Missbrauch an Jungen. Die Mauer des Schweigens, Göttingen 2007. Zur symbolischen Bedeutung von Waschungen in der Privatreligion Schäfers vgl. S. 16

**87** Fröhling, S. 206

**88** Vedder, S. 24

**89** In einem schriftlichen Bericht für die Deutsche Botschaft vom 2.4.1985, abgedruckt in: Álvaro Rojas: Los secretos de la Colonia Dignidad, Santiago o.J. (Centro de documentación del Museo de la Memoria y los Derechos Humanos, Santiago), S. 49ff.

**90** Schnellenkamp, S. 106ff.

**91** Fröhling, S. 179, 206

**92** Statement im Film „Deutsche Seelen"

**93** Interview ebenda; siehe auch Fröhling, S. 264/65, wo Gudrun Wagner von Elektroschockbehandlungen erzählt, sowie den Bericht von Georg Packmor bei Gemballa 1988, S. 104

**94** Bericht im Film „Deutsche Seelen"; Lotti Packmor, die 1985 mit ihrem Mann Georg aus der Kolonie floh, berichtete der deutschen Botschaft, dass die Elektroschocktherapie gegen sexuelle Regungen routinemäßig angewandt wurde, vgl. Gemballa 1988, S. 96 und Heller 1993, S. 43

**95** Vedder, S. 101

**96** Heller 2006, S. 21f.

**97** Reportaje/Revista Nos/Aniversario 2005, S. 69 (Eigenes Archiv)

**98** Vedder, S. 99

**99** „Deutsche Ärztin wegen Folter in Chile in Haft", taz vom 29.12.2005, www.taz.de und „Colonia Dignidad: Deutsche Ärztin wegen Kinderfolter verhaftet", Spiegel Online vom 27.12.2005, www.spiegel.de. Gisela Seewald hat nach diesen Berichten gestanden, Kindern bis 1978 Elektroschocks und große Mengen an Beruhigungsmitteln verabreicht zu haben

**100** Fröhling, S. 277; Angaben zur Wirkungsweise der Medikamente stammen von einer E-Mail-Auskunft der Tochter des Autors, Dr. Katja Tränkner, Dresden, am 29.8.2013

**101** ECCHR 2011, S. 15; die Medikamente wurden von Dr. Seewald chilenischen Patienten verschrieben und über den chilenischen „Servicio de Salud" abgerechnet. Die Patienten bekamen die Medikamente aber nie, sie gingen in den Bestand des Hospitals zur freien Verfügung über; Gemballa 1988, S. 105, vgl. auch Salinas/Stange, S. 149ff: „Fonasa y los Electroshocks"

**102** Ortserkundungen (4), S. 7

# Unter der Militärdiktatur

*General Augusto Pinochet (Mitte) posiert zusammen mit Armee-Offizieren einige Tage nach dem Putsch gegen die Regierung Allende in Santiago de Chile, September 1973.*

## Vorbereitung eines Putsches

Am 5. September 1970 bekam der bekennende Marxist Salvador Allende als Kandidat der „Unión Popular", der Vereinigung aller linken Parteien, bei der Wahl zum Präsidenten Chiles mit 36,5 % die meisten Stimmen, aber keine absolute Mehrheit. Nach der damaligen chilenischen Verfassung musste nun der Kongress den Präsidenten bestimmen, mit den Stimmen der Christdemokraten (PDC) wurde Allende gegen seinen rechten Konkurrenten Jorge Alessandri als Präsident bestätigt. Erstmals in der Geschichte sollte nach dem erklärten Willen des Siegers eine sozialistische Revolution im Rahmen der bestehenden demokratischen Ordnung beginnen.

Die entschädigungslose Enteignung der US-Konzerne Kennecott und Anaconda, denen u. a. die größte Kupfermine der Welt in Chuquicamata gehörte, wurde noch einstimmig im Kongress gebilligt, die weiteren Nationalisierungen von Unternehmungen und vor allem die von der Regierung tolerierten Landbesetzungen und Enteignungen von Großgrundbesitzern durch Landarbeiter stießen dagegen auf heftigen Widerstand der politischen Opposition. Demonstrationen mündeten in gewaltsame Auseinandersetzungen zwischen Anhängern und Gegnern Allendes. Die rechte Terrororganisation „Patria y Libertad" verübte Bombenanschläge. Dass dennoch 1973 80 % der Industrieproduktion staatlich war und rund 6,4 Millionen Hektar Land den Landarbeitern übergeben worden waren, war für Allende ein großer politischer Erfolg. Die rasch steigende Inflation, der drastische Rückgang der Agrarproduktion, der dazu führte, dass ein Großteil der Exporterlöse für Lebensmittelimporte ausgegeben werden musste, ohne dass dadurch allerdings Versorgungsengpässe vermieden werden konnten, brachten aber immer breitere Schichten der chilenischen Bevölkerung gegen die Regierung Allende auf. Frauen der Mittel- und Oberschicht organisierten während eines fast vierwöchigen Besuchs des kubanischen Revolutionsführers Fidel Castro in Santiago einen großen „Marsch der Kochtöpfe" in Santiago. Zwei Streiks der Fuhrunternehmer 1972 und 1973 führten die Wirtschaft eines Landes, in dem der Warenverkehr bis heute fast ausschließlich mit Lkw abgewickelt wird, an den Rand des Zusammenbruchs. Bei den Parlamentswahlen im Frühjahr 1973 gewann die Unión Popular zwar dennoch 45 % der Stimmen, die Opposition aus Christdemokraten, die sich von Allende abgewandt hatten, und Nationalkonservativen aber eine Mehrheit von 55 %. Das politische System war damit blockiert. Allende gelang es zwar vorübergehend, seine Regierung zu stabilisieren, indem er das Militär einband und den verfassungstreuen Oberkommandierenden der Streitkräfte, General Carlos Prats, zum Innenminister berief. Viele Offiziere waren aber schon zu einem radikalen Vorgehen entschlossen. Als Streiks immer gewalttätiger wurden und in den von Arbeitern besetzten und kontrollierten Unternehmen, den „Cordones Industriales", der Ruf nach einer bewaffneten Revolution erscholl, schritten sie zur Tat. Der vom Oberkommando der Marine vorbereitete und von den USA unterstützte Putsch am 11. September 1973 brachte eine Militärjunta an die Macht, in der General Augusto Pinochet, der Stellvertreter Prats, sich zum Diktator aufschwang.[1] Allende tötete sich im Regierungspalast, der von der Luftwaffe bombardiert wurde, selbst.[2]

Aus unbekannten Gründen tastete Allende den Besitz und die rechtlichen Privilegien der „Colonia Dignidad" nicht an. Vielleicht galt sie ihm angesichts der politischen Turbulenzen und des wirtschaftlichen Chaos als nebensächliches Problem.[3] Tatsächlich aber war sie einer der Stützpunkte, in denen die Verschwörer gegen die Regierung sich trafen und den Sturz des Präsidenten vorbereiteten.[4]

Die „Colonia Dignidad“ war zu Beginn der Regierungszeit Allendes ein wirtschaftlich prosperierendes, hoch angesehenes Unternehmen. Die Nachbarn in der armen Region Maule profitierten von neuen Straßen und Brücken, vom Krankenhaus, von Arbeitsplätzen in den Steinbrüchen und Minen. Diese gute Infrastruktur und das glänzende Prestige stellte Schäfer in den Dienst des Militärs.

Über 10 Jahre lang hatte sich die Siedlung mit Zäunen, Überwachungsanlagen und einem bewaffneten Sicherheitsdienst von der Außenwelt abgeschottet. Die Abgrenzungen wurden stetig ausgebaut, Aussichtsposten eingerichtet und ständig mit Wachen besetzt. Dies genügte Schäfer nun aber nicht mehr, um die Kolonie zu schützen. Die Politik Allendes begriff er als tödliche Bedrängnis, die sein Lebenswerk zerstörte. Was ein Jahrzehnt lang ferner Schrecken war, schien sich nun in eine nahe Bedrohung zu verwandeln, die die Siedlung nicht mehr abwehren konnte. Der Kommunismus, dem er durch die Auswanderung nach Chile entkommen zu sein glaubte, hatte ihn hier im „gelobten Land“ eingeholt. „Der russische Stiefel ist uns auch hierher gefolgt, wir müssen um unser Leben kämpfen, um nicht zertreten zu werden“, sagte er in einer seiner Predigten.[5]

Er übertrug seine schwarzweiße Weltsicht, die Teilung in ein gutes „Drinnen“ und ein teuflisches „Draußen“, auf die chilenische Außenwelt, in der für ihn die Guten gegen das Böse kämpften. Um sein kleines Reich zu erhalten, öffnete er sein Territorium für die, die seinen fanatischen Antikommunismus teilten und in Chile eine autoritäre Herrschaft ähnlich der errichten wollten, die er über seine Gläubigen ausübte. Wenn die Außenwelt nicht mehr abgewehrt werden konnte, sollte sie so gestaltet werden, dass sie mit der Innenwelt der Kolonie grundsätzlich übereinstimmte. Wesentliche Werte wie Antikommunismus, autoritäre Ordnung und Gottgefälligkeit sollten drinnen wie draußen gelten. „Wir sind ja so dankbar, daß wir nun eine Regierung haben, die nicht nur für Recht und Freiheit eintritt, sondern auch nach Gott fragt“, schrieb ein Gemeindemitglied nach dem erfolgreichen Putsch nach Deutschland.[6] Die Siedler beteten in Vierergruppen zu Gott, dass er Allende abberufen möge.[7] Die Führungsgruppe stellte ihr Gelände und ihre Gebäude zur Verfügung, um diese Gebete in die Tat umzusetzen. Die Hybris, ein ganzes Land nach den eigenen religiösen Wunschvorstellungen gewaltsam umformen zu wollen, zeitigte Wirkung, und sie rächte sich. Die „Colonia Dignidad“ wurde bis mindestens 1978 eine Stätte von Folter und Mord. All die glänzenden wirtschaftlichen Erfolge, all die demonstrative Wohltätigkeit für arme Chilenen, all die stolzen Auftritte als Botschafter deutscher Kultur und bayerischen Brauchtums – all dies war von nun an und ist bis heute untrennbar mit politischen Verbrechen verbunden.

Militante Gegner Allendes fanden in der schwer bewachten Kolonie im dünn besiedelten Süden einen geschützten Raum, in dem sie Gewaltaktionen gegen die Regierung vorbereiteten und wo sie nach dem erfolgreichen Putsch fernab von jeder Öffentlichkeit die quälen und vernichten konnten, die sie für gefährlich hielten. Unmittelbar nach der Wahl Allendes war die „Frente nacionalista Patria y Libertad“ gegründet worden, deren ca. 100 Mitglieder sich zum Ziel gesetzt hatten, mit Sprengstoffanschlägen und Morden an sozialistischen Landbesetzern die Regierung zu destabilisieren. Ihr „Generalsekretär für Operationen“, der Deutschchilene Roberto Thieme, entdeckte die Siedlung als Operationsbasis. In ihr wurden Waffen gelagert, die Verschwörer von „Patria y Libertad“ nutzten die Sendeanlage der Kolonie. Mindestens vier Männer der „Colonia“ beteiligten sich an Anschlägen. Thieme selbst musste im Februar 1973 aus Chile fliehen. Er simulierte einen Flugzeugabsturz in den Anden, nutzte aber tatsächlich die Colonia als Zwischenlandeplatz, ehe er sich nach Argentinien absetzte.[8] Dort hatte Schäfer bereits Land kaufen lassen, als möglichen Rückzugsort, falls eine Beseitigung Allendes fehlschlagen würde.[9] Thieme besuchte wenige Wochen vor dem Militärputsch zusammen mit Oberst Willoughby, dem späteren Pressesprecher und Adjutanten General Pinochets, die „Colonia“, „um ihm eine Waffenausstellung zu zeigen. Diese Ausstellung hatte die Führung der Siedlung organisiert, um den Militärs zu sagen: Wir sind auf den Tag X vorbereitet.“[10]

Eine zweite Verbindung zu den neuen Machthabern lief über die DINA, bis 1977 der Name des chilenischen Geheimdiensts unter Pinochet. Die „Dirección de Inteligencia Nacional“ wurde noch 1973 gegründet, ihr Direktor wurde Manuel Contreras, zu Zeiten des Militärputsches der Kommandant von San Antonio, einer Hafenstadt westlich von Santiago, mit 44 Jahren einer der jüngsten Obersten. Die Kontakte zu Schäfer hatten deutschstämmige Agenten der DINA und

Mitglieder von „Patria y Libertad“ hergestellt, die Agenten der DINA geworden waren. Zudem kannte Manuel Contreras Hartmut Hopp bereits aus dessen Studienzeit in Santiago. Die Mission des Geheimdienstes war zunächst das Aufspüren von Regimegegnern und die Unterdrückung der politischen Opposition. Nachdem die Militärregierung ihre Macht gefestigt hatte, verfolgte er ein ehrgeizigeres Ziel: die endgültige „Ausrottung des Kommunismus“ in Chile. Daran machten sich mehr als 1.000 Agenten, überwiegend Heeresoffiziere, unter ihnen auch zahlreiche deutschstämmige, die in kleinen operativen Einheiten arbeiteten. Regimegegner wurden verhaftet und gefoltert, damit sie Verbindungsleute verrieten. Die Gefangenen wurden entweder in die „Villa Grimaldi“ in Santiago oder in die „Colonia Dignidad“ gebracht, wo viele der Verhafteten spurlos verschwanden.

## Folterlager

Mindestens bis 1978 diente die „Colonia Dignidad“ „der DINA als örtliches Haftzentrum, als Folterschule, als Vernichtungslager, als Kommunikationskanal zum Ausland, als Schmuggelzentrum und als Platz für Schießübungen.“[11] Im sog. „Kartoffelkeller“, wurden Menschen nackt auf Metallpritschen geschnallt. Sie wurden beschimpft und bedroht. Sie wurden geschlagen und scheinbar zu ihrer Erschießung geführt. Abgerichtete Hunde wurden auf ihre Geschlechtsorgane gehetzt, Frauen wurden vergewaltigt. Sie wurden in Wasser getaucht, das Fäkalien und chemische Abfälle enthielt – „submarino“, U-Boot, hieß das. Sie wurden mit Elektroschocks gequält und an ihren Armen aufgehängt, die hinter dem Rücken zusammengebunden waren. Sie durften tagelang nicht schlafen, sie wurden in völliger Einsamkeit isoliert und mussten dabei die Schreie anderer Gefangener anhören. Ihre Folterer sahen sie nicht, weil sie Lederkapuzen trugen, die mit Klebstoff an den Haaren befestigt waren. Sie hörten nur die Stimmen, die Spanisch mit einem deutschen Akzent sprachen. Niemand wollte von ihnen Informationen, es schien ihnen, als würden sie Versuchen unterzogen, was ein Mensch aushalten kann.[12]

Dass dem so war, daran gibt es keinen vernünftigen Zweifel. 1977 wandte sich René Muñoz an das Solidaritätsvikariat der Katholischen

Kirche in Santiago, der einzigen vom Regime widerwillig geduldeten Anlaufstelle für politisch Verfolgte, und legte eine Beichte ab. Er sei der berüchtigte „Kapuzenmann" gewesen, der im Nationalstadion von Chile unter den dort Gefangenen die Funktionäre der sozialistischen Parteien, die er als ehemaliges Mitglied der Partido Socialista (PS) kannte, identifiziert und damit dem sicheren Tod überantwortet hatte. Über die „Colonia Dignidad" sagte er:

*Man brachte mich in die Colonia Dignidad, im Hinterland von Parral, etwa 40 km entfernt. Dort gibt es ein Ausbildungszentrum des Geheimdienstes, das von Deutsch-Chilenen geleitet wird. Dort wurde ich darauf vorbereitet, Personen zu verhören und Aufgaben in der Gegenspionage zu übernehmen. Ich war dabei, als Personen verschwanden, die in der Colonia Dignidad sind. Dort sind in diesem Moment 11 Personen. Ich meine insbesondere Carlos Lorca und (Exequiel) Ponce (...) Sie sind in der Colonia Dignidad, im Pavillon 2.*[13]

Die Gefangenen, an die sich Muñoz erinnert, waren mit Sicherheit nicht die einzigen Opfer. Dass Gegner des Militärregimes in die deutsche Siedlung verschleppt, in Kellern gefoltert und etliche von ihnen dort umgebracht wurden, steht fest, nicht aber, wie viele es waren. Richter Zepeda, der seit 2005 die Menschenrechtsverletzungen in der „Colonia Dignidad" untersucht, geht von mindestens 22 Menschen aus.[14] 2005 und 2006 wurden Spuren eines Massengrabs gefunden, das um 1978 geleert worden war. In ihm waren etwa 40 Leichen verscharrt worden. Insgesamt wurden wohl über 100 Menschen in der Kolonie ermordet.[15]

1977 veröffentlichte die deutsche Sektion von Amnesty International eine von Dieter Mayer mitverfasste Broschüre mit dem Titel „Colonia Dignidad – deutsches Mustergut in Chile – ein Folterlager der DINA", in der unter anderem Berichte der politischen Gefangenen Erick Zott, Luis Peebles und Adriana Borquez wiedergegeben wurden, die 1975 verhaftet und gefoltert worden waren, danach aber freigelassen wurden und sich ins Exil retten konnten.[16] Übereinstimmend beschrieben sie die Fahrt an den Folterort, zu dem sie gefesselt und mit verbundenen Augen gefahren wurden: das Abbiegen von der Panamericana auf eine Schotterpiste, das Überqueren einer Brücke, das Rauschen eines Flusses, Tiergeräusche aus Stallungen.[17] Adriana Borquez war Lehrerin für Französisch in Talca, einer ca. 200 km südlich von Santiago liegenden Stadt, und Mitglied der kommunistischen Partei. Sie wurde am 23. April 1975 verhaftet, verschleppt und 24 Tage gefangen gehalten, wo genau, wusste sie nicht. Einiges deutete aber auf die „Colonia Dignidad" hin: sie hörte deutsche Worte und sah durch eine verrutschte Augenbinde eine Gravur auf einem Löffel, den man ihr zum Essen gegeben hatte. „Weihnachten 1958" glaubte sie zu entziffern. 1953 hatten Kinder der Baptistengemeinde von Gronau, die später mit Schäfer nach Chile gingen, solche Löffel als Geschenk bekommen. Auf ihnen war „Weihnachten 1953" eingraviert, die „3" so flüchtig, dass sie mit einer „8" verwechselt werden konnte.[18] Luis Peebles, Medizinstudent an der „Universidad de Concepción" und Mitglied der MIR (Movimiento de Izquierda Revolucionaria – Bewegung der Revolutionären Linken),[19] war sicher, dass er sich in der „Colonia" befand, als er, die Augen mit schwarzem Klebeband verschlossen, aus Santiago an einem neuen Folterort ankam. Er hörte „Geräusche von Tieren, von Geflügel", die Luft roch „wie auf einem Bauernhof". Toiletten und Waschbecken hätten eine „andere Form gehabt als die in Chile üblichen Armaturen. (...) Die Zellen in den DINA-Gefängnissen seien total verdreckt gewesen. Schweiß, Blut, Exkremente. An jenem anderen Ort aber, wo er am 2. Februar 1975 hingebracht worden war, sei es vollkommen sauber gewesen, aseptisch, klinisch."[20] Peebles wurde mit Stromstößen gefoltert:

*Sie fingen an, an vielen Stellen meines Körpers Elektroden anzubringen, an etwa zwanzig Stellen, an den Füßen, an den Beinen, in der Leiste, in den Kniekehlen, sie führten eine Elektrode in den Penis ein und banden eine andere um die Eichel herum, eine am After, und eine hier am Auge. Dann versetzten sie mir Stromstöße, sehr starke Stromstöße. Ich war drei Tage dort, und ich erinnere mich, dass am dritten Tag vor der Pritsche, auf der ich gefoltert wurde, ein Ventilator aufgestellt wurde, ein riesengroßer Ventilator, der Luft verteilte. Und zwar, weil ich überall verfaulte, mir lief Eiter heraus, ich hatte Wunden an den Lippen, meine Augen waren entzündet, ich hatte eine Menge Schorf, und mir traten Hämorrhoiden heraus, ich war verzweifelt wegen der Hämorrhoiden, und sie legten mir dort Strom an, das machte mich, das machte mich ... Und in einem bestimmten Moment sagten sie „Tja", und hörten auf. Da glaubte ich, dass sie mich töten würden. Ich sagte mir, gut, bisher habe ich es gut gemacht, ich habe ein gutes Leben geführt, ich werde es auch gut zu Ende bringen. Dass ich überlebt habe, war immer ein Mysterium für mich.*[21]

Erick Zott, wie sein Freund Peebles bei der MIR, empfand einen grausam spürbaren Unterschied in der Folter: „Es war nicht wie an anderen Orten. Zu Beginn haben die noch nicht einmal Fragen gestellt, sondern einfach nur Elektroschocks verabreicht, immer intensiver und intensiver, bis es nicht mehr auszuhalten war."[22] Die Folterer seien vollkommen ruhig gewesen, diszipliniert. Sie seien mit geradezu wissenschaftlicher Akribie vorgegangen. Bei normalen Verhören durch die DINA sei es dagegen chaotisch zugegangen, Zornausbrüche der Agenten, wildes Geschrei, plötzliche Prügel. Auch Adriana Borquez meinte zu spüren, dass „sie mit uns ein wenig experimentierten, dass sie neue Foltermethoden ausprobierten. Es war brutal, aber nicht so, dass jemand dabei umkam."[23]

Die Führung der Siedlung reagierte auf die öffentlichen Angriffe. Die „Private Sociale Mission e.V." klagte vor dem Amtsgericht Bonn gegen Amnesty International wegen Verleumdung, Prozessbeauftragter war Hans-Jürgen Blanck. Der Prozess, der 20 Jahre dauerte, wurde zum längsten Verfahren der deutschen Rechtsgeschichte. Die Kläger bestritten die Beweiskraft der Zeugen von Amnesty und nutzten mit Unterstützung der chilenischen Justiz jede formale Möglichkeit, um ihn in die Länge zu ziehen. Als das Gericht etwa die chilenische Justiz 1980 um Rechtshilfe ersuchte, weil es sich ohne Ortsbegehungen außerstande sah, Aussagen von Zeugen über den Weg zu der Stätte ihrer Folter zu überprüfen, dauerte es 8 Jahre, bis der Ortstermin zustande kam. Erst musste geklärt werden, ob deutsche Richter überhaupt in Chile ermitteln dürfen – sie durften nicht. Als das Bonner Gericht daraufhin auf eine Teilnahme an der Beweisaufnahme vor Ort verzichtete und sie der chilenischen Justiz überließ, mussten Prozessakten übersetzt und über das Auswärtige Amt und die deutsche Botschaft zum zuständigen chilenischen Gericht übersandt werden. Wurde die Übersetzung nicht akzeptiert, wanderten die Akten wieder zurück, wurden neu übersetzt und nahmen erneut den Weg nach Chile. Allein dieses Hin und Her ging über 5 Jahre.[24] Die Untersuchungsrichterin Lidia Villagrán, die 1988 auf massiven Druck von Außenminister Genscher eingesetzt wurde, um die in Bonn verhandelten Menschenrechtsverletzungen in der „Colonia" zu untersuchen, schloss nach sechs Monaten die Nachforschungen ab, ohne Beweise für die Anklagen zu finden.[25] Chilenischen Zeugen wurde die Ausreise verweigert.[26] Das Verfahren wurde 1997 eingestellt, da sich die Klägerin juristisch aufgelöst hatte.[27] Gerichtlich wurden die Vorwürfe Amnesty Internationals nie bestätigt. Solange der Prozess lief, konnten daher die Feststellungen von Amnesty und die Recherchen von Journalisten wie Gero Gemballa, der im August 1987 eine Reportage für den Westdeutschen Rundfunk machte und zusammen mit Kai Hermann mehrere Artikel im „stern" veröffentlichte[28] oder von Hero Buss, der ebenfalls für den „stern" in Chile gearbeitet hatte[29], als „erfundene, jeglicher Realitätsgrundlage entbehrende Diffamierungen" zurückgewiesen werden, wie Hartmut Hopp es 1988 in einer Stellungnahme vor einem Ausschuss des Deutschen Bundestages tat.[30]

Die Zusammenarbeit zwischen DINA und „Colonia Dignidad" wurde seitdem aber auch vor Gericht bewiesen. Am 27. November 2008 wurden Schäfer, Kurt Schnellenkamp und Rudolf Cöllen vom chilenischen Richter Jorge Zepeda wegen Mordes an dem DINA-Agenten Miguel Becerra verurteilt, Schäfer zu sieben Jahren Haft, Cöllen und Schnellenkamp als „Befehlsempfänger" Schäfers zu 541 Tagen auf Bewährung.[31] Becerra war einer der Agenten der DINA, die in der „Colonia Dignidad" stationiert waren. Er wurde aus unbekannten Gründen im Juli 1975 mit einem vergifteten Apfel getötet, seine Leiche wurde in seinem eigenen Auto an einen abgelegenen Ort gebracht und dort ein Selbstmord durch Abgasvergiftung vorgetäuscht.[32] Neben der Schilderung der Tat, die auf den Geständnissen von Schnellenkamp und Cöllen basierte, enthielt das Urteil auch allgemeine Aussagen zur Rolle der „Colonia Dignidad": „Die Haupttätigkeit dieser deutschen Siedler bestand (...) in der Zusammenarbeit mit den Streitkräften bei Geheimdienstaufgaben, Verhaftungen und der allgemeinen Repression gegen Zivilisten, die der Zugehörigkeit zu der am 11. September 1973 abgesetzten Regierung verdächtigt wurden." Unter anderem seien dort deutschsprachige Folterhandbücher hergestellt worden, die als Leitfaden für einen „gemeinsamen Folterkurs" dienten. Ein Zitat aus diesem Handbuch: „Der Gefangene wird in eine dunkle Holzkiste gequetscht. Nach etwa einer Viertelstunde beginnen die Muskelschmerzen. Nach einer halben Stunde bekommt er Krämpfe. Dann rausholen, auf einen Stuhl setzen, mit einem Scheinwerfer anleuchten und die Augenbewegungen beobachten. Man sagt ihm nun, dass er bei Falschaussagen eine Woche lang in die Kiste gesperrt wird." Luis Peebles und Erick Zott wurden in eine solche Holzkiste eingeschlossen, nicht, um ihnen Auskünfte abzuquälen, sondern als Versuchspersonen in einer deutschen Folterschule.[33]

Aus Protest gegen die „gegen sie in der Bundesrepublik gerichteten Pressegreuel (sic!) und hemmungslosen Verleumdungen" ließ Schäfer 225 Siedler am 19. April 1977 in einen Hungerstreik treten, der erst 10 Tage später abgebrochen wurde; auf Bitten des Botschafters Strätling hin war der chilenische Gesundheitsminister General Matthei mit einem Ärzteteam in die „Colonia" geflogen.[34] In einem Brief an die Botschaft[35], der auch in der deutschen Presse veröffentlicht wurde, stellten die Streikenden die Anschuldigungen sprachlich und ideologisch in eine Reihe mit „Gräuel(n), Terror, fehlende(n) Menschenrecht(n)", die „woanders geboren" seien und nun gegen das „Abendland" eingesetzt würden. „Wir mahnen im Namen der Wahrheit. Wir mahnen im Namen der Scham", schrieben sie und warnten: „Wenn Wahrheit und Scham stürzen, bricht das letzte Gefüge vor dem mörderischen Untergang zu ewigen Sklaverei". Die Kolonie als antikommunistisches Bollwerk, hinter dem sich die Verteidiger des Abendlandes scharen müssten – „Moskau" als spiritus rector einer mit marxistischer „Dialektik" gesponnenen Lügenkampagne der Linken: diese Verteidigungslinie gegen alle Folteranklagen hielt die „Colonia" jahrzehntelang aufrecht. Der religiöse Antikommunismus und die Zweiteilung der Welt in ein gutes Drinnen und ein böses Draußen waren wesentliche Bestandteile ihres Glaubens, für die Gemeindemitglieder waren diese Sätze, die sie unterschrieben, sicher wahr. Ungläubige waren Teufelsdiener und logen, selbst wenn das, was sie sagten, übereinstimmte mit dem, was die Gläubigen sahen.

## „Das ist nie passiert und abgesehen davon haben sie es verdient"[36]

Sie wehrten sich nicht nur gegen die satanische Gesinnung, die sie hinter allen Vorwürfen wussten, sie bestritten auch explizit Tatsachenbehauptungen, die Amnesty International über Vorgänge in der „Colonia Dignidad“ verbreitet hatte. In einer eidesstattlichen Erklärung, die 51 Frauen und Männer unterschrieben, hieß es:

*Im Bereich unserer Siedlung haben keinerlei Folterungen stattgefunden, noch sind Gefangene auf unser Grundstück verbracht worden. In unserer Siedlung ist die Geheimpolizei zu keiner Zeit tätig geworden. Wir selbst haben zu keiner Zeit irgendetwas mit politischen oder sonstigen Gefangenen des chilenischen Staates zu tun gehabt. (...) Es ist völlig ausgeschlossen, dass im „Fundo El Lavadero“ politische Gefangene von der chilenischen Geheimpolizei festgehalten und gefoltert worden wären, ohne dass uns solche Aktionen bekannt geworden wären. Wir können darum mit Sicherheit sagen: Die DINA war zu keiner Zeit auf unserem Gelände. Hier sind weder Gefangene festgehalten noch gefoltert worden. Parral/Chile, den 30. April 1977*[37]

Was sie hier „mit Sicherheit“ abstritten, stimmte ohne jeden Zweifel. Wussten sie wirklich nichts davon? „Also ich wusste gar nichts davon, überhaupt nichts, nichts, nichts, nichts.“ Das versicherte Kurt Schnellenkamp noch 2006.[38] Schon die Häufung des „nichts“ macht misstrauisch. Es ist unmöglich, dass selbst Führungskräfte wie er tatsächlich „nichts“ wussten. Logen sie, weil Lügen Ungläubigen gegenüber keine Sünde war? Leugneten sie vor sich und anderen, was sie sahen und hörten? Verließen sie sich darauf, dass alles richtig sein musste, was Schäfer befahl? Es gab alle diese Reaktionen, oft bei ein und demselben Menschen.

Die Gefangenen wurden in Bussen in die „Colonia“ gebracht. Kurt Schnellenkamp schränkte sein vorgebliches Nichtwissen selbst ein, indem er beinahe im gleichen Atemzug erzählte, dass er einmal einen dieser Busse von Talca bis zum „Kartoffelkeller“ begleiten musste, das Innere sei aber mit schwarzen Tüchern von seinem Sitzplatz abgetrennt gewesen, so dass er nicht habe sehen können, wen er da in die Siedlung fuhr. Er als enger Vertrauter Schäfers und mittlerweile rechtskräftig verurteilter Mordgehilfe wusste wohl, was geschah, und leugnete schlicht seine Beteiligung. Andere wollten nicht wissen, was vor sich ging. Willi Malessa musste einen Bus am Eingang des Geländes übernehmen, bis zu einer bestimmten Stelle fahren, ihn dann an einen anderen Fahrer übergeben und warten, bis er zurückkam. „Um alles andere kümmerst du dich nicht“, sagte Schäfer. Als er den Bus übernahm und an Gerhard Mücke übergab, waren Menschen in ihm, als er zurückkam, war er leer. Wolfgang Müller und sein Freund Karl Stricker beobachteten mehrfach solche Busse. Beide dachten: „Lassen wir die Finger davon".[39] Wolfgang Müller hörte, dass „Russen" im Kartoffelkeller gefangen gehalten wurden, wobei unklar ist, ob es sich tatsächlich um Russen handelte oder ob diese Bezeichnung eine unter den Siedlern gebräuchliche Metonymie für „Kommunisten" war.[40] Hartmut Hopps Bruder Udo sagte: „Nur Schäfer wusste alles, und es war auch besser, wenn man nicht zu viel wusste."[41] Dennys Alvear erinnerte sich 2006: „Die ganze Nacht über hatte ich Schreie gehört damals. Also vermuteten wir, dass damals an diesem Ort gefoltert wurde."[42] Johann Spatz, einer von Schäfers „Herren", leugnete, etwas zu wissen, und rechtfertigte zugleich, was er doch mitbekam: Es sei nichts geschehen, und wenn doch, so habe er nur getan, was ihm aufgetragen wurde. Diese widersprüchliche Haltung entband ihn nicht nur von jeder Verantwortung für das, was er tat. Sie trennte seine Handlungen von seiner Person ab. Was er getan hatte, war entweder gar nicht geschehen, oder es war richtig. Hätte er an der Richtigkeit der Handlungen, die ihm aufgetragen wurden, gezweifelt, hätte er letztlich an den Werten der Gemeinschaft zweifeln müssen, der er sich verschrieben hatte. So fragte er nicht, er führte aus:

*Grundsätzlich bin ich froh, dass ich das meiste nicht weiß, ich will auch nichts wissen.* Dabei war er selbst beim Verhör eines Gefangenen dabei: *Ich sollte ein paar Handreichungen tun, weil dem die Augen zugebunden waren. (...) Wenn da einem gesagt wird, da soll einer verhört werden, der hat allerlei ausgefressen, das kann ja alles sein. (...) Man hat seinen Dienst gemacht, dann war die Sache erledigt.*[43]

Gerhard Schmidtke musste zusammen mit Willi Malessa Ende der 80er Jahre mehrere Autos, die in den 70er Jahren in der Kolonie verwendet wurden und nach seinen Erinnerungen aus Beständen der DINA stammten, auseinandernehmen und vergraben.[44] In der „Autohalle" lagerten fünfzehn alte Autos, die als Ersatzteillager ausgeschlachtet und 1992 weggeschafft wurden. Auf seine Frage, was mit ihnen geschehen sei, erhielt Efraín Vedder die Antwort: „Die müssen weggeschafft werden, weißt du das denn nicht? Das sind doch die Autos von den Vermissten!"[45] Siegfried Zeitner verteidigte sich 2005: „Wenn man mir anschafft, was zu vergraben, dann tu ich's einfach, selbst wenn's Autos sind."[46] Häufig erklang in den Jahren nach dem

Putsch in der Kolonie das Signal „Alarm Galpón", das vor ungebetenen Besuchern warnte, die auf dem Weg zur Kolonie waren. Eine bewaffnete Bereitschaftstruppe fuhr dann mit Motorrädern und Jeeps zum Tor (dem „Galpón"), um die Ankömmlinge abzuholen.[47] Dies blieb sicherlich niemandem verborgen, es konnte aber als Ausdruck der Abwehrbereitschaft gegen die allgegenwärtigen Bedrohungen von „draußen" interpretiert werden.

## Chilenische Schutzringe

Schäfer gelang es, in der chilenische Welt Freunde zu finden, die konzentrische Schutzringe um seine Gemeinde legten – von den Bauernfamilien aus der Umgebung, die Behandlung im Hospital und Arbeit in den Betrieben der Kolonie fanden, über einflussreiche Unternehmer und Politiker hin zu Richtern, hohen Militärs und schließlich dem Diktator Pinochet selbst. Der Anwalt Hernán Fernandez, der viele Missbrauchsopfer Schäfers vertritt, urteilte 2006: „Wenn die Kolonie seit dem Jahre 1961 existiert, so nur, weil viele aus der Welt der Politik ihr verpflichtet sind oder weil viele andere dem Problem den Rücken zugekehrt haben."[48]

Für das chilenische Militär und dessen Geheimdienst DINA war die „Colonia Dignidad" so wichtig, dass ihr Gelände schon in den frühen Siebziger Jahren zum militärischen Sperrgebiet erklärt wurde.[49] In dieser abgeschiedenen und abgeschotteten Siedlung führten sie zusammen mit Schäfer und seinem Führungszirkel durch, was sie selbst vor den ihnen wohlgesonnenen Teilen der chilenischen Öffentlichkeit und ihren Verbündeten wie den USA verbergen wollten: Folter und Mord, Giftgasexperimente und Waffenschmuggel.

- Die „Colonia Dignidad" diente als Folterzentrum und Folterschule, sie war einer der Orte, an denen politische Gefangene ermordet wurden und verschwanden.
- Sie war eine der Einfuhrstationen und eines der Geheimlabore für Geräte und Chemikalien zur Herstellung von Giftgas im Rahmen des geheimen Projekts ANDREA (Alianza Nacionalista de Republicas Americanas), in dem lateinamerikanische Geheimdienste

sich unter Führung von Manuel Contreras zusammengeschlossen hatten, um den Kommunismus auf dem Kontinent auf eigene Faust und unter Umgehung formaler staatlicher Strukturen zu bekämpfen. Mit der DINA endete 1978 auch dieses Vorhaben.[50]

- Sie war, ausgestattet mit einer der leistungsstärksten Sendeanlagen Chiles und einem kilometerlangen unterirdischem Kabelnetz, eine der Kommunikationszentralen, über die die Geheimdienste von Argentinien, Chile, Paraguay und Uruguay im Rahmen der „Operation Condor" mit Unterstützung der CIA Informationen austauschten. Wenn etwa in Paraguay ein chilenischer Verdächtiger verhaftet worden war, wurde den lokalen Geheimdienstmännern, die ihn verhören sollten, detaillierte Fragen aus Chile übermittelt. Niemand, den die Militärdiktatoren für ihren Gegner hielten, sollte sich irgendwo sicher fühlen. Jeder sollte wissen, dass er überall verfolgt und überall getötet werden konnte.[51]
- Sie war ein Stützpunkt für einen möglichen Krieg gegen Argentinien, wofür in einem Tunnelsystem Waffen in großen Mengen gelagert und in kleinen Stückzahlen auch produziert wurden.[52] Chile befand sich in permanenten Grenzstreitigkeiten mit seinen Nachbarländern Argentinien, Bolivien und Peru. 1978 wurde nur durch die Vermittlung von Papst Johannes Paul II. ein Krieg mit Argentinien vermieden.
- Sie war ein wichtiger Baustein der Rüstungsplanungen Pinochets, denn das Land war während der Militärdiktatur von Waffenembargos betroffen. Um sie zu umgehen, bot sich die „Colonia Dignidad" an: Als gemeinnütziger Verein konnte sie zollfrei Güter über Chiles Häfen und Flugplätze einführen und so auch Waffen ins Land hinein- und wieder hinausschmuggeln.[53] Sie wurde zu einer Schmuggelagentur für Waffen, wobei der deutsche Waffenhändler Gerhard Mertins und seine Firma Merex eine Schlüsselfunktion innehatten.

Bei polizeilichen Razzien wurde im März 1997 ein ausgedehntes Tunnelsystem entdeckt. Im Mai und August 2005 fand die Polizei in Containern, die in 6 bis 7 Meter Tiefe auf dem Gelände der „Colonia Dignidad" und nahe beim Casino Familiar vergraben waren, 3,5 Tonnen Raketenwerfer, Maschinenpistolen, Granatwerfer, Minen, Handgranaten und Munition, die teils aus dem Zweiten Weltkrieg stammten. Neben diesen Kriegswaffen gab es auch Spazierstöcke, in denen Messer verborgen waren, oder Kameras und Kugelschreiber, mit denen man schießen konnte – Tötungsapparate wie aus einem James-Bond-Film.[54] Es war der „größte Waffenfund in Privatbesitz in der Geschichte des Landes" (so der Staatsekretär im Innenministerium Jorge Correa), und eine peinliche Blamage für die chilenischen Behörden, die 1985, 1988 und 1995 Waffen in der „Colonia" registriert und nur wenige, ausschließlich zur Selbstverteidigung oder zur Jagd bestimmte Gewehre, Pistolen und Revolver gesehen hatten. Mit dem Augenschein und den Angaben der Führungsgruppe hatten sie sich allerdings auch begnügt.[55] Nun nahm Innenminister Francisco Vidal die Entdeckung der Waffen zum Anlass, noch einmal das Ziel zu bekräftigen, das die Regierung seit 1991 verfolgte: „sicher zu stellen, dass nicht ein einziger Quadratmeter auf dem nationalen Territorium existiert, auf dem der Rechtsstaat nicht angewandt wird"[56] und gab damit zugleich zu, dass dies in der „Villa Baviera" auch 15 Jahre später noch nicht erreicht war. Der Sonderrichter Jorge Zepeda interpretierte den Zweck der verborgenen Arsenale so: „Die Waffen (...) sind im Wesentlichen Kriegswaffen. (...) Sie haben ein großes Zerstörungspotential und wurden offenbar für den Gebrauch durch bewaffnete Streitkräfte in einem kriegerischen Konflikt konstruiert. (...) Ihre Besitzer benutzten sie, um Gruppen von Zivilisten als militärisch organisierte Kampfeinheiten auszustatten."[57]

Die „Colonia Dignidad" war, ohne Teil des Staatsapparates zu sein, ein Aktionszentrum der chilenischen Militärdiktatur, die sich in einem Krieg gegen den internationalen Terrorismus wähnte.[58] Sie war ein „parastaatlicher Akteur"[59] im Kampf gegen den inneren und äußeren Feind.

Mächtige Besucher bezeugten ihre Bedeutung: Pinochet und Manuel Contreras ließen sich am 20. August 1974, dem Geburtstag des Staatsgründers Bernardo O'Higgins, per Hubschrauber von dessen Geburtsort Chillán gemeinsam zur „Colonia Dignidad" fliegen und sich dort hergestellte Maschinenpistolen zeigen. Der ehemalige Pressesprecher Pinochets, Federico Willoughby, sagte später vor Gericht, nach seinem Eindruck sei Pinochet bestens über die Vorgänge in der Siedlung informiert gewesen.[60] Die Besuche von General Pinochet, der nach der Erinnerung Efraín Vedders vier Mal in der Kolonie war, wurden als großes Fest inszeniert, mit Auftritten von Chor und Orchester, mit erlesenem Essen und mit Kindern in Dirndln und Lederhosen, die mit chilenischen Fahnen dem vorbeifahrenden Mercedes zuwinkten.[61] Manuel Contreras war auch nach seinem Abschied als Geheimdienstchef 1978 häufiger Gast Schäfers, der mit ihm gerne auf die Jagd ging.[62] Bei den Siedlern hieß er „Mamo", ein Zeichen, wie vertraut er ihnen war.[63]

Regelmäßig besuchten Pedro Espinoza, der Stellvertreter von Contreras, und die Generäle Zinke, Palacio, Poloni und Forestier die deutsche Siedlung, aus der Militärjunta kamen Verteidigungsminister Caravajal, die Justizministerin Monica Madriagada, die ihre Mutter im Krankenhaus operieren ließ, der deutschstämmige Gesundheitsminister Fernando Matthei und Pinochets Pressesprecher Jaime Guzmán.[64]

Schäfer traf Vorsorge, dass das Netz militärischer und politischer Beschützer auch dann groß und fest blieb, wenn sich die ideologische Verankerung im militanten Antikommunismus lockern sollte. Bei einem der Jagdausflüge kam 1987 ein achtjähriger Junge, Hartmut Münch, ums Leben. Auf einer Versammlung verkündete Schäfer, es habe sich um einen Unfall gehandelt, der Fahrer des Wagens, in dem Hartmut zusammen mit anderen Jungen saß, habe unvorsichtig gebremst, Hartmut sei herausgefallen und habe sich dabei tödliche Kopfverletzungen zugezogen. Tatsächlich war Hartmut versehentlich erschossen worden, von Manuel Contreras.[65] Schäfer versicherte sich durch die Vertuschung des Totschlages der unverbrüchlichen Unterstützung dieses auch nach der Auflösung der DINA immer noch mächtigen Generals. Männer, die sich wie Schäfer an Jungen vergingen, wurden dabei gefilmt.[66] Einmal ließ Schäfer Pinochets ehelichen Beischlaf mit seiner Gattin Lucía während einer Übernachtung in der „Colonia" aufnehmen und dem Paar am nächsten Morgen vorspielen, er verabschiedete sich von Pinochet mit den Worten „Chao, chancho" (Tschüs, du Schwein) und von seiner Frau „Chao, puta" (Tschüs, du Nutte) – ein überaus anmaßendes Zeichen, wie mächtig er sich fühlte, wie schmutzig er die Sexualität aller anderen Menschen empfand und eine Warnung, dass nicht nur der für sich gewiss harmlose Geschlechtsverkehr des Diktators, sondern alle, auch die geheimsten Abmachungen aufgezeichnet würden.[67]

Die Beziehungen zu Bürgermeistern, Abgeordneten, Richtern und hohen Polizeibeamten der Region Maule, in der die „Colonia" liegt, pflegte Schäfer mit Geschenkpaketen zum Jahresende, die Delikatessen aus der eigenen Metzgerei enthielten, mit Kuchen und Torten zu Geburtstagen und mit kostenloser Hilfe bei Reparaturen und Renovierungsarbeiten in ihren Häusern durch die geschickten Handwerker der Kolonie.[68] Sie revanchierten sich durch gelegentliche Gefälligkeiten. 1987 wollte ein Team des ZDF, geleitet von Rolf Pflücke, die „Colonia Dignidad" aufsuchen und dabei Informationen nachgehen, es handle sich um ein Ausbildungslager des chilenischen Geheimdienstes und ein Versteck für alte Nazis. Auf der Schotterstraße zwischen Parral und der Siedlung wurde das Team von der Militärpolizei angehalten. Ein Offizier teilte Pflücke mit, dass die Leitung der Kolonie bei der Station der Carabineros in Linares interveniert und erklärt hatte, das „das deutsche Fernsehen hier nicht hereinkommt". Sie seien geschickt worden, um das durchzusetzen. Nach kurzer Diskussion erklärten sich die Carabineros, die unsicher waren, wie sie verfahren sollten, bereit, das Team bis zum Gelände der „Colonia" zu begleiten. Der Offizier klingelte am Eisentor der Pforte, ohne Erfolg, dann sprach Pflücke auf Deutsch in die Gegensprechanlage. Ihm antwortete eine Frauenstimme, dass kein Einlass gewährt werde. Journalisten und Polizisten kehrten nach Parral zurück.[69]

Einige von ihnen gingen über die grundsätzliche Gewogenheit und sporadischen Dienste für Schäfer hinaus und gründeten 1978 einen lokalen Freundeskreis. Die „Asociación Nacional de Miembros y Amigos de la Sociedad Benefactora y Educacional Dignidad" umfasste nach eigenen Angaben 1.000 Mitglieder. Zu ihr gehörten Abgeordnete, Ärzte, Politiker aus der Region wie Enrique Fuentes, von 1973 bis 1975 Bürgermeister von Parral oder Senator Hernán Larraín von der rechten Partei UDI und bekannte Geschäftsleute wie Horst Paulmann, der deutschstämmige Besitzer der Supermarktketten Jumbo und Santa Isabel, in denen bis heute Produkte der Kolonie angeboten werden. Die Namen der wichtigsten Freunde ließ Schäfer auf einer großen Tafel anbringen, als doppelte Botschaft: eine Warnung an mögliche Gegner wie an die Schützer selbst, dass sie ihre Verwicklung in die Aktivitäten Schäfers und seiner Getreuen nicht vergäßen.[70] 1988 traten zwei Geschäftsleute aus der nahe gelegenen Stadt Los Angeles, die darum im Jargon der Siedlung „Engelchen“ genannt wurden, als Präsident und Vizepräsident an die Spitze der Vereinigung. Sie starteten mit Zeitungsanzeigen eine Sympathiekampagne für die Kolonie und stellten einen Wachtrupp auf, der die Zufahrtswege bewachte.[71] Es waren Männer dieser Wache, die Gesichter unter Baseballkappen und hinter Sonnenbrillen versteckt, die 1989 den Fernsehjournalisten Poelchau, 1996 Reporter des chilenischen Fernsehsender TVN und 1997 die Begleiter des Journalisten Gemballa verprügelten.[72]

Den innersten Schutzring bildeten die meist armen Bauernfamilien, die nahe der „Colonia Dignidad“ lebten und ihre Wohltaten genossen: Sie konnten ihr Getreide in die dortige Mühle bringen, sie wurden im Hospital behandelt, sie fuhren auf Schotterstraßen, die die Deutschen angelegt hatten. Nichts kam von ihrem Staat, nur die Deutschen boten ihnen, wie es schien, Hilfe an: kostenlos, uneigennützig, wirkungsvoll. In die Dankbarkeit mischten sich Bewunderung und Furcht: Bewunderung für die Tüchtigkeit, mit der die Deutschen in dieser abgelegenen Gegend einen prosperierenden Landwirtschaftsbetrieb aufgebaut hatten, und Furcht vor ihrer Macht. „Ja, das ist ein Imperium“, sagte eine Chilenin aus San Carlos einem chilenischen Reporter.[73] Es waren Menschen aus diesen Familien, die gegen die – wie sie es sahen – Angriffe der chilenischen Regierung auf ihre Wohltäter ab 1991 wiederholt Mahnwachen bildeten, Demonstrationen mit bis zu 5.000 Menschen veranstalteten und Protestschreiben an die Regierung schickten. Sie schlossen sich in „Patientenkomitees des Krankenhauses der ‚Villa Baviera‘“ zusammen. 1990 gab es 30 dieser Komitees mit jeweils 50 Mitgliedern.[74] Hauptinitiatoren und -organisatoren der Proteste waren das Ehepaar Olalia Vera und Hugo Hidalgo, die in der „Colonia“ arbeiteten[75] und der evangelikale Pastor Adrián Bravo, der 1964 Patient im Krankenhaus gewesen war und von da an die Deutschen verehrte. Die Verehrung setzte er in kleine Dienste um: er fuhr mit seinem Pickup hilfesuchende Menschen zur Siedlung und beherbergte Gerhard Mücke und Albert Schreiber in seinem Haus. Zur Belohnung durfte er nicht nur das Hospital betreten, er lernte Schäfer selbst kennen und erlag seinem Charisma. Erst die Anzeigen chilenischer Mütter gegen den Vergewaltiger ihrer Söhne verwandelten ihn nach 1996 in einen scharfen Kritiker, der den Behörden nun seine Wahrnehmungen aus dem Inneren der Kolonie offenbarte.[76]

Die „Colonia“ errang in den 60er Jahren zwei glänzende Siege über ihre ersten Ankläger. Die Aussagen von Ernst-Wolfgang Müller über Vergewaltigungen, Freiheitsberaubungen und Sklavenarbeit wurden 1967 als Verleumdungen eingestuft und der vermeintliche Verleumder zu 5 Jahren und 1 Tag Haft verurteilt. Ein Jahr später wurde der oberste Verwaltungsbeamte der Region Maule, der Intendant Héctor Taricco, seines Amtes enthoben. Taricco hatte sich zweimal in Angelegenheiten der Kolonie eingemischt. Im März 1966 besuchte er unangekündigt die Siedlung und verlangte ein Gespräch mit Wilhelmine Lindermann, die wenige Wochen zuvor versucht hatte, aus der „Colonia Dignidad“ zu fliehen. In seiner Abwesenheit hatte sie sein Haus aufgesucht und war von der Polizei in die Gemeinde zurückgebracht worden. Taricco bot ihr seine Hilfe an, sie versicherte ihm jedoch, in der Siedlung bleiben zu wollen. Ende 1967 beklagten sich Bauern bei ihm, dass die Deutschen ihnen die Benutzung von Wegen in der Umgebung der Siedlung verweigerten. Er ließ die errichteten Sperren beseitigen, da die Bauern ein eingetragenes Wegerecht nachwiesen, und begann nun, den Status der Kolonie in seinem Verwaltungsbereich zu untersuchen. Er fand eine Fülle von Verstößen gegen chilenische Rechtsvorschriften wie gegen die eigenen Statuten. Verfassungsgarantien galten nicht, es gab keine Freiheit für die Bewohner, sie waren „Gefangene, bewacht von Wärtern und scharfen Hunden“. Arbeitsgesetze wurden nicht eingehalten, Frauen und Kinder mussten arbeiten, Arbeitszeiten waren nicht festgelegt, niemand bezog ein Gehalt, Sozialabgaben wurden nicht gezahlt, Maßnahmen zum Unfallschutz wurden nicht getroffen. Der Friedhof und das Krankenhaus wurden ohne Genehmigung betrieben, die Ärztin Gisela Seewald hatte keinen in Chile anerkannten Titel. Die Erträge aus der Landwirtschaft wurden für den Unterhalt der „colonos“ und den Ankauf von Land, aber nicht für wohltätige Zwecke verwendet, für die chilenischen Nachbarn gab es weder Lebensmittelspenden noch technische Hilfe, die irreguläre Siedlungsschule nahm nur deutsche Kinder auf, Unterstützung von Waisenkindern war nicht feststellbar. Die „Colonia Dignidad“ war kein gemeinnütziger Verein, die gewährte Befreiung von Zöllen und Steuern damit nicht gerechtfertigt. Taricco fasste seine Ergebnisse in einem Bericht an das Abgeordnetenhaus zusammen.[77] Sie trafen allesamt zu. Eine Untersuchungskommission des Abgeordnetenhauses, die seinen Vorwürfen nachging, kam gleichwohl zu dem Schluss, dass die „Colonia" keine Gewinnabsichten habe, wohltätige Zwecke verfolge und bis auf vernachlässigbare formale Unstimmigkeiten beim Betrieb des Krankenhauses alle Rechtsvorschriften einhalte. Taricco habe sein Amt missbraucht und müsse es niederlegen.[78] Eine breite Mehrheit im Parlament einschließlich der Kommunisten akzeptierte diesen Bericht, die Rechte, weil sie Schäfer aus ideologischer Überzeugung unterstützte, die Linke, weil sie dem christdemokratischen Intendanten nicht Recht geben wollte. Auf diesen parlamentarischen Freibrief berief sich die Führung der Kolonie noch ein Jahrzehnt später, als sie in Deutschland der Folterung von chilenischen Oppositionellen beschuldigt wurde.[79] Einer der wenigen, die dem gediegenen Schein nicht trauten, war der damalige Senator von Maule und spätere Präsident Patricio Aylwin, Christdemokrat wie Taricco. Er fragte im Senat: „Was verbirgt sich in ‚Dignidad'?" Schon damals hatte er gefordert, was er 1990 als Präsident vollzog, unter Berufung auf eben die Gesetzesverstöße, die Taricco 22 Jahre zuvor aufgelistet hatte: ihr die Gemeinnützigkeit abzuerkennen und den Status als juristische Person zu entziehen, „weil es sich um eine hermetisch abgeschlossene Gruppe handelt, die sich jedem Zusammenleben mit der chilenischen Gesellschaft verweigert und eine anmaßende, provokante, ja sogar demütigende Haltung gegenüber Chilenen einnimmt, die nicht ihr Gefallen finden."[80] Bis 1989 gewann die „Colonia" in Chile alle Prozesse, die gegen sie eingeleitet wurden oder die sie selbst anstrengte.[81]

## Deutsche Freunde

In Deutschland versuchte der Waffenhändler Mertins einen Zirkel von Sympathisanten zu etablieren, der die „Colonia Dignidad" gegen die von Amnesty International erhobenen Anschuldigungen verteidigen sollte. Er schrieb bekannte Konservative und leidenschaftliche Antikommunisten wie den ZDF-Journalisten Gerhard Löwenthal und den CDU-Abgeordneten und Siegburger Bürgermeister Adolf Herkenrath an, ohne dass es zur Gründung eines formellen Freundeskreises gekommen wäre.[82] Die Verteidigung der angegriffenen Kolonie vor der deutschen Öffentlichkeit blieb Einzelaktionen überlassen. Herkenrath etwa nannte sie noch 1991 eine „blühende Musterfarm", als sein Parteifreund, der damalige Bundesarbeitsminister Blüm, sie schon als „Folterstätte" bezeichnete.[83] Offene Sympathie genoss Schäfer in der bayerischen CSU, wofür er sich 1988 mit der Umbenennung der „Colonia Dignidad" in „Villa Baviera" (Bayerisches Dorf) bedankte. Ein mit einer persönlichen Widmung versehenes Porträt von Franz Josef Strauß, der 1977 auf Einladung Pinochets der weltweit geächteten Militärdiktatur in Chile einen Staatsbesuch als bayerischer Ministerpräsident abstattete, hing noch Jahrzehnte später im Restaurant Casino Familiar. In der Siedlung selbst war Strauß allerdings nicht, wohl aber 1978 sein damaliger persönlicher Referent, Dieter Huber, der sah, was er sehen wollte: „Wir konnten feststellen, daß sie aus einem Stück unwirtlicher Erde ein Paradies gemacht haben. Ohne viel Aufhebens zu machen, haben die Siedler einer ganzen Region des Südens von Chile medizinische, soziale und technische Hilfe gegeben. Sie haben uns freundlich empfangen, und wir haben ohne Hindernisse irgendwelcher Art alles gesehen, was wir sehen wollten."[84]

Dieter Blumenwitz, Jura-Professor in Würzburg, stand der Kolonie mit einem Gutachten im Prozess gegen Amnesty International zur Seite und arbeitete im Auftrag der CSU-nahen Hanns-Seidel-Stiftung an der Verfassung mit, die Pinochet 1980 verabschieden ließ. Der Soziologieprofessor Lothar Bossle, dem Franz Josef Strauß gegen den Willen aller universitären Gremien mit Hilfe eines Sondervotums einen Lehrstuhl in Würzburg verschafft hatte, besuchte die Colonia vier Mal. Hartmut Hopp war bis 1985 Mitglied der Partei. Der Münchner CSU-Stadtrat Wolfgang Vogelsgesang schwärmte nach einem Besuch von dem Musterbild des deutschen Konservatismus, das er glaubte gesehen zu haben: „Am letzten Tag unseres Aufenthalts war das Fest. Im großen Festsaal war alles versammelt, zum Essen; Worte wurden gewechselt, dann kam das Programm, es dauerte vier Stunden. Der herrliche Chor: russisch, deutsch, chilenisch. Gemeinsamer Gesang. Alt und jung, die ganz Alten und die ganz Jungen. Beim Abschied standen sie Spalier, und uns kamen die Tränen, es war ein Blick in die Vergangenheit, hier wieder auferstanden, und es war ein Blick in die Gestaltung einer Zukunft, wie es dem geschundenen Land Chile vonnöten ist. (...) Man ist konservativ, denkt an Bayern, zeigt die

Fahne mit Löwen und Raute, Hoffnung für Deutschland!"[85] Konrad Niedermeier, der Bürgermeister von Rottach-Egern, wo Hartmut Hopp einen Wohnsitz angemeldet hatte, schickte eine Plakette mit dem Wunsch: „Macht's weiter so!"[86]

Deutschchilenen gingen in ihrer Verteidigung der Kolonie noch weiter. Sie war für sie die Verkörperung ihres nostalgischen Ideals von wahrem Deutschtum. In der deutsch-chilenischen Wochenzeitung „Cóndor" erschien im Juni 1979 ein Artikel von Heinz Boese, der die Siedlung nach einem Besuch als „Arche Noah" des wahren Konservativen im Meer der modernen Dekadenz fast religiös verklärte. Er setzte das „Gesunde" in ihr gegen das „Moderne", das „Organische" gegen die „Organisation", Ehrfurcht, Ordnung und Dienen gegen das „Intellektuelle", das Gemeinschaftliche gegen das Vereinzelte, das Ewig-Menschliche gegen das bloß Vernünftige, das Idealistische gegen das Materielle, Gemeinnutz gegen das Geld, ein tätiges Christsein gegen kirchliche Rituale: „Das ist das neue und doch so alte an der Colonia Dignidad: Eine lebendige Absage an den Aufstand unserer Welt gegen Gott." Foltervorwürfe, wie sie Amnesty International erhob und wie sie Medien wie der „stern" oder die ARD verbreiteten, kämen aus der „gärenden Jauche unserer intellektuellen Welt", seien „Unflat" einer „Journaille", „Rufmord, Verleumdung, Verfehmung (sic!)".[87] Noch neun Jahre später, als Flüchtlinge Entsetzliches über ihr Leben unter Schäfer verbreiteten und die deutsche Regierung erstmals intensiv die Vorgänge in der „Colonia Dignidad" aufzuklären versuchte, hielt der „Cóndor" mit dem Bericht eines ehemaligen Lehrers der deutschen Schule Temuco dagegen, der nach einem Besuch in der „Villa Baviera" „aus dem Staunen" über die „schmucke Bayernsiedlung" „nicht mehr herauskam". Er pries die Bedeutung der Kolonie für die Bauern aus der Umgebung, die nicht nur kostenlos „ihre kärgliche Ernte mahlen und gegen Mehl eintauschen" durften, sondern auch die „bedeutendste soziale Einrichtung", das Krankenhaus, in Anspruch nehmen konnten. Dies sei eine „geradezu unglaubliche Leistung", ermöglicht durch die „Arbeit der Mitglieder der Dorfgemeinschaft". Er bewunderte den Chor aus „60 jungen Sängern" und das Orchester aus 18 Mädchen, die zum Abschied auftraten, und schloss mit der „Hoffnung, dass diese Menschen ihre selbstlose Tätigkeit zum Wohle der Allgemeinheit weiterhin erfolgreich fortsetzen können."[88]

Noch 1972 hatte ein Mitarbeiter der deutschen Botschaft, Dr. Werner Kaufmann-Bühler, in der Siedlung „ein Stück Auslandsdeutschtum" gesehen, das „uns auch weiterhin mehr belasten als nützen wird". Er hatte sie besucht, weil zwei ihrer Bewohner die Botschaft um Hilfe bei der Rückreise nach Deutschland gebeten, diese Bitte aber nach Intervention ihrer Eltern wieder zurückzogen hatten. Er gab ihr keine Zukunft – ein Irrtum, wie sich nach dem Militärputsch herausstellte.[89]

Die „Colonia" unterhielt in den siebziger Jahren enge Beziehungen zur Deutschen Botschaft in Santiago. Würste, Schinken und Kuchen wurden dort auf dem Parkplatz verkauft oder als Geschenke überbracht. Erich Strätling, 1976 bis 1979 Botschafter in Chile, ließ sein Auto von Siedlern neu lackieren und seine Residenz neu anstreichen.[90] Er besuchte die Kolonie erstmals im November 1976. Anlass war ein UN-Bericht, in dem die „Colonia Dignidad" als Folterzentrum genannt wurde. Frau Packmor erinnerte sich über ein Jahrzehnt später an diesen Besuch:

*Ich kann mich an den Besuch des Herrn Botschafters Strätling erinnern. Er hat einen herrlichen Empfang gehabt, geradezu einen Staatsempfang. Durch die Anmerkung wurde ich an die einleitenden Worte erinnert, die er sagte: Er sei angenehm überrascht, auf dem Wege zur Colonia von Parral den Landweg zu fahren, und es sei ihm wie im Märchen bei Schneewittchen ergangen: Hinter den sieben Bergen bei den sieben Zwergen sei es viel schöner usw. Eine Musikkapelle, ein Blasorchester, hat ihn in einem feierlich geschmückten Saal empfangen. Die deutsche Nationalhymne wurde gespielt. Chöre sangen. Es war eben ein ganz offizieller Staatsempfang. (Es wurde auch das Lied „Ich hatt' einen Kameraden" gesungen) Es wurde (...) begrüßt, daß nach all den Jahren nun endlich zum ersten Mal ein Kontakt zur deutschen Botschaft hergestellt wurde und daß endlich einmal ein Botschafter es für nötig befand, so viele Deutsche dort in Chile zu besuchen. Das wurde von Herrn Schäfer vorweg gesagt. Wir haben – Orchester usw. – wochenlang für diesen Besuch geübt.*[91]

Ein Jahr später, nachdem Amnesty International in Deutschland Folteranklagen erhoben hatte, kam Strätling noch einmal in die „Colonia“ und ließ sich von Schäfer, der sich ihm gegenüber „Dr. Schneider“ nannte, sein Glasauge aber keineswegs verbarg[92], durch die Siedlung führen. Er machte das leicht durchschaubare Spiel Schäfers, der offiziell für tot gehalten werden wollte, kommentarlos mit und gab vor der Presse eine Ehrenerklärung für die Gemeinde ab. Dem Auswärtigen Amt teilte er mit: „Ich habe keine unterirdischen Folteranlagen gefunden.“[93] Die Vorwürfe gegen die „Colonia“ seien „Gerüchte und unbewiesene Behauptungen“[94], dass diese überhaupt verbreitet wurden, erklärte er, indem er auf Klischees zurückgriff, an die viele deutschstämmige Chilenen bis heute glauben: Die Chilenen brächten eben nicht das fertig, was die Deutschen da im Süden aufgebaut hätten. Deutscher Fleiß und Leistungswille provoziere bei den Chilenen Neid und Missgunst.[95] Strätling, der der CSU nahestand, sah in der Kolonie, was christdemokratische Politiker schon in ihrem Ursprung, der „Privaten Socialen Mission“ in den 50er Jahren gesehen hatten: einen Hort konservativer Werte – Frömmigkeit, Sauberkeit und Ordnung, Fleiß, Tüchtigkeit und Nächstenliebe, Traditionsbewusstsein und Pflege deutscher Kulturgüter. Und er teilte ihren strikten Antikommunismus. Das „Image der fleißigen und wohltätigen Deutschen“[96] widerlegte für ihn die Folteranklagen, kamen sie doch von Exilxchilenen, die alle der politischen Linken angehörten, und ließen sich als ideologische Kampagne abtun. Ganz in diesem Sinne nannte eine Vorlage für Außenminister Genscher vom 29. April 1977, die der Vortragende Legationsrat Johannes Marré verfasst hatte, die „Colonia“ eine „Gemeinschaft von zumeist Heimatvertriebenen“, die ein „Mustergut“ aufgebaut habe. „Umlaufende Gerüchte“, es handle sich um ein „Folterlager“ hätten „vor allem in linksgerichteten Blättern“ Beachtung gefunden, während Botschafter Strätling „keine Anhaltspunkte“ dafür gesehen habe.[97] Auf dieser Linie bewegte sich auch eine Stellungnahme, die der deutsche Konsul in Concepción, Dr. Petermann, im Juli 1977 an die Staatsanwaltschaft Hamburg schickte, bei der die „Colonia“ den „stern“ angezeigt hatte. „Für die Berichte über Zwangsmaßnahmen der Kolonie ‚Dignidad‘ gegenüber ihren Mitgliedern wie z. B. Freiheitsberaubung und das Verabreichen von Drogen hätten sich keinerlei Beweise gefunden. (...) (Die Presseberichterstattung) sei überwiegend positiv, (...) die Arbeit der Kolonie (sei) der höchsten Wertschätzung würdig, da sie mit ihrer Tätigkeit und Hilfe auf wirtschaftlichem, sozialem und medizinischem Felde für ihre Umgebung und deren Bevölkerung nicht nur ein großartiges Beispiel setze, sondern auch wesentlich zu deren Entwicklung beitrage."[98]

Gute, fleißige Deutsche, die sich gegen verleumderische, von missgünstigen Linken gestreute Gerüchte wehren mussten – das war bis 1985 die Sicht der Deutschen Botschaft auf die Schäfer-Gemeinde.

Sie hätte es besser wissen können. Der internationale Haftbefehl gegen Schäfer wegen Kindsmissbrauch war seit 1961 aktenkundig. Sowohl die Zusammenarbeit zwischen der „Colonia Dignidad" und dem Geheimdienst DINA als auch ihre Verbindungen zur rechtsradikalen „Patria y Libertad" während der Allende-Zeit waren ihr bekannt.[99] Bis 1985 ging sie keiner der Informationen über mögliche Verbrechen in der deutschen Siedlung nach, die sie erreichten. Botschaftsmitarbeiter halfen einzelnen Flüchtlingen, zu Nachforschungen über die grausamen Geschichten, die sie hörten, sahen sie sich weder in der Lage noch glaubten sie dazu ein Recht zu haben. In anderen Fällen wiederum unterstützten Botschaftsangehörige die Jäger aus der Kolonie.

Obwohl Ernst-Wolfgang Müller, der erste, der sich in die Botschaft flüchtete, dort schon 1966 von deutschen Staatsbürgern berichtet hatte, die in einer deutschen Kolonie festgehalten, ausgebeutet, gequält und vergewaltigt wurden, wurden später Hilfsgesuche von Angehörigen, die ihre in der „Colonia" lebenden Eltern, Kinder oder Geschwister suchten, in der Regel ignoriert oder mit dem Hinweis abgelehnt, die betreffende Person halte sich freiwillig dort auf.[100] Ein Vater, der per Rechtsanwalt auf Auskünften über das Schicksal seiner beiden Söhne insistierte, bekam 1968 zur Antwort: „Die Leiter der Kolonie geben keine Auskünfte über Angehörige der Mission und können von der Botschaft auch nicht dazu gezwungen werden."[101]

10 Jahre später – der Prozess gegen Amnesty International lief schon – beschied der damalige Staatsminister im Auswärtigen Amt, Klaus von Dohnanyi, seinen Parteifreund, den SPD-Abgeordneten Walthemathe aufgrund von Gesprächen, die die Botschaft mit Mitgliedern der „Colonia Dignidad" geführt hatte: „Sie gaben sich heiter und gelöst und gaben keinen Grund zu bezweifeln, daß sie sich dort in ihrer Abgeschiedenheit tatsächlich wohl fühlen. Die Botschaft wäre überfordert, wenn man sie mit Untersuchungen kriminalistischen Charakters beauftragte. Das wäre auch völkerrechtlich unzulässig."

Hinter dem von Bonn gestützten Unwillen zur Aufklärung wurden die routinehaft engen Kontakte der Botschaft zur Siedlung fortgeführt: Alfred Matthusen, Schäfers Repräsentant in Santiago, durfte weiterhin jeden Dienstag Lebensmittel liefern, Pässe wurden stoßweise aufgrund von Vollmachten verlängert, Lebensbescheinigungen für die Rentenversicherung pauschal erteilt.[102]

## Einmischung und Nichteinmischung

Erst Mitte der 1980er Jahre verlor Schäfer das besondere Wohlwollen der Botschaft. Im Dezember 1984 floh Hugo Baar aus der „Colonia", im Februar 1985 das Ehepaar Packmor. Aus Misstrauen gegenüber den deutschen Diplomaten wandten sich die beiden, nachdem es ihnen gelungen war, sich bis Santiago durchzuschlagen, an die kanadische Vertretung, die sie aber ihren deutschen Kollegen übergab, nachdem Botschafter Hermann Holzheimer zugesagt hatte, die Packmors nicht nach Parral zurückzuschicken. Sie erhielten Pässe für die Ausreise nach Deutschland.[103] In der deutschen Botschaft in Chile, vor der deutschen Presse und drei Jahre später auch in einer Anhörung des Bundestages bestätigten sie die 1977 erhobenen Anklagen wegen Folter, Waffenhandel, Freiheitsberaubung, Zwangsarbeit und sexuellem Missbrauch in der „Colonia Dignidad". Wichtige deutsche Unterstützer wandten sich daraufhin von Schäfer ab. Professor Bossle regte in einem Schreiben an Botschafter Holzheimer die „Herauslösung Schäfers" aus der Siedlung an, Pinochet selbst habe zugesagt, sofort zu handeln, wenn ein entsprechendes Ersuchen aus Deutschland käme.[104] Die CSU strich ihre Unterstützung, Hartmut Hopp verlor seine CSU-Mitgliedschaft. Konsul Dieter Haller beendete die Praxis der pauschalen Passverlängerung und der unbesehenen Ausstellung von Lebensbescheinigungen für die Auszahlung der Renten und zog so eine Dienstaufsichtsbeschwerde der „Colonia Dignidad" auf sich.[105] Der bis dahin selbstverständliche Verkauf von Waren aus der „Colonia" auf dem Botschaftsgelände wurde eingestellt, der Lieferwagen durfte nicht mehr auf den Hof der Botschaft fahren.[106]

Zusammen mit seiner Frau und Konsul Haller besuchte Botschafter Kullak-Ublick, der von 1986 bis 1988 die Bundesrepublik in Santiago vertrat, im November 1987 die Siedlung. Was er ans Auswärtige Amt berichtete, widersprach der Einschätzung von Erich Strätling fundamental. In seinem Bericht „aus einem Geisterhaus", den Jahre später „Der Spiegel" veröffentlichte, beschrieb er eine „Gesellschaft von roboterhaften Funktionssklaven", „Arbeit als Lebensinhalt, Geschlechtslosigkeit als System, 300 betrogene deutsche Staatsangehörige als Arbeitsinstrumente in einem Arbeitslager gehalten". Er schlug vor, eine getarnte Delegation des Auswärtigen Amtes zu entsenden, die einen Bericht für die chilenische Regierung und die UN erstellen sollte.[107] Dieser Vorschlag wurde zwar nicht realisiert, im Dezember dieses Jahres unternahm die Regierung nach einem Vortrag des Botschafters bei Außenminister Genscher aber einen beispiellos riskanten Versuch, sich einen Einblick in Schäfers Enklave zu verschaffen. Einer Untersuchungskommission unter Leitung des ehemaligen Legationsrats Johannes Marré, der es zwischenzeitlich bis zum Botschafter in Uruguay gebracht hatte, war von der Kolonie der Zutritt verwehrt worden, obwohl Genscher seinen chilenischen Kollegen Garcia um Hilfe gebeten hatte.[108] Daraufhin versuchten Botschafter Kullak-Ublick und Bischof Stehle, der Weihbischof von Quito, in Begleitung von Rodolfo Stange, dem General der Carabineros, der chilenischen Militärpolizei, mit dem Hubschrauber in die „Colonia Dignidad" zu gelangen. Auf dem Hubschrauberlandeplatz war ein Lastwagen abgestellt, auf dessen Ladeflächen Gipskartonplatten lose aneinander gelehnt waren, die durch den Sog der Rotoren nach oben gezogen worden wären und den Hubschrauber zum Absturz gebracht hätten. Er ging im weiten Gelände nieder. Hartmut Hopp und Kurt Schnellenkamp eilten herbei und erklärten dem deutschen Botschafter, er sei unerwünscht und begehe soeben Hausfriedensbruch. Hopp drohte General Stange, der den Hubschrauber flog: „Ich werde dafür sorgen, dass Sie Ihre Uniform in den Schrank hängen."[109] Die Delegation zog sich unverrichteter Dinge zurück. Botschaft und Auswärtiges Amt nahmen die anmaßende Zurückweisung hin, die chilenische Regierung ließ nur mitteilen, dass die „CD (...) jedes Gespräch" verweigere und keinerlei Unterstützung gewähre.[110]

Mit der Beteiligung eines chilenischen Generals und Mitglieds der Militärjunta an dieser spektakulären Aktion respektierte die Bundesregierung rechtlich die Souveränität Chiles, sie wahrte auch bei diesem einzigartigen Unternehmen noch den Grundsatz der Nichteinmischung in die inneren Angelegenheiten eines anderen Staates nach Art. 2 der UN-Charta. Dieses Prinzip war stets oberste Maxime der deutschen Politik gegenüber Chile. Die Regierung reagierte bis 1987 „auffallend passiv“ auf alle Berichte über menschenunwürdige Zustände in der „Colonia Dignidad“.[111]

Die Motive und Hintergründe der nach außen hin sehr zurückhaltenden deutschen Politik gegenüber den Repräsentanten einer zumindest dubiosen deutschen Gemeinde und der Militärdiktatur des Landes, in das sie sich zurückgezogen hatten, sind einer Analyse, die über Vermutungen und Indizien hinaus geht, nicht zugänglich. Bis heute weigert sich die Bundesregierung, Wissenschaftlern oder Journalisten Zugang zu den Akten zu geben, die über die „Colonia Dignidad“ im Auswärtigen Amt bzw. im Bundesarchiv in Koblenz aufbewahrt werden. 2011, in einer Antwort auf eine Kleine Anfrage der Fraktion „Die Linke“ begründete die Regierung dies mit der Sorge, dass „eine Freigabe sensibler Akten mit deutschen internen Informationen, Überlegungen, Bewertungen oder nicht für die Öffentlichkeit bestimmten Mitteilungen zur CD/VB (...) einen Anlass für Konflikte und Vorwürfe zum Umgang mit der Militärdiktatur schaffen (könnte), in welche die Bundesrepublik Deutschland hineingezogen werden könnte“.[112] Sie will jetzt nicht „hineingezogen werden“ in die Versuche des demokratischen Chile, die Folgen des Militärregimes aufzuarbeiten, so wie sie sich früher offiziell aus den inneren Angelegenheiten eben dieser Diktatur herausgehalten hatte, die deutsche Unternehmer, konservative Politiker und Wissenschaftler offen unterstützten. Jan Stehle, ein Doktorand der Politikwissenschaften an der FU Berlin, bekommt für seine geplante Arbeit „Deutsche Außenpolitik und Menschenrechte – der Fall Colonia Dignidad“ nur Akten aus den Jahren bis 1979 zur Einsicht. Seine Klage vor dem Verwaltungsgericht Berlin, die 30-jährige Schutzfrist herabzusetzen, wird daran vorerst nichts ändern. Wie auch immer das Urteil in erster Instanz ausfällt, eine der beiden Seiten wird in Berufung gehen, so dass Stehle seine Doktorarbeit wohl vor einem endgültigen Urteil einreichen muss. Das Auswärtige Amt verweist zur Abwehr dieser Klage auf ein Bündel unterschiedlicher Hürden: auf schutzwürdige Persönlichkeitsrechte, auf das „Wohl des Bundes“, auf die Störung der „bilateralen Beziehungen zu

Chile", ohne darzulegen, „was da konkret zu schützen ist". Vor dem Verwaltungsgericht führte der Anwalt des Ministeriums zudem die viele Arbeit ins Feld, die eine „Deklassifizierung" der Akten kosten würde, also eine Herabstufung der Geheimhaltungsklasse, die eine Einsichtnahme erst erlaubte.[113]

Weltweit unterlaufen geheimdienstliche Aktivitäten das völkerrechtliche Prinzip der Nichteinmischung. Eine Zusammenarbeit der deutschen und chilenischen Nachrichtendienste in Zeiten des kalten Krieges gegen den gemeinsamen kommunistischen Feind erscheint naheliegend, nachzuweisen ist sie nicht. Die Journalistin Gaby Weber, die im Bundesarchiv Koblenz Akteneinsicht zu Aktivitäten des Bundesnachrichtendienstes vornahm, erhielt 2011 einen Ordner mit 22 Seiten, mit einem Inhaltsverzeichnis und dem Hinweis auf „Notvernichtungsmaßnahmen", allerdings keine verwertbaren Dokumente. Kanzleramtsminister Pofalla verweigerte ihr gegenüber jede Auskunft über den Grund und die Einzelheiten dieser Maßnahmen.[114] Gaby Weber ist sicher, dass der BND „detaillierte Kenntnis von den Zuständen in der Kolonie" hatte. Indizien dafür gibt es seit Langem. Heinz Kuhn, ehemals Chorleiter in Siegburg und Mitgründer der Kolonie, der seit 1968 in Santiago und dann als Transportunternehmer in Los Angeles lebt, der einzige Aussteiger, der stets gute Beziehungen zu den Siedlern bewahrte[115], traf sich nach eigenen Aussagen „mehrfach" mit BND-Beamten. Der Waffenhändler Mertins behauptete 1989 gegenüber der Staatsanwaltschaft Bonn, Informationen „zur Auswertung den entsprechenden deutschen Dienststellen übermittelt" zu haben.[116] Ein deutschstämmiger Agent des chilenischen Geheimdienstes DINA, Christoph Marin Willecke, stellte 1975 den Kontakt dieses Dienstes mit dem BND her und benutzte dabei Verbindungsmänner der Colonia Dignidad.[117] Solche Kontakte werden von der Bundesregierung auch nicht dementiert, sie werden nur „nicht bestätigt". Auch die Behauptungen von Heinz Kuhn und anderen Mitgliedern der Kolonie wurden nicht bestritten, die Regierung bestätigte sie vielmehr, indem sie feststellte, dass sich Mitarbeiter des BND „nicht in Ausübung ihrer Tätigkeit für den BND in der CD aufgehalten" haben, sondern höchstens „zu privaten Zwecken".[118] Im April 2013 gab sie erstmals ohne Nennung von Details zu, dass der BND zwischen 1997 und 2002 insgesamt sechs Berichte über die

„Colonia" übermittelte und bereits im Dezember 1987 eine „Ausarbeitung" im Auswärtigen Amt einreichte, in der auch „Verstöße gegen strafrechtliche Tatbestände" aufgeführt wurden.[119]

Die Bundesregierung wusste also, was in Schäfers Siedlung geschah. Gewiss: sie hielt sich an die Regeln des Völkerrechts und respektierte die Souveränität Chiles. Faktisch trug sie damit aber dazu bei, dass eine Gruppe von deutschen Staatsbürgern, die vor deutschen Gerichten schwerster Menschenrechtsverletzungen beschuldigt wurden, ihren Geschäften und Verbrechen in Chile unbehelligt nachgehen konnte. Die Deutsche Botschaft in Santiago ging weiter: Öffentliche Sympathiebekundungen von Botschaftsangehörigen und ungewöhnliche prozedurale Erleichterungen für die Schäfer-Gemeinde waren eine aktive, das mit dem Außenministerium abgestimmte Nichtstun allen Verbrechensvorwürfen und -anklagen gegenüber eine passive Parteinahme für die Kolonie.

Es gibt eine „Chronologische Übersicht der Aktivitäten der Bundesregierung bezüglich der Colonia Dignidad/Villa Baviera (CD)", die den Antworten auf eine Kleine Anfrage der Fraktion „Die Linke" aus dem Jahr 2011 beigefügt ist. Sie zeigt, dass mit dem Prinzip der Nichteinmischung in die inneren Angelegenheiten eines Staates zwischen 1961 und 1990 ganz unterschiedliche „Aktivitäten" gegenüber der „Colonia" vereinbar waren – vom routinierten Nichtstun über unverbrämte Unterstützung bis hin zum entschiedenen Eingreifen und Drängen nach Aufklärung.[120]

Bis zum Ende der Regierung Allendes 1973 hatte die Botschaft in Santiago nach dieser Chronologie nur in drei Angelegenheiten mit der Schäfer-Gemeinde zu tun. Im Juli 1961 stellte sich Hermann Schmidt als „Leiter der CD" vor. In den nächsten Jahren musste sie sich um Flüchtlinge kümmern, die sie teils zurückschickte und denen sie teils nach Deutschland weiterhalf, ohne dass Kriterien für dieses unterschiedliche Vorgehen deutlich würden. Schließlich „lehnt (sie) eine Bücherspende zugunsten der CD ab", eine Aktion, deren Hervorhebung wohl eine Distanzierung von der Kolonie nahelegen soll, die allerdings in den nächsten Jahren keinesfalls zu beobachten ist. In den ersten Jahren der Pinochet-Diktatur, in denen die „Colonia Dignidad" sich zum Folterzentrum wandelte, sind kaum Aktivitäten verzeichnet, nur drei Besuche des Konsularbeamten (der die Pässe der Bewohner pauschal verlängerte) und ein Besuch des Botschafters, der „keine Erkenntnisse" erbrachte. Die positiven Äußerungen von Botschafter Strätling über die deutsche Siedlung werden nicht erwähnt. 1977 erhob Amnesty International in Deutschland öffentlich Foltervorwürfe gegen die Colonia Dignidad; die Botschaft reagierte darauf mit Hilfsmaßnahmen für die Bewohner, die aus Protest in einen Hungerstreik getreten waren. In den folgenden drei Jahren unternahm die Botschaft bezüglich der „Colonia" nichts, von 1980 bis 1985 leitete sie nur die Rechtshilfeersuchen des Landgerichts Bonn, vor dem der Prozess gegen Amnesty stattfand, an die chilenische Regierung weiter und die Ablehnung dieser Ersuchen an die deutsche Justiz zurück. Diese bürokratische Hilfeleistung trug dazu bei, den Prozess in die Länge zu ziehen und Schäfer vor einer Verurteilung zu schützen. Dass dies absichtlich geschah, lässt sich vermuten, aber nicht beweisen. Erst 1985, acht Jahre nachdem die „Colonia Dignidad" gegen Amnesty geklagt hatte, bemühte sich Botschafter Holzheimer in persönlichen Schreiben und in Gesprächen mit dem General der chilenischen Militärpolizei Rodolfo Stange um Nachforschungen, die – angesichts der engen Zusammenarbeit der Militärregierung mit der Kolonie nicht überraschend – „völlig ergebnislos" blieben. 1986 begnügte sich die Botschaft nicht mehr damit, Rechtshilfeersuchen der deutschen Justiz einfach weiterzuleiten, nun wurde im chilenischen Außenministerium „demarchiert". Hier deutete sich schon ein Wandel gegenüber der „Colonia Dignidad" an, 1987 endete die jahrzehntelange offizielle Untätigkeit vorerst. Es war wohl der damalige Außenminister Genscher persönlich, der „zum Handeln entschlossen" war, nachdem sich Arbeitsminister Norbert Blüm von der CDU nach einem Chile-Aufenthalt im Sommer dieses Jahres an ihn gewandt hatte.[121] Das Außenministerium entfaltete eine Serie von Maßnahmen, wie es sie weder vor noch nach dieser Zeit gab. Zwischen Oktober 1987 und September 1989 verzeichnet die Chronologie acht Schreiben Genschers an seinen chilenischen Amtskollegen Garcia, zwei persönliche Gespräche mit Garcia und dem chilenischen Finanzminister zur „CD", fünf Weisungen an die deutsche Botschaft und fünf Einbestellungen des chilenischen Botschafters in das Außenministerium in Bonn.

Anders als in den nahezu inhaltsleeren Informationen zu den Aktivitäten der 70er Jahre wird auch die Zielrichtung der Interventionen

Genschers angeführt: es ging ihm zunächst um „rasche und umfassende Aufklärung", darüber hinaus jedoch auch um ein juristisches Vorgehen gegen die Kolonie – er bat die chilenische Regierung „um Einleitung strafrechtlicher Ermittlungen" – und schließlich um den Einsatz für Menschen, die vor Schäfer flüchteten. Er beließ es nicht bei Nachfragen und Aufforderungen. Der dramatisch gescheiterte Hubschrauberflug von Botschafter Kullack-Ublick entsprang einer Weisung Genschers „für eine Delegationsreise zur CD". Der Minister enthielt sich auch nicht der Kritik an der chilenischen Militärregierung, die Schäfer weiterhin beistand. Da „Schutzmaßnahmen für deutsche Bewohner der CD" ausblieben, wies er Außenminister Garcia „auf Besorgnis über mögliche Auswirkungen auf die bilateralen Beziehungen" hin und brachte seine „Enttäuschung über den ausbleibenden Schutz deutscher Staatsangehöriger in der CD" zum Ausdruck. Mit der wiederholten Einbestellung des chilenischen Botschafters griff er zum schärfsten diplomatischen Mittel, um sein Missfallen über die chilenische Regierung zu äußern. Die chilenische Regierung verfolgte gegenüber dem Drängen Genschers nach Aufklärung eine provozierend-hinhaltende Taktik. Auf die Briefe des deutschen Außenministers reagierte sie nur zweimal schriftlich und zweimal mit Erklärungen gegenüber dem deutschen Botschafter in Santiago. Sie beschränkte sich dabei auf die kurze Mitteilung, dass die Kolonie jede Zusammenarbeit mit ihr verweigere.

Das Schicksal von Jürgen Szurgelies bewog Genscher zu einer persönlichen Intervention. Szurgelies floh 1988 aus der Kolonie und wandte sich hilfesuchend an die Botschaft, wurde von seinen Eltern aber öffentlich für geistesgestört erklärt und zurück in die Siedlung gebracht, wo er als ruhig gestellter Dauerpatienten im Krankenhaus dahinlebte.[122] Die Botschaft nahm diesen Fall zum Anlass, um in einer Presserklärung auf ihre „gesetzliche Verpflichtung zum Schutze deutscher Staatsbürger" hinzuweisen, was im Einzelfall auch „Hilfe und Schutz" einschließe und sie „bei Verdacht auf Straftaten" zur Aufklärung verpflichte.[123] In diesem Sinne stellte sie einen Schutzantrag bei der chilenischen Justiz, um mit Jürgen Szurgelies auch gegen den Willen der Eltern sprechen zu können. Er wurde abgelehnt. Nachdem Genscher seinem Amtskollegen Garcia in einem Gespräch am Rande einer UN-Vollversammlung erklärte, das Verhalten der chilenischen

Regierung sei „eine schwere Belastung der deutsch-chilenischen Beziehungen“[124], nahm die Justiz Ermittlungen im Fall Szurgelies auf, die das Oberste Gericht im August 1989 einem Antrag der Siedlungsanwälte folgend einstellte. Ein Jahr zuvor hatte das gleiche Gericht die Aberkennung der Immunität von zwei deutschen Diplomaten, des Botschaftsrats Hans Spohn und des Konsuls in Concepción, Hans Kriegler, durch die Militärregierung bestätigt, die sich für Szurgelies eingesetzt hatten. Das internationale Aufsehen, das diese Willfährigkeit des obersten Gerichts Chiles gegenüber den Wünschen einer Religionsgruppe erregte, bewog das Gericht, 1989 seinen Beschluss zu revidieren und die Immunität der Diplomaten wiederherzustellen.[125]

Das chilenische Außenministerium hielt seine schützende Hand über Schäfer und seine Führungsgruppe, die sich heftig gegen die als „interventionistisch“ empfundenen Maßnahmen der deutschen Botschaft und des Außenministeriums wehrten. So willkommen deutsche Diplomaten bisher gewesen waren, wenn sie bereitwillig Dokumente ausstellten, das saubere Image tüchtiger Deutscher verbreiteten und Flüchtlinge zu ihren Verwandten zurückschickten, so rigide wurden sie nun als Aufklärer fern gehalten. Die „Colonia“ verweigerte jeden Kontakt mit Angehörigen der Botschaft und deutschen Politikern, auch die Konsularsprechstunden in der Siedlung fanden nicht mehr statt. Konsul Dieter Haller wurde mit mehreren Dienstaufsichtsbeschwerden überzogen, die Bundesrepublik vor dem Verwaltungsgericht Köln auf „Unterlassung und Feststellung der Rechtswidrigkeit im Zusammenhang mit ihren Bemühungen um Aufklärung der Vorgänge“ in der Siedlung verklagt, die chilenische Regierung aufgefordert, den Botschafter zur persona non grata zu erklären. Zwar scheiterte sie vor den deutschen Gerichten, zusammen mit ihren Freunden in der Militärregierung konnte sie aber verhindern, dass deutsche Beamte die Zustände in der Kolonie deutscher Staatsbürger selbst untersuchten.

1990 geriet die deutsche Siedlung in Chile wieder an den Rand des politischen Interesses der Bundesregierung, nicht nur, weil die Wiedervereinigung alle Kraft beanspruchte, sondern auch, weil die demokratisch gewählte Regierung Chiles sich nun entschlossen zeigte, gegen die „Colonia Dignidad“ vorzugehen. 1991 wurde kurz erwogen, Schäfer ausweisen zu lassen und nach Deutschland zu überführen, ihn also, wie Bossle vorgeschlagen hatte, aus der Siedlung herauszulösen, dies wurde aber nicht weiterverfolgt. Es fehlte ein „dringender Tatverdacht“[126], den zu erhärten man allerdings den chilenischen Behörden überließ. Der Gesandte Roland Kliesow besuchte im August dieses Jahres noch einmal die Kolonie, er konnte mit Kurt Schnellenkamp sprechen, durfte aber nicht auf das Gelände. In einem Vermerk an das Außenministerium schrieb er: „Die Verhältnisse in der Colonia Dignidad haben sich erkennbar nicht geändert. Zugang haben nur gesetzlich autorisierte Inspektoren der Verwaltungsbehörden.“[127] Dabei blieb es. Die Botschaft versuchte nicht noch einmal, sich den verweigerten Zutritt zu verschaffen, sie begnügte sich bis zur Verhaftung Schäfers im argentinischen Unterschlupf damit, die Arbeit chilenischer Untersuchungsrichter zu unterstützen[128] und die juristischen Attacken der Siedlungsanwälte gegen deutsche Beamte abzuwehren. Bis 2006 folgte sie, was die „Colonia Dignidad“ anging, wieder dem Prinzip der „Nichteinmischung“, dem sie stets gehuldigt hatte.

Sich nicht einzumischen bedeutete in den Jahren der Pinochet-Diktatur ein faktisches Eintreten für Schäfer, zu dem sich manche Diplomaten auch offen bekannten. In den Zeiten der Demokratie sorgte es dafür, dass die Verbrechen von Deutschen in Chile nicht zu einem deutschen Problem wurden, sondern ein Problem Chiles blieben. Die entschiedenen Aktivitäten unter Außenminister Genscher während dreier Jahre deuten an, was rechtlich und diplomatisch möglich gewesen wäre, wenn die Bundesregierung die Aufklärung der Verbrechen an deutschen Staatsbürgern in der „Colonia Dignidad“ zu ihrer Sache gemacht hätte. Sie tat es nicht, aus welchen Gründen auch immer.

## Die 120-Millionen-Dollar-Klage

Diese jahrzehntelange Passivität wird der Bundesrepublik wohl bald Probleme schaffen. Der Rechtsanwalt Winfried Hempel bereitet derzeit Prozesse vor, in denen er die Bundesrepublik Deutschland und die Republik Chile auf insgesamt 120 Millionen US-Dollar Schadensersatz verklagen will. Er fordert jeweils 1 Million für jeden der 120 Klienten, die er sowohl unter Menschen gewonnen hat, die noch in der „Villa Baviera“ leben wie unter denen, die sie verlassen haben. Hempel wurde 1977 als Sohn von Renate Malessa und Heinrich Hempel in der „Colonia“ geboren, verließ sie als 20-jähriger, erwarb in Los Angeles die chilenische Hochschulreife, studierte Jura und arbeitet heute in der angesehenen Kanzlei Uribe-Etxeverría in Santiago. Er glaubt, in jahrelanger mühseliger Kleinarbeit nicht nur Hinweise, sondern gerichtsfeste Beweise dafür gefunden zu haben, dass zuständige Behörden beider Staaten von den Zuständen in der Kolonie wussten, dass sie nichts unternahmen, obwohl sie zum Schutz ihrer jeweiligen Staatsbürger verpflichtet gewesen wären und durch diese „unterlassene Hilfeleistung“ die psychischen und physischen Schäden, die die Insassen der „Colonia Dignidad“ erlitten, mit verursachten. Einer seiner Mandanten ist Heinrich Wagner, der sich 1967 in das Botschaftsgebäude in Santiago flüchtete. Dort widerfuhr ihm dies:

*Er wurde freundlich empfangen: „Komm rein, da warten schon welche auf dich“ und in einen Raum geführt, in dem Schnellenkamp und Schreiber saßen, die ihn dann drei, vier Stunden beharkten, in Gegenwart einer Botschaftsangehörigen, an deren Namen er sich nicht mehr sicher erinnert. Schnellenkamp gab ihr sein Ehrenwort, dass er Wagner sicher zum Flughafen bringen würde. Tatsächlich fuhr er mit ihm in das Haus der Kolonie in Santiago, wo schon eine Spritze und ein Ambulanzwagen, der ihn in die „Colonia Dignidad“ zurückbrachte, auf ihn warteten. Dort war er 40 Jahre im Krankenhaus, die Beruhigungsmittel, die man ihm verabreichte, machten ihn zum Zombie.*

Als lebenden Toten lernte Hempel Heinrich Wagner in der Kolonie kennen.

Er ist sich sicher, die juristischen Schwierigkeiten einer solchen Klage überwinden zu können, etwa die: Welche Institution genau hat welche Amtspflicht verletzt und kann deswegen gerichtlich belangt werden? Müssen Einzelklagen erhoben werden oder ist eine Sammelklage zulässig? Lässt sich eine Ursachenbeziehung zwischen staatlichem Nichthandeln und erlittenen Schäden jeweils schlüssig nachweisen? Und wenn ja: Ist eine mögliche Amtshaftung nicht inzwischen verjährt? Welchen Entschädigungsanspruch haben Erwachsene, die Schäfer freiwillig folgten und ihm viele Jahre die Treue hielten?

Hempel arbeitet auf Erfolgsbasis und finanziert seine Ausgaben über Kredite vor. Ob eine Klage gegen den chilenischen Staat Erfolg haben wird, scheint ihm ungewiss, Chile hat die „Colonia Dignidad" schließlich über Jahrzehnte offen unterstützt und heimlich benützt und ab 1990 bekämpft. Er glaubt aber fest daran, der deutschen Regierung unterlassene Hilfeleistung für deutsche Staatsbürger nachweisen zu können. Sollten ihm deutsche Gerichte nicht Recht geben, dann werde er spätestens vor dem Europäischen Gerichtshof für Menschenrechte siegen.[129]

## Übergangszeit: Chilenisierung und Bajuwarisierung

Der Rückzug der Freunde aus der CSU, die aufsehenerregende Flucht der Packmors und von Hugo Baar, dazu der Tod von Alfred Schaak, dem Geschäftsführer der „Schaak OHG", die die Läden der „Privaten Socialen Mission" in Deutschland betrieb[130]: das Jahr 1985 war ein Krisenjahr für Schäfer. Er litt unter diesen Ereignissen so, dass die „Führungsclique unauffällig die meisten seiner Aufgaben" übernehmen musste.[131] 258 Menschen, 13 Chilenen, 237 Deutsche, 7 Österreicher und 1 Holländer lebten nach Angaben von Hartmut Hopp zu dieser Zeit in der „Colonia Dignidad".[132] Die Kolonie antwortete auf die Schwierigkeiten, die ihr das Herkunftsland fast aller ihrer Mitglieder plötzlich bereitete, mit einer demonstrativen Bajuwarisierung und einer propagandistischen Hinwendung zu ihrem Gastland Chile. Die Leistungen der Siedlung für die Chilenen in ihrer Umgebung rückten nun in den Vordergrund der öffentlichen Darstellung, zum einen in einer neuen Schule für chilenische Kinder, zum andern im Krankenhaus. Die rhetorische Chilenisierung war umso wichtiger, als die deutsche Regierung ab 1987 in die geschlossene Gemeinschaft einzudringen drohte. Botschaft und Außenministerium waren keine umworbenen Helfer mehr, sie gehörten jetzt zu den „anderen Teufeln"[133] der Außenwelt, gegen die sich Schäfer 1973 mit den guten „Weltmenschen", den chilenischen Militärs, verbündet hatte. Er betonte 1988: „In unserem Herzen sind wir Chilenen."[134] Den Chilenen gegenüber wurde das folkloristische Bild einer Gemeinde von frommen Menschen gezeichnet, die bayerisches Brauchtum pflegte und aufopferungsvoll für ihr Gastland arbeitete. 1985 wurde bei Bulnes, etwa 120 km südwestlich von der Kolonie gelegen, das bajuwarisch herausgeputzte Restaurant Casino Familiar eröffnet. Ab 1988 nannte sich die „Colonia Dignidad" „Villa Baviera", „Bayerisches Dorf", zu Ehren des bayerischen Ministerpräsidenten Franz Josef Strauß, der sie öffentlich gelobt hatte. Vor dem nach wie vor verschlossenen Eingangstor wehten nun die weißblaue bayerische Rautenflagge und die chilenische Trikolore.[135]

### Eine Schule für Deutsche – eine Schule für Chilenen

Seit 1962 wurden die Kinder der Kolonie von Hermann Schmidt, seiner Frau Ursula, dem Architekten Johannes Wieske und weiteren Mitgliedern der Gemeinschaft unterrichtet, ohne fachliche Qualifizierung, ohne Lehrpläne, ohne regelmäßige Unterrichtsstunden und ohne Abschlusszeugnisse.

*Gestelltes Foto eines Unterrichts, wie er nie stattfand, mit Ursula Schmidt als Lehrerin*

Folgt man den Schilderungen von Klaus Schnellenkamp[136], waren die Unterweisungen nicht nur völlig irregulär, sondern auch von dürftigem Niveau. Fachwissen zählte wenig gegenüber Disziplin, der Beherrschung sexueller Regungen, dem Musiktraining. Der Schultag, wenn es ihn denn gab, bestand aus einer Mischung von Fachunterricht in den üblichen Schulfächern, Gesangsübungen, Sport, Instrumentalunterricht und schriftlichen Hausaufgaben. Die Lehrer trugen den Stoff vor, soweit sie ihn selbst beherrschten, gaben Hausaufgaben und fragten die Schüler über das aus, was die in ihrer kargen Freizeit gelernt hatten. Die Noten der Schüler wurden auf Holztafeln öffentlich gemacht, schlechte Leistungen mit Arrest oder Prügeln bestraft. Die strikte Geschlechtertrennung galt auch in der Schule. Es gab ein eigenes Schulgebäude, in dem in Schichten Mädchen und Jungen unterrichtet wurden, der Unterricht für die Jungen fand häufig im Versammlungssaal statt.

Zur propagandistischen Außendarstellung wurde ein Foto gestellt, auf ihm suggerieren Schulbänke und Lehrerpult ein normales Klassenzimmer, Kunstdrucke und Wohnzimmeruhr an der Wand und ein Blumenstrauß auf dem Pult eine heimelige Atmosphäre und Jungengesichter, die sich mit lächelnder Aufmerksamkeit der Lehrerin Ursula Schmidt zuwenden, die mit dem Finger auf eine Wandkarte weist, fröhliches Lernen.[137]

Nach dem Modell einklassiger Dorfschulen wurden bis zu sechs Gruppen verschiedenen Alters unterrichtet. Nur die ältesten Schüler lernten hinter einem Stoffvorhang auf dem Podium, auf dem während der Versammlungen Schäfer thronte. Fand Unterricht statt, so begann er um 8.05 Uhr und endete um 12.35 Uhr nach fünf Stunden zu 45 Minuten und fünf- bis zehnminütigen Zwischenpausen. Unmittelbar darauf begannen die Chorproben, nach Gruppengebeten wurde das Mittagessen eingenommen, danach Schularbeiten gemacht. Nach der abendlichen Versammlung gab es Sport, vor allem Karate, Judo und Gymnastik, anschließend noch ein gemeinsames Gebet. Vor dem Zubettgehen musste jeder Jugendliche seine drei Musikinstrumente geübt, die vorgeschriebenen zwanzig Spagate gegen sexuelle „Anfechtungen" gemacht und die Hausaufgaben erledigt haben; darüber musste er ein Berichtsheft führen und die Eintragungen von zwei Augenzeugen bestätigen lassen. Der Tag endete für sie oft erst nach Mitternacht.

Diesen Rahmen konnte Schäfer jederzeit aufheben. Er war der Herr über die Zeit auch in der Schule: Er konnte Gesangsübungen unterbrechen und selbst übernehmen, Arbeitseinsätze während der Lernzeiten anordnen und die Schule in den Sommermonaten ganz schließen, Jungen aus dem Unterricht in sein Bett holen oder seine jeweiligen Favoriten ganz von der Schule fernhalten, Beginn und Ende der Versammlungen bestimmen.

1985 wurde in einem Neubau außerhalb des Zauns eine staatlich subventionierte Privatschule für chilenische Kinder eröffnet. Der Staat unterstützte sie mit jährlich 20 Millionen Pesos, etwa 90.000 DM.[138] Zur festlichen Einweihung kam 1985 Lucía Hiriart, die Ehefrau Pinochets, zusammen mit Generälen aus dem Generalstab, es erschienen Vertreter der deutschen Botschaft, der Repräsentant der deutschen Schulen in Chile und Leiter der Deutschen Schule in Santiago, Klaus Rudek sowie die deutschstämmige Rosa Markmann, die Witwe von Gonzalo Videla, einem ehemaligen Präsidenten Chiles.[139] Die Gäste erlebten ein „deutsche(s) Musterbild", „Uniform und Lederhose (...), Choräle, Alpenjodler und Heeresmärsche".[140] In den folgenden Jahren wurden in der neuen Schule nach den Angaben von Hartmut Hopp „80 Kinder aus der unmittelbaren Umgebung kostenlos unterrichtet, mindestens zweimal täglich beköstigt und durch einen eigenen Schulbus über den bis zu 10 km langen Schulweg transportiert".[141]

Die Kolonieschule existiert nicht mehr, das Schulgebäude ist verfallen. Der Bau von 1985 aber beherbergt nach wie vor eine staatlich subventionierte, privat betriebene Grundschule, die „Escuela Particular Villa Baviera". Sie genießt einen guten Ruf als eine der besten Grundschulen in der Gemeinde Parral. Sowohl Kinder der „Villa Baviera" als auch aus den umliegenden Gemeinden besuchen sie. Sie ist tatsächlich, was die irreguläre Beschulungsanstalt der „Colonia" nur in der eigenen Propaganda war, eine Schule für „Kinder beider Völker".[142]

### „Sie haben aber auch viel Gutes getan": Das Krankenhaus

Die kostenlose Behandlung von Chilenen in ihrem Hospital bestimmte nach außen das Bild der Siedlung als einer Wohlfahrtseinrichtung mildtätiger Deutscher, über alle Anschuldigungen, Vorwürfe und Gerüchte hinweg. Loos berichtet von vielen Gesprächen mit Chilen/inn/en in den Jahren 2007 und 2008: „Sprachen wir eine Weile beispielsweise über den Kindesmissbrauch und die Verletzung diverser Menschenrechte, so kam fast immer noch der Nachschub: ‚Sie haben aber auch viel Gutes getan. Das Krankenhaus zum Beispiel.'"[143]

Von 1963 an[144] wurde es dienstags und freitags für die chilenische Bevölkerung geöffnet, die dies als Ausdruck „wunderbarer Großherzigkeit" sah. Die Bewohner dieser armen Region nahmen klaglos weite Anmärsche und stundenlanges Warten auf sich. An ihrer dankbaren

Bewunderung der Deutschen änderte auch der Umstand nichts, dass etliche Babys nach der Geburt oder kleine Kinder nach ihrer Behandlung nicht wieder ihren Eltern zurückgegeben wurden, sondern in der Kolonie blieben, oft mit dem stillschweigenden Einverständnis der armen Eltern, die überzeugt waren, dass die Deutschen ihrem Kind ein besseres Leben ermöglichen könnten als sie selbst. Allein zwischen 1972 und 1983 wurden mindestens 15 chilenische Kinder nach einem Hospitalaufenthalt adoptiert. Auf diese Weise gelangten Efraín Vedder, später einer der beharrlichsten Zeugen gegen die „Colonia", und sein Bruder Franz Baar in die Siedlung, Sonia Godoys Sohn Cristián Javier verwandelte sich in Hartmut Hopps Sohn Michael und Schäfer verschaffte sich seine Adoptivtochter und treue Pflegerin Rebeca, die als siebenjähriges Kind wegen Unterernährung 1974 in das Krankenhaus kam. Zwei Jahre später unterschrieben ihre analphabetischen Eltern Roberto und Juana Valenzuela Soto Papiere, die sie für einen Behandlungsplan hielten, mit denen sie tatsächlich aber ihre Tochter zur Adoption freigaben.[145]

*Kleinkinderbetreuung*

**Statistische Angaben zum Hospital von 1963 bis 1994**

| Art | Anzahl | Anmerkung |
|---|---|---|
| Patienten insgesamt | 426.230 | |
| Untersuchungen | 510.789 | |
| Einweisungen von Kindern | 20.399 | |
| Einweisungen von Erwachsenen | 14.736 | |
| Krankenhaustage insgesamt | 537.748 | |
| Chirurgische Eingriffe | 7.428 | ab 1968 |
| Geburtshilfen | 2.407 | |
| Bluttransfusionen | 1.527 | ab 1966 |
| Laboruntersuchungen insgesamt | 794.493 | ab 1966 |
| Röntgenuntersuchungen | 37.021 | ab 1966 |
| Ultraschalluntersuchungen | 1.411 | von 1981 bis 1984 |
| Ultraschalluntersuchungen | 661 | ab 1985 |
| Transporte mit Krankenwagen | 24.806 | |
| Transporte mit Flugzeug | 182 | ab 1973 |
| Mittag- u. Abendessen f. Patienten | 272.813 | In einer Baracke gegenüber dem Hospital wurden die Patienten, während sie auf die Behandlung warteten, verpflegt. |
| Frühstück u. Brotzeit f. Patienten | 5.888 | |
| Babyfläschchen | 40.158 | |
| Blutspenden in Litern | 639.910 | |

Die beiden Ärzte, Gisela Seewald und Hartmut Hopp, behandelten alles: faule Zähne, Herzprobleme, Verletzungen, Nervenkrankheiten, Altersbeschwerden, sie machten Röntgen- und Ultraschallaufnahmen, leisteten Geburtshilfe, nahmen Laboruntersuchungen vor, legten Blutkonserven an, operierten Blinddärme ebenso wie komplizierte Schäden an Hüften und Wirbelsäulen, ohne entsprechende fachärztliche Qualifikationen. 1978, als Hartmut Hopp Leiter wurde, gab es im Krankenhaus 20 Betten. Bis 1997 hatte sich die Bettenzahl beinahe vervierfacht, dazu kamen zwei Operationssäle, zwei Laboratorien, ein medizinisches Archiv, ein Röntgenraum und ein Raum, in welchem Elektroschocks verabreicht wurden.[146] Die Erfolgszahlen, die in der „Villa Baviera" heute zu lesen sind, sind eindrucksvoll. Sie entziehen sich einer Nachprüfung, sind angesichts des langen Zeitraums von 31 Jahren, in dem sie erhoben wurden, aber auch nicht unplausibel.[147]

Jede Behandlung wurde mit dem staatlichen Gesundheitsdienst abgerechnet, das Krankenhaus war eine wichtige Einnahmequelle der Kolonie.[148] Darüber hinaus erschloss sich das Hospital weitere Verdienstmöglichkeiten. Die enorme Menge an Blutspenden etwa kann nicht im Krankenhaus selbst verwendet worden sein; dazu hätten bei jeder der angegebenen 1.527 Transfusionen fast 420 Liter Blut fließen müssen, eine vollkommen absurde Menge. Das Blut der Siedler, zu dessen Spende sie regelmäßig aufgerufen wurden und das sie ihrer Gemeinschaft zu opfern glaubten, wurde vermutlich zum großen Teil verkauft.[149]

Für die Kolonisten selbst diente die Klinik auch als Krankenhaus, sie war vor allem aber eine Disziplinierungsanstalt, in der Rebellen mit Drogen gezähmt und sexuelle Gelüste mit Elektroschocks ausgetrieben wurden, und ein Leichenhaus, in dem sich Opfer von Gewalt in tragische Todesfälle verwandelten.[150]

1 Die Militärdiktatur von 1973 bis 1990 wird auch als „Pinochet-Regime" oder „Pinochet-Diktatur" bezeichnet, weil sie durch „einen äußerst hohen Personalisierungsgrad der Macht und die Zentralisierung der Entscheidungen in der Person Pinochets" gekennzeichnet war; vgl. Carlos Huneeus: Institutionelle Faktoren und politische Führung im Autoritarismus, in: Peter Imbusch, Dirk Messner, Detlef Nolte (Hrsg.): Chile heute, Frankfurt/Main 2004, S. 227–251, hier S. 228

2 Die Darstellung folgt Stefan Rinke: Kleine Geschichte Chiles, München 2007, S. 147ff.

3 So die Vermutung von Luis Peebles, der selbst in der „Colonia Dignidad" gefoltert worden war; Loos, S. 52; ebenso Salinas/Stange, S. 181

4 Die Darstellung folgt, soweit nicht anders angegeben, Heller 2006, S. 52ff.

5 Heller 1993, S. 24. Diese Sicht auf den Putsch Pinochets gilt in der „Villa Baviera" bis heute. Auf ihrer Webseite heißt es: „In der Gemeinschaft weckte das Aufkommen einer kommunistischen Regierung die Schrecken auf, die sie bei der russischen Invasion im Krieg erlebt hatten. Dies bestimmte zum großen Teil das Handeln der Deutschen." www.villabaviera.cl, „Historia", aufgerufen am 29.8.2013

6 Zitiert bei Heller 1993, S. 26

7 Fröhling, S. 212

8 Gemballa 1998, S. 93; er zitiert Thieme mit den Worten: „Viele Menschen, die damals gegen Allende waren, das heißt, die gegen den Kommunismus gekämpft haben, haben die ‚Colonia Dignidad' benutzt. Es war eben bekannt, daß die Deutschen antimarxistisch eingestellt waren. Der Ort bot viel Sicherheit für Leute, die gegen Allende kämpften."

9 Lotti Packmor erlebte als Diensthabende 1972 und 1973 regelmäßige nächtliche Besucher, die auf Befehl Schäfers ohne Kontrolle eingelassen wurden; Gemballa 1988, S. 133

10 So Pfarrer Helmut Frenz in einem Interview mit der taz: „Der lange Weg von Rußland nach Chile", taz vom 8.12.1987, www.taz.de. Frenz war zum Zeitpunkt des Interviews Generalsekretär von Amnesty International Deutschland

11 Heller 2006, S. 58

12 Codepu: Tercer informe. Testimonios de Tortura en Chile: Los Responsables. 11 de septiembre de 1973 – 10 de marzo de 1990, 10.12.2004, www.bibliotecamuseodelamemoria.cl, aufgerufen am 15.7.2013; Codepu (Corporación de Promoción y Defensa de los Derechos del Pueblo) ist eine chilenische Menschenrechtsorganisation, die 1980 gegründet wurde. Die gleichen Vorwürfe hatte schon 1976 eine Arbeitsgruppe der UNO erhoben: „Informe del Consejo Económico y Social. Protección de los derechos humanos en Chile" vom 8.10.1976 im Auftrag der Generalversammlung der Vereinten Nationen, www.bibliotecamuseodelamemoria.cl, aufgerufen am 15.7.2013

13 Der Student Carlos Lorca und der Hafenarbeiter Exequiel Ponce waren führende Mitglieder der „Partido Socialista (PS)". Die hier zitierte Aussage ist wiedergegeben bei Rojas, S. 65–74, hier S. 69. Die vom „Proyecto Internacional de Derechos Humanos" gepflegte Seite „Memoria Viva" zitiert Muñoz Alarcón mit zwei verschiedenen Zahlen. In einem Artikel „Estremededores testimonios de víctimas de la tortura en Colonia Dignidad" vom 28.7.2003 ist ebenfalls von „11 personas" die Rede, in dem im „Archivo digital de las Violaciones de los Derechos Humanos de la Dictadura Militar en Chile (1973–1990)" wiedergegebenen Text steht stattdessen die Zahl 112. (www.memoriaviva.com, aufgerufen am 10.1.2013) Da Muñoz Alarcón wenige Tage nach seiner zitierten Aussage ermordet aufgefunden wurde, kann heute weder geklärt werden, wie seine Zahlenangabe zu verstehen ist, noch, welches Gebäude er mit dem „pabellón Segundo" meinte. Die Zahl 112 kann aber kaum stimmen, wenn sie sich auf die Zahl der Häftlinge beziehen soll, die zum Zeitpunkt der Aussage von Muñoz 1977 („en estos momentos") in der Kolonie festgehalten und gefoltert wurden. Es ist kaum vorstellbar, dass so viele Gefangene samt ihren Bewachern auf dem Gelände der Siedlung vor den etwa 300 Menschen, die dort lebten, versteckt werden konnten. Lotti Packmor erinnerte sich nach ihrer Flucht, dass sie auch für „Schweine", wie politische Gefangene hießen, habe kochen müssen, aber nicht in den Mengen, die 112 Menschen gebraucht hätten; Gemballa 1988, S. 133. Die Zahl 112

bezieht sich sehr wahrscheinlich auf die vermutete Gesamtzahl der Gefangenen, die während der Militärdiktatur in der „Colonia Dignidad" verschwunden sein sollen; vgl. „Chile untersucht Mord in der Colonia Dignidad", taz vom 11.8.1997 und „Colonia-Ermittler beendet seine Arbeit", taz vom 28.11.1997, www.taz.de. Dort wird der Ermittlungsrichter Hernán Gonzalez, der im Auftrag des Obersten Gerichtshofes das Schicksal von Verschwundenen untersuchen sollte, exakt mit dieser Gesamtzahl für die „Colonia" zitiert

**14** „Pinochet-Opfer in der Colonia Dignidad", FAZ vom 24.7.2006, www.faz.net; „Colonia Dignidad war Friedhof für Häftlinge in Chile", taz vom 18.6.1993, www.taz.de

**15** Heller 2006, S. 75/76; „Colonia Dignidad: Massengrab entdeckt", taz vom 5.1.2006, www.taz.de. Der Artikel „Schließlich ein Urteil", Frankfurter Rundschau vom 26.5.2006, vermutet sogar 100 dort begrabene Menschen. Hinzu könnten noch Opfer eines Arbeitslagers auf dem nahen Monte Maravilla kommen, das Heller erwähnt. In ihm sollen etwa 100 Gefangene gehalten worden sein. Es gibt dafür einen anonymen Zeugen, Amnesty International hat die Hinweise aber nicht für nachprüfbar genug gehalten, um sie in den Bonner Prozess einzuführen; Heller 1993, S. 147ff. und Heller 2006, S. 72f.

**16** Heller 2006, S. 67f., Fröhling, S. 224f. und S. 230. Generalsekretär der deutschen Sektion von Amnesty International war zu dieser Zeit Helmut Frenz, bis 1975, als ihm die Pinochet-Regierung wegen seines Einsatzes für politisch Verfolgte die Wiedereinreise verwehrte, Pastor in Concepción und Probst der evangelischen Kirche in Chile (IELCH). Ebenfalls 1975 waren mit einer Ausnahme alle deutschsprachigen evangelischen Gemeinden aus der IELCH ausgetreten und hatten sich in einer regierungstreuen Organisation, der ILCH (Iglesia Luterana en Chile), zusammengeschlossen. Diese Kirchenspaltung existiert bis heute. Vgl. Helmut Frenz: Mi vida chilena: solidaridad con los oprimidos, Santiago 2006 und Gloria Rojas V., Roland Holtz: Die lutherischen Gemeinden in Chile, www.lareconciliacion.cl/deutsch2/ielch, aufgerufen am 13.4.2013. Frenz besuchte 1967 erstmals die „Colonia Dignidad" und hinterließ im Gästebuch den Eintrag: „Gottes Segen für Ihre Arbeit und ein ‚dickes Fell' für alle Anfeindungen wünscht Ihnen Pastor Helmut Frenz". Frenz erklärte später diesen freundlichen Gruß mit der Blauäugigkeit, mit der er sich von dem ordentlichen Schein habe blenden lassen; vgl. „Der lange Weg von Rußland nach Chile", taz vom 8.12.1987, www.taz.de. Wolfgang Müller, der ein Jahr zuvor den ersten Skandal um die Siedlung ausgelöst hatte, kannte er nicht. Weitere Besuche wurden ihm nicht gestattet. Die Kolonie selbst brachte später das Lob eines Mannes, der zu einem ihrer hartnäckigsten Ankläger wurde, an die Öffentlichkeit. 1973 bis zu seiner faktischen Ausweisung 1975 war Frenz Präsident des „Comité Pro Paz" der Kirchen, das sich für politisch Verfolgte einsetzte, in Deutschland war er für Exilchilenen eine wichtige Kontaktperson. Siehe Unterausschuss 1988, S. 61 und S. 74f.

**17** Gemballa 1998, S. 101

**18** Die aus der Ähnlichkeit der Ziffern und den Umständen der Wahrnehmung leicht erklärbare Differenz zwischen der von Adriana Borquez beobachteten „8" und der tatsächlich auf den Löffeln eingravierten „3" war für die Anwälte der „Colonia" Anlass genug, um ihre Aussage insgesamt als unglaubwürdig darzustellen; vgl. Heller 1993, S. 151ff.

**19** Der MIR, Movimiento de Izquierda Revolucionaria (Bewegung der Revolutionären Linken) wurde 1965 an der Universität Concepción gegründet. Nach dem Putsch versuchte der MIR den bewaffneten Kampf gegen die Militärregierung aufzunehmen

**20** Gemballa 1988, S. 134; Gemballa 1998, S. 106 und „Die Folter war so sauber und ordentlich", von Dirk Kurbjuweit, in: Die Zeit vom 16.10.1997, S. 17, www.reporter-forum.de, aufgerufen am 3.4.2013

**21** Interview im Film von José Maldavsky, Colonia Dignidad

22 Zitiert bei Gemballa 1988, S. 135 und Gemballa 1998, S. 106

23 Interview im Film von José Maldavsky, Colonia Dignidad

24 „Der unendliche Prozess“, taz vom 28.5.1997, www.taz.de

25 Schwember, S. 236, Salinas/Stange, S. 202

26 Vgl. Gemballa 1998, S. 98f. sowie Amnesty International: ai-Journal 10/97, Colonia Dignidad: Ein Ende der unendlichen Geschichte?, www.amnesty.de, aufgerufen am 29.6.2013. Eine ausführliche Darstellung des Prozesses findet sich bei Heller 1993, S. 154–165

27 1995 wurde der Verein auf Antrag der „Villa Baviera“ aus Chile aufgelöst und der Name aus dem Vereinsregister gelöscht; Gemballa 1998, S. 78

28 Vgl. seine Aussage vor dem Unterausschuss für Menschenrechte und Humanitäre Hilfe des Auswärtigen Amtes, Unterausschuss 1988, S. 82ff.

29 Hero Buss: Mit Gott gegen den General, „stern“ Nr. 7 vom 3.2.1977

30 Unterausschuss 1988, Anlage

31 „Hinter den sieben Bergen, bei den sieben Zwergen“, Lateinamerika Nachrichten Nr. 415, Januar 2009

32 Sein Bruder Aristides vermutete: „Sie haben ihn vergiftet, weil er zu viel wußte“ und „nicht mehr für die Deutschen arbeiten“ wollte; Gemballa 1988, S. 146

33 Heller 1993, S. 103; er nennt ebenda, S. 104/5 als „Leiter der Folterschule“ den Offizier Fernando Gomez, den Chef der DINA-Brigade Centro Sur mit Sitz in Parral

34 Dieter Mayer: „Äußerste Zurückhaltung“ – die Colonia Dignidad und die deutsche Diplomatie 1961–1978, S. 5, d-nb.info/991185137/34, aufgerufen am 27.9.2012

35 Alle Zitate in diesem Absatz nach Heller 1993, S. 40

36 Das ist die Essenz von Stellungnahmen von US-Amerikanern zu dem Massaker von My Lai, die E. M. Opton 1971 in einer Studie mit dem Titel „It never happened and, besides, they deserved it“ beschrieben hat; zitiert nach Detlef Oesterreich: Flucht in die Sicherheit. Zur Theorie des Autoritarismus und der autoritären Reaktion, Opladen 1996, S. 150f.

37 Zitiert bei Fröhling, S. 235

38 Im Film „Deutsche Seelen“

39 Fröhling, S. 222f.

40 Ebenda, S. 224

41 „Was soll aus uns werden?" Spiegel 42/2005 vom 17.10.2005, www.spiegel.de

42 Interview im Film von José Maldavsky: Colonia Dignidad

43 Statement im Film „Deutsche Seelen“

44 Los secretos que desnudó el último fallo contra Contreras y Colonia Dignidad, 3 de febrero 1912, www.villagrimaldi.cl, aufgerufen am 19.9.2013

45 Vedder, S. 124

46 „Was soll aus uns werden?" Spiegel 42/2005 vom 17.10.2005, www.spiegel.de

47 Vedder, S. 29f.

48 Zitiert nach Salinas/Stange, S. 187

49 Gemballa 1988, S. 109

50 Zum „Projekt Andrea“ vgl. Heller 2006, S. 79f.

51 Gemballa 1988, S. 70ff., S. 79 Fn. 53, S. 81; vgl. auch das Interview mit dem amerikanischen Schriftsteller John Dinges im Film von José Maldavsky: Colonia Dignidad. Dinges gibt Erkenntnisse wieder, die er ausführlich in seinem Buch „The Condor Years: How Pinochet and his allies brought Terrorism to Three Continents“, New York 2004 darlegt.

52 Über die Waffenproduktion in der CD berichtete Gregor Packmor; Unterausschuss 1988, S. 132f. und Karl von den Berg, der bei Vernehmungen durch Richter Zepeda angab, zusammen mit Willi Malessa und Edwin Fege selbst Maschinengewehre und Granaten hergestellt zu haben; vgl. Los secretos que desnudó el último fallo contra Contreras y Colonia Dignidad, 3 de febrero 2012, www.villagrimaldi.cl, aufgerufen am 19.9.2013. Nach Schnellenkamp, der jahrelang als Sekretär der Geschäftsführung arbeitete und Einblick in vertrauliche Geschäftspapiere hatte, fungierte die Kolonie als „Umschlagplatz des geheimen Waffengeschäftes“, im Krankenhaus „leitete Hartmut Hopp Versuche mit Bakterien und Chemikalien“; Schnellenkamp, S. 67. Mitglieder der Führungsgruppe, die von Untersuchungsrichter Jorge Zepeda verhört wurden, gaben die Existenz von Waffenlagern in der „Colonia“ zu – sie konnten die Funde ja schlecht ableugnen – wollten aber weder von der Herkunft noch vom Verwendungszweck etwas wissen. Dies sei nur Schäfer bekannt gewesen, der aber seinerseits in einer seiner seltenen Einlassungen vor dem Richter alles auf die DINA schob; vgl. „Schaefer culpó al DINA por armas en Colonia Dignidad“, La Nación vom 22.6.2005, www.lanacion.cl

53 Gerüchte, in der „Colonia“ seien auch Rohstoffe wie Uran oder gar nuklearwaffenfähiges Plutonium gelagert worden, entstanden zum einen, weil in den Minen der „Colonia“ neben seltenen Metallen angeblich auch Uran abgebaut wurde, sie ranken sich aber auch um das Verschwinden des amerikanischen Mathematikprofessors Boris Weisfeiler im Januar 1985, der einen Geigerzähler bei sich gehabt haben soll. Sein Verschwinden wurde bisher nicht aufgeklärt. Obwohl nur sein Rucksack, nie aber ein Leichnam gefunden wurde, erklärte die Polizei, er sei während einer einsamen Wanderung durch den Süden Chiles in einem Fluss etwa 10 km von der „Colonia Dignidad“ entfernt ertrunken. Demgegenüber erreichten die amerikanische Botschaft Informationen, Weisfeiler sei von chilenischen Soldaten in die „Colonia“ gebracht, dort als russischer Spion gefoltert und ermordet worden. Weisfeiler war der einzige US-Bürger, der während der Pinochet-Diktatur in Chile verschwand. Darum und dank des Einsatzes seiner Schwester Olga intervenierten amerikanische Stellen immer wieder bis hinauf zur damaligen Außenministerin Condoleeza Rice, die 2006 bei Präsidentin Bachelet Aufklärung über Weisfeilers Verschwinden einforderte. Im August 2012 wurden schließlich auf Antrag von Richter Zepeda Haftbefehle gegen acht ehemalige Carabineros wegen Entführung erlassen. Sie wurden bislang nicht vollstreckt. In der Anklageschrift wird neben zahlreichen anderen Zeugen auch ein anonymer Zeuge aufgeführt, der sich an eine Organisation der katholischen Kirche gewandt hatte, die sich für Verfolgte des Pinochet-Regimes eingesetzt hatte, und dort angegeben hatte, er sei Mitglied einer Militärpatrouille zum Wachschutz der „Colonia Dignidad“ gewesen, die Weisfeiler gefangen, verhaftet und lebend in der „Colonia Dignidad“ abgeliefert habe. Vgl. Jan Stehle: Anklage wegen US-Opfers während Pinochet-Diktatur in Chile, amerika21.de vom 24.8.2012, www.amerika21.de, aufgerufen am 15.7.2013, sowie die ständig aktualisierte Webseite www.boris.weisfeiler.com, zuletzt aufgerufen am 6.6.2013

54 Gemballa 1988, S. 86; vgl. auch „Geheimes Tunnelsystem in ‚Colonia Dignidad‘ entdeckt“, FAZ vom 2.11.1997, www.faz.net

55 Salinas/Stange, S. 172ff.

56 „Hallan armas de guerra en Dignidad“ und „Dos búnkers con armas de guerra en Dignidad“, El Sur vom 16.6.2005 (Eigenes Archiv)

**57** Anklageschrift gegen Paul Schäfer und andere wegen Bildung einer kriminellen Vereinigung vom 10.4.2006, AP_Asociación.doc, www.emol.com/noticias/documentos, aufgerufen am 30.1.2012. Vgl. auch „Colonia Dignidad: Polizei hebt Waffen aus", Spiegel Online vom 16.6.2005; „Colonia Dignidad: Zweites Waffenlager der deutschen Sekte gefunden", Spiegel Online vom 24.7.2005, www.spiegel.de; „Großes Waffenarsenal in Colonia Dignidad entdeckt", FAZ vom 16.6.2005, www.faz.net

**58** Interview mit Manuel Contreras im Film von José Maldavsky, Colonia Dignidad

**59** So das Appellationsgericht Talca, zitiert bei Heller 1993, S. 103

**60** „Hinter den sieben Bergen, bei den sieben Zwergen", Lateinamerika Nachrichten Nr. 415, Januar 2009

**61** Vedder, S. 19

**62** Heller 2006, S. 33

**63** Schnellenkamp, S. 165, Fröhling, S. 245

**64** Zu Monica Madriagada s. Salinas/Stange, S. 208; die Namen der Besucher nach Heller 2006, S. 105f.

**65** Vedder, S. 103; Heller 2006, S. 93; ähnlich Schnellenkamp, S. 166f. Nach dem Hörensagen von Vedder, S. 167, war Schäfer selbst der Todesschütze. Auch die Angaben zum Zeitpunkt des Jagdunfalls unterscheiden sich. Während Vedder ihn ins Jahr 1985 legt, worin ihm Heller folgt, nennt Schnellenkamp als Datum den 5. Mai 1988. Vedder sagt selbst, dass sein Gedächtnis für Zahlen nach den Medikamenten, die ihm verabreicht wurden, schlecht sei (Vedder, S. 7), dies kann auch bei dem ebenfalls jahrelang misshandelten Schnellenkamp der Fall sein. Im Film „Deutsche Seelen" wird ein Grabstein gezeigt, auf dem als Todesdatum für Hartmut der 2.5.1987 steht. Nichts spricht dagegen, dass dieses Datum stimmt

**66** Interview mit Bischof Carlos Camus im Film von José Maldavsky, Colonia Dignidad

**67** Heller 2006, S. 105

**68** Araya/Lecaros, S. 26 und S. 96

**69** Rolf Pflücke: Das Geheimnis der „Colonia Dignidad", Fernsehfilm für das ZDF 1987, Dauer 10 Minuten (DVD im Centro de Documentación del Museo de la Memoria y los Derechos Humanos, Santiago)

**70** Alle Angaben nach Heller 2006, S. 103ff.

**71** Heller 1993, S. 198f.

**72** „Chile: Journalisten misshandelt", taz vom 25.5.1989 und „Aufregung in der Colonia Dignidad", taz vom 20.5.1997, www.taz.de

**73** Araya/Lecaros, S. 40

**74** Ebenda, S. 39; zu den Protesten s.a. „Rechter Protest", taz vom 9.8.1994, www.taz.de

**75** Ebenda, S. 27

**76** Salinas/Stange, S. 194ff.

**77** Der Bericht („informe") wird zitiert nach Rojas, S. 135–151

**78** Araya/Lecaros, S. 113, vgl. auch Schwember, S. 235. Der Bericht der Untersuchungskommission ist ausschnittweise abgedruckt bei Salinas/Stange, S. 265/66

**79** Dieter Mayer: „Äußerste Zurückhaltung" – die Colonia Dignidad und die deutsche Diplomatie 1961–1978, S. 5, d-nb.info/991185137/34, aufgerufen am 27.9.2012, S. 6f.

80 Zitiert nach Salinas/Stange, S. 118

81 Ebenda, S. 197

82 Heller 2006, S. 103; Fröhling, S. 236; auch Wolfgang Vogelsgesang versicherte, dass ein solcher Freundeskreis nicht existiere; Unterausschuss 1988, S. 77

83 Heller 1993, S. 218; zur Unterstützung der „Colonia" durch die CSU vgl. Heller 2006, S. 96f. und „Chiles Militärregime: Pinochets stille Berater", Die Zeit vom 22. 8. 2013, www.zeit.de

84 Zitiert nach „Deutscher Terror in Chile. Die Siedlerkolonie ist jetzt endlich in die Schusslinie der Bundesregierung geraten", taz vom 1.12.1987, www.taz.de

85 Zitiert bei Gemballa 1988, S. 157; siehe auch „Hintergrund: Die Colonia Dignidad", Der Standard vom 29. 8. 2007, www.standard.at. Klaus Schnellenkamp beschuldigt die Kolonie, an Waffengeschäften beteiligt gewesen zu sein, bei denen durch die Vermittlung von Franz Josef Strauß Flugzeuge an Chile, das als Diktatur legal keine Waffen aus Deutschland kaufen konnte, verkauft worden seien. Strauß habe dafür angeblich 100 Millionen US-Dollar als Provision erhalten; vgl. „Los otros secretos de Colonia Dignidad", La Nación vom 24. 5. 2006, www.lanacion.cl. Er gibt keine Belege an. Geschäftsbeziehungen zwischen der Colonia Dignidad und der CSU sind bis heute nicht erwiesen, die gemeinsamen konservativen Werte und der gemeinsame Antikommunismus erklären die Sympathie dieser Partei für die Siedlung m. E. hinreichend

86 Zu sehen im Film „Deutsche Seelen"

87 Heinz Boese: Ein Besuch bei der Colonia „Dignidad", Cóndor vom 2. 6. 1979; die Klage über „Dekadenz" oder „Säkularisierung" ist ein zentrales Motiv des konservativen Denkens noch in den 50er Jahren; vgl. Kurt Lenk: Zum westdeutschen Konservatismus, in: Schildt/Sywottek, S. 636–645

88 „Reiseeindrücke einer traumhaft schönen Chilefahrt", Cóndor vom 23.1.1988; der Autor heißt Erwin Patzelt

89 Dieter Mayer, a. a. O., S. 2

90 Loos, S. 74; Gemballa 1988, S. 164; „Die Dienste der Colonia Dignidad", taz vom 5. 2. 1988, www.taz.de

91 Unterausschuss 1988, S. 158; Erich Strätling, zu dieser Zeit stellvertretender Präsident der Deutschen Gesellschaft für Auswärtige Politik, weigerte sich in einem Brief an den Vorsitzenden, vor dem Ausschuss auszusagen und zu den Darstellungen der Packmors Stellung zu nehmen; ebenda, S. 8ff.

92 Heller 1993, S. 188 und S. 206

93 Fröhling, S. 234, Heller 2006, S. 94

94 Dieter Mayer, a. a. O., S. 5

95 So wiedergegeben bei Gemballa 1998, S. 161

96 Loos, S. 82

97 Dieter Mayer, a. a. O., S. 6

98 Heller 1993, S. 207

99 Vgl. eine entsprechende Aufzeichnung vom 5. 4. 1977, abgedruckt ebenda, S. 277–279

100 So die Berichte von Angehörigen der Siedler, vgl. „Wir hätten es nicht für möglich gehalten", taz vom 23. 2. 1988, www.taz.de

101 Heller 1993, S. 170; das folgende Zitat ebenda S. 172

**102** Gemballa 1988, S. 166

**103** Unterausschuss 1988, S. 158

**104** Ebenda, S. 90 sowie „Nur Fassade", Der Spiegel 46/1987 vom 9.11.1987, www.spiegel.de

**105** „Metropolis und Theresienstadt", Der Spiegel 49/1987 vom 30.11.1987, www.spiegel.de

**106** Loos, S. 94

**107** „Colonia Dignidad: Aus einem Geisterhaus", Der Spiegel 48/1991 vom 25.11.1991, www.spiegel.de

**108** „Blow up", Der Spiegel 50/1987 vom 7.12.1987 und „Genschers Leute abgewiesen", Der Spiegel 53/1987 vom 28.12.1987, www.spiegel.de; „Colonia Dignidad verweigert Zutritt", taz vom 16.12.1987, www.taz.de,

**109** Gemballa 1988, S. 172; „Hubschrauberfalle", Der Spiegel 3/1988 vom 18.1.1988, www.spiegel.de

**110** Deutscher Bundestag Drucksache 17/7280 vom 4.10.2011, Antwort der Bundesregierung auf eine Kleine Anfrage der Abgeordneten Jan Korte u.a., www.dip.21/bundestag.de, aufgerufen am 9.7.2013, S. 25

**111** „Colonia Dignidad: Aus einem Geisterhaus", Der Spiegel 48/1991 vom 25.11.1991, www.spiegel.de); vgl. auch „Auf dem Prüfstand", Der Spiegel 9/1988 vom 29.2.1988, wo berichtet wird, dass sich die FDP-Fraktion „besorgt" über die Untätigkeit des Außenministeriums zeigte; www.spiegel.de

**112** Deutscher Bundestag Drucksache 17/12980 vom 11.4.2013, Antwort der Bundesregierung auf die Kleine Anfrage der Abgeordneten Hans-Christian Ströbele u.a., www.dip.21/bundestag.de, aufgerufen am 14.7.2013, S. 12

**113** Geheimniskrämer – Informationsfreiheit in Deutschland und den USA, Autorin: Gaby Weber, Sendung: Freitag, 7. Januar 2011, 8 Uhr 30, SWR2, SÜDWESTRUNDFUNK SWR2 Wissen – Manuskriptdienst; www.swr.de, S. 5

**114** Gaby Weber: Der BND und die für Folter und Kindermissbrauch bekannte Colonia Dignidad, in: telepolis vom 22.9.2011, www.heise.de/tp, aufgerufen am 21.1.2013

**115** Vgl. Gemballa 1998, S. 154ff.

**116** Bundestagdrucksache 17/7280, S. 15

**117** Heller 2006, S. 86f.

**118** Bundestagsdrucksache 17/7280, S. 14

**119** Bundestagsdrucksache 17/12980. Selbst die Zuarbeit des Waffenhändlers Mertins wurde bestätigt, eine Frage zur angeblichen Verhaftung eines BND-Agenten 1990 in der „Colonia Dignidad" unter Berufung auf den gebotenen Schutz deutscher Interessen aber nicht beantwortet

**120** Alle Angaben im Folgenden, soweit nicht anders angegeben, nach dieser Übersicht, Bundestagsdrucksache 17/7280, S. 24–30

**121** „Blow up", Der Spiegel 50/197 vom 7.12.1987, www.spiegel.de

**122** Heller 1993, S. 163; Rojas, S. 55

**123** Zum Fall „Colonia Dignidad", Presseerklärung der Deutschen Botschaft, Cóndor vom 5.3.1988

**124** „Genscher kritisiert Chile", taz vom 28.9.1988, www.taz.de

**125** Salinas/Stange, S. 202f.

**126** Heller 2006, S. 98

**127** „Colonia Dignidad: Aus einem Geisterhaus", Der Spiegel 48/1991 vom 25.11.1991, www.spiegel.de

**128** „Colonia Sekte: Bonn verlässt sich auf Chile", taz vom 5.8.1997, www.taz.de

**129** Alle Angaben nach einem Gespräch mit Winfried Hempel am 14.10.2013

**130** Vgl. Heller 2006, S. 91f. und Gemballa 1988, S. 74f. Gemballa deutet an, dass Schaak, der am 22. Oktober 1985 in der Universitätsklinik an Herzversagen in Bonn starb, einem Giftmord erlag. Beweise gibt es nicht

**131** Vedder, S. 104

**132** Angaben von Hartmut Hopp vor dem Unterausschuss für Menschenrechte und Humanitäre Hilfe des Auswärtigen Amtes, Unterausschuss 1988, S. 50

**133** Zitat bei Heller 1993, S. 24

**134** Ebenda, S. 98

**135** Schnellenkamp, S. 100

**136** Ebenda, S. 115ff. Vgl. auch Vedder, S. 91: er musste „mit elf Jahren nicht mehr die Schule besuchen", sondern in einer Goldmine arbeiten

**137** „15 años ..."; abgedruckt auch bei Schnellenkamp, S. 117

**138** Salinas/Stange, S. 154

**139** Loos, S. 83

**140** Schnellenkamp, S. 100

**141** Unterausschuss 1988, S. 50

**142** Ebenda, S. 153; die Festschrift „15 años ..." betitelte eine Seite mit Schulfotos: „Escuela Chileno-Alemana. Niños de ambos pueblos". Ein undatiertes Faltblatt (eigenes Archiv) zeigt an, dass es an ihr 2013, was für eine chilenische Grundschule sehr ungewöhnlich ist, Unterricht in den Fächern Deutsch und Englisch und ein besonderes Engagement für den Umweltschutz gibt. Das Motto der Schule lautet „Compromiso – Responsabilidad – Excelencia" (Engagement, Verantwortung, Exzellenz)

**143** Loos, S. 84

**144** Die Zulassung für den staatlichen Gesundheitsdienst wurde 1968 ausgesprochen und bis 1997 immer wieder erneuert, Salinas/Stange, S. 146/147

**145** Vgl. Vedder, S. 12ff, Salinas/Stange, S. 158ff., zu Rebeca Schäfer ebenda, S. 161. Die Adoptionen wurden nach Auffassung der Gerichte formal korrekt vollzogen, spätere Klagen wie die der leiblichen Mutter von Michael Hopp wurden abgewiesen

**146** Salinas/Stange, S. 85

**147** Alle Angaben auf Schautafeln in der heutigen „Villa Baviera" neben dem Gebäude des früheren Hospitals (Eigenes Archiv)

**148** Heller 2006, S. 21

**149** Für Gerüchte, die chilenische Freunde dem Autor weitergaben, in der „Colonia" seien Patienten Organe entnommen und gewinnbringend verkauft worden, gibt es keine Anhaltspunkte

**150** Etwa im Fall von Ursula Schmidtke, Anm. 68, S. 60; weitere Beispiele bei Schwember, S. 254ff.

# Nach Pinochet

*Per Fahndungsplakat gesuchte Mitglieder der „Colonia Dignidad", unter ihnen Paul Schäfer, aus dem Jahr 2000*

## Die „Transición" – Chiles vorsichtiger Übergang zur Demokratie

Die Herrschaft Pinochets gelangte 1988 an ihr Ende. In der 1980 eingeführten Verfassung war für dieses Jahr eine Volksabstimmung vorgesehen, ob die Amtszeit Pinochets als Präsident verlängert werden sollte, andernfalls müssten freie Präsidentschaftswahlen stattfinden. Im sicheren Glauben zu gewinnen setzte Pinochet für den 5. Oktober 1988 ein Plebiszit an. Trotz des wirtschaftlichen Booms dieser Jahre errang aber die „Concertación de Partidos por el No", die „Vereinigung der Parteien für das Nein", in der sich linke Parteien und die Christdemokraten zusammengeschlossen hatten, 55 % der Stimmen. Pinochet unterlag auch bei den Wahlen ein Jahr später dem Kandidaten der „Concertación", dem Christdemokraten Patricio Aylwin, und zog sich auf das Amt des Oberbefehlshabers der Streitkräfte zurück. Die „Colonia Dignidad" verlor den Schutzschirm der Diktatur und musste sich nun in einer Welt behaupten, die ihr tatsächlich, nicht nur in paranoiden Phantasien, gefährlich zu werden drohte. Die demokratische Regierung begann mit juristischen Schritten gegen die deutsche Siedlung, deren Verbündete in Justiz und Armee aber noch 15 Jahre lang ihre schützende Hand über sie hielten. Allein drei Untersuchungskommissionen des Abgeordnetenhauses stellten 1995, 1997 und 1999 schwere Gesetzesverstöße in der Kolonie fest und forderten ein Eingreifen der Behörden – vergebens. Bis zu Schäfers Verhaftung in Argentinien

2005 überstand die zum „Bayerischen Dorf" umbenannte „Colonia Dignidad" alles, was gegen sie unternommen wurde.[1]

Als eine seiner ersten Amtshandlungen setzte Präsident Aylwin im März 1990 die „Nationale Kommission für Wahrheit und Versöhnung" ein, die nach ihrem Vorsitzenden, dem ehemaligen Botschafter Chiles in Brasilien und Senator Raúl Rettig, „Rettig-Kommission" hieß. In ihrem am 9. Februar 1991 veröffentlichten Bericht bestätigte sie Menschenrechtsverletzungen in der Zeit der Pinochet-Diktatur und nannte Zahlen: 2.279 Personen seien aus politischen Gründen getötet worden, darunter 957, die nach ihrer Verhaftung verschwunden seien und 164 Opfer politischer Gewalt, worunter auch getötete Polizeibeamte und andere Opfer „linksextremer" Gewalt subsumiert wurden.[2] Die Rettig-Kommission musste sich darauf beschränken, Morde und Fälle des Verschwindenlassens von Gefangenen zu erfassen, Folterungen durfte sie nach dem präsidialen Dekret ebenso wenig nachgehen wie „Fragen der individuellen Verantwortlichkeit".[3] Sie hatte zudem keinerlei richterliche Befugnisse, konnte also mögliche Täter nicht als Zeugen vorladen und war darauf angewiesen, Aussagen aufzunehmen, die Opfer oder Menschenrechtsorganisationen aus freien Stücken machten.[4] Taten zu sammeln ohne Täter zu nennen: Diese Selbstbeschränkung entsprach ganz der behutsamen Politik der Regierung Aylwin gegenüber Armee und Polizei. In Übereinstimmung mit der Mehrheit ihres Volkes wollte sie den Übergang (die „transición") von der Diktatur zur Demokratie nicht gefährden und nahm dafür in Kauf, dass Pinochet auch nach seinem Abtritt als Präsident die Regeln der „transición" bestimmte. In einer berühmt gewordenen lakonischen Formel sprach Aylwin von „Gerechtigkeit im Rahmen des Möglichen" („justicia en la medida de lo posible"). Die Verfassung von 1980 blieb in Kraft einschließlich der darin festgelegten besonderen Befugnisse des Militärs; so war etwa der Oberkommandierende der Streitkräfte, General Pinochet, nicht absetzbar, über ihre Mitgliedschaft im „Consejo de Seguridad Nacional", dem Nationalen Sicherheitsrat, waren er und die Oberbefehlshaber der Streitkräfte unter anderem einer möglichen Ausrufung des Ausnahmezustands beteiligt.[5] Militär und Justiz agierten als „autoritäre Enklaven"[6] im demokratischen Chile. Offiziere, die noch von Pinochet eingesetzt worden waren[7], bereuten die während der Diktatur ausgeübte Gewalt keineswegs, sie sahen sie als unvermeidlichen Teil eines im Wortsinn „notwendigen“ Krieges gegen den kommunistischen Terror an. Während ein aufgewühlter Präsident Aylwin in einer Fernsehansprache am 4. März 1991 die Opfer und deren Angehörige um Vergebung bat[8], widersetzte sich die Militärführung allen Aufforderungen, sich für begangene Verbrechen zu entschuldigen. Wenn Menschenrechtsverletzungen angeklagt werden sollten, verwiesen die Richter auf das Amnestiegesetz von 1978, mit dem alle Verbrechen, die während des sog. „Belagerungszustandes“ bis 1978 von Angehörigen des Militärs und der Polizei begangenen worden waren, straffrei gestellt wurden. Das Amnestiegesetz wurde zum „wichtigste(n) Bollwerk, hinter dem sich die Mörder und Folterer der Diktatur verschanzten“.[9]

Häufig wurden Fälle von Menschenrechtsverletzungen gleich an die Militärjustiz übergeben, die für politische Straftatbestände zuständig war. Dort versandeten sie.[10]

Nur ein Einziger der unter Pinochet begangenen politischen Morde wurde mit Haftstrafen gesühnt, der an Osvaldo Letelier, dem letzten Verteidigungsminister Allendes, der 1976 in Washington im Auftrag der DINA Opfer einer Autobombe wurde. Auf Druck der USA wurden Manuel Contreras und sein Stellvertreter Pedro Espinoza dafür 1993 zu sieben bzw. sechs Jahren Haft verurteilt. Als der Oberste Gerichtshof das Urteil 1995 bestätigte, konnte sich Contreras noch mehrere Monate der Haft entziehen, ehe er im Oktober dieses Jahres doch in das eigens für verurteilte Militärs nur 40 km nördlich von Santiago errichtete Spezialgefängnis in Punta Peuco einrückte.[11] Mehrfach demonstrierte das Militär seine Macht und drohte unverhüllt mit seiner Putschbereitschaft, Anlass waren dabei stets auch Korruptions- und Bereicherungsvorwürfe gegen die Familie Pinochet. So wurden schon 1990 im Rahmen einer von Pinochet angesetzten „Sicherheitsübung“ alle Soldaten in die Kasernen gerufen, 1993 tagte die Generalität des Heeres in Kampfanzügen in Santiago und ließ sich dabei von Eliteeinheiten bewachen, die nach den schwarzen Baretts „boinas negras“ genannt wurden. 1995 versammelten sich hunderte Uniformierte in der Nähe des Gefängnisses zu einem „Picnic de Punta Peuco“.[12] Im gleichen Jahr wurde Pinochets 80. Geburtstag pompös gefeiert.

Die demokratischen Regierungen unter den christdemokratischen Präsidenten Aylwin und Frei wagten es nie, die Macht des Militärs anzutasten. Der „Elan der Anfangszeit“[13], die unter Pinochet begangenen Verbrechen aufzudecken, verflog rasch. Die Regierung Aylwin hatte mit der Veröffentlichung des Rettig-Berichts und Entschädigungsangeboten an die Angehörigen der Opfer und die aus politischen Gründen entlassenen Angestellten[14] große Anstrengungen zur Aufdeckung der Wahrheit und Wiedergutmachung erlittenen Leides unternommen. Präsident Frei (1994–2000) startete keine weiteren Initiativen. Er wollte die Auseinandersetzung mit der Vergangenheit abschließen. Die Intransigenz der Militärs, die jede Entschuldigung verweigerten, und die Hartnäckigkeit der Menschenrechtsorganisationen, die nicht schweigen wollten, verhinderten jedoch den gewünschten Schlussstrich.[15] 1998, als Pinochet auf einen spanischen Haftbefehl hin in London verhaftet wurde, begann in Chile erneut eine intensive Beschäftigung mit seiner Diktatur, die bis heute anhält.[16]

## Erste Angriffe – erste Abwehr

Zu Beginn des Übergangs zur Demokratie geriet die „Colonia Dignidad“ in juristische und wirtschaftliche Bedrängnis. Präsident Aylwin, der vor dem Putsch Senator der Region Maule war, in der die Siedlung liegt, und damals vergeblich versucht hatte, hinter die Zäune der deutschen Festung zu blicken, setzte sich persönlich dafür ein, endlich gegen die Kolonie vorzugehen. Jahrzehntelang hatte sie als geschlossene Einheit außerhalb der chilenischen Gesellschaft existiert. Nun war er entschlossen, diesen „Staat im Staate“, wie er sie nannte[17], chilenischen Gesetzen zu unterwerfen. Der Rettig-Report führte sie als einen der Orte an, an dem politische Gefangene verschwunden waren, das Justizministerium erkannte ihr am 31. Januar 1991 mit Erlass Nr. 143 den Status als juristische Person ab und übertrug ihren Besitz der methodistischen Korporation in Chile. Zur Begründung berief es sich auf einen Bericht von Richter Robert Arías, der die gleichen Rechtsverstöße und die gleiche Missachtung der eigenen Statuten durch die „Sociedad Benefactora Educacional Dignidad“ auflistete, die 22 Jahre zuvor schon Hector Taricco angemahnt hatte. Taricco hatten die Befunde noch das Amt gekostet, Arías lieferte nun die Rechtfertigung für das juristische Ende eines gemeinnützigen Vereins.[18]

Um die bedrohte autokratische Innenwelt seiner Kolonie auch in den Zeiten der Demokratie zu erhalten, schottete sich Schäfer nicht erneut wie in den Anfangsjahren von der Außenwelt ab, er glaubte vielmehr, sich ihrer weiterhin so bedienen zu können, wie er das bereits unter Pinochet getan hatte. Die juristischen Angriffe der Regierung wurden juristisch konterkariert, die Sympathisanten in Armee und Verwaltung aktiviert, die chilenischen Nachbarn mobilisiert, die Wohltätigkeit der „Sociedad Benefactora" gerade für Chilenen propagiert. Diese Strategie war erfolgreich.

Die „Colonia Dignidad" rief gegen den Auflösungsbescheid, den sie „Todesdekret" (Decreto de la muerte) nannte, die chilenische Justiz zu Hilfe[19] und protestierte mit einer Kampagne, mit der sie die chilenische Öffentlichkeit gewinnen wollte.[20] Die Aktionen der neuen Regierung bestärkten die Anhänger Schäfers in der Überzeugung, sich und ihren Führer gegen ein böses „Draußen" schützen zu müssen. Schäfer selbst sah den „Abgrund der Hölle" aufgetan, wie stets war außerhalb der Kolonie der Teufel am Werk. Eine Durchsetzung des Dekrets, die Auflösung der Kolonie, hätte für die Siedler den Verlust von Halt und Heimat bedeutet, die sie für sich gefunden hatten, und sie zum Leben in einer Welt verurteilt, die sie als feindselig und verworfen wahrnahmen. Der äußere Druck stärkte das Zusammengehörigkeitsgefühl. „(Wir wurden) wieder von einem Gemeinschaftsgeist erfasst, der uns zu einer verschworenen Gemeinschaft verschmolz."[21]

Sie traten wiederholt in Hungerstreiks, die ein spektakuläres Mittel öffentlichen Protestes waren, aber nicht bis zur tödlichen Konsequenz fortgesetzt wurden. Pressevertreter wurden in ein Zelt vor dem Zaun geführt, in dem junge Männer „auf symmetrisch aufgereihten Matratzen lagen und davon sprachen, bis zum Ende für das Hospital zu kämpfen", zwei Tage später war das Zelt aber wieder leer.[22] Abgemagerte Kellner bedienten die Gäste im Restaurant Casino Familiar. Wer nicht hungerte, scharte sich in Dauerwachen um Lagerfeuer. Alle beteiligten sich mit immer neuen Ideen daran, Akten, Fotos, Waffen und Geräte vor den chilenischen Polizisten zu verbergen, die das Gelände durchsuchten. Zentrum des Widerstandes waren die Aktionen um das Krankenhaus, dem allseits geschätzten Ausweis der Schäferschen Wohltätigkeit. Bei einem Festakt zum dreißigjährigen Bestehen der Siedlung 1991 versammelten sich 4.000 Personen, in Zeitungsanzeigen wies die „Colonia“ auf die Wichtigkeit ihres Hospitals für die Bevölkerung hin. Chilenische Nachbarn aus den „Patientenkomitees“ hielten ab Februar 1991 vor dem Eingangstor der Siedlung „Schmerzenswachen“, die mehr als ein Jahr andauerten. Andere demonstrierten in Parral. Eine Gruppe übergab im Regierungspalast ein Protestschreiben an Präsident Aylwin.[23] Noch 1997, als chilenische Mütter Schäfer schon wegen Kindsmissbrauch angezeigt hatten, erklärte eine alte Chilenin auf einem „Protestmarsch mit Fackeln und Kerzen“ Journalisten: „Die Deutschen sind die Einzigen, die sich um uns kümmern. Der Onkel ist ein guter Mann.“[24]

*Demonstration für das Hospital, während die Polizei nach Paul Schäfer sucht*

Juristisch umging die „Colonia“ das Auflösungsdekret auf zwei Wegen. Zum einen war schon vor dem erwarteten Erlass das Vermögen der Kolonie aufgeteilt und neu gegründeten Firmen übertragen worden, an deren Spitze Mitglieder der Führungsgruppe standen. Auf dem Papier gehörten sie Siedlern, ohne dass die von ihrem neuen Vermögen unterrichtet wurden.[25] Als Besitz der rechtlich aufgelösten „Sociedad Benefactora“, der gemäß dem Dekret an die Methodistenkirche überging, verblieben nach eigenen Angaben, hinter denen man noch den Hohn der „Colonia“ über den verachteten und ausgetricksten demokratischen Staat hört, Blockflöten und ein Waldhorn, zwei Waschmaschinen, drei Kochherde, Bügeleisen, Rasenmäher und zahlreiche unbezahlte Rechnungen.[26] Die wirtschaftlichen Aktivitäten der „Colonia" gingen unverändert weiter, ihr Überleben war vorerst gesichert, der erste Angriff der neuen Machthaber verpufft.

Auch rechtlich blieb der Auflösungsbescheid ohne Wirkung. Die „Colonia" legte Einspruch gegen das Dekret selbst ein. Das Verfassungsgericht (Tribunal Constitucional), das eine Gruppe von 17 konservativen Senatoren angerufen hatte, wertete es im September 1992 als „nicht verfassungskonform". Nach einem Berufungsverfahren, das die Regierung beantragt hatte, wurde der „Colonia Dignidad" am 18. März 1993 endgültig ihr Status als juristische Persönlichkeit aberkannt. Als Nachfolgerin der aufgelösten „Sociedad Benefactora" wurde daraufhin im November 1994 die „Organización de Desarrollo Comunitario Perquilauquén" (Organisation für solidarische Entwicklung Perquilauquén)" registriert, in der sich 234 Personen zusammenschlossen, Mitglieder der „Villa Baviera" und chilenische Freunde, an der Spitze Enrique Fuentes Vásquez, der Präsidenten der „Amigos de Dignidad", dem regionalen Freundeskreis, als Vorsitzender sowie Erika Heimann und Hartmut Hopp als Stellvertreter. Sie wurde Trägerin der Grundschule für chilenische Kinder und des Krankenhauses, das im August 1994 von der Polizei geschlossen worden war, im Juni 1995 aber wieder vom chilenischen Gesundheitsdienst anerkannt wurde. Erst 1997 wurde die Genehmigung zurückgezogen, das Krankenhaus musste seinen Betrieb einstellen und diente nur noch der ambulanten Versorgung der Siedler.[27]

Ein weiteres Urteil des Obersten Gerichts spiegelt ebenfalls die ungebrochene Macht von Anhängern der Pinochet-Diktatur in der Justiz wider: Lientur Escobar, Richter am 7. Kriminalgericht, hatte Nachforschungen nach 21 Personen angestellt, die zwischen 1974 und 1977 in Parral verschwunden waren, und war auf Hinweise für eine enge Zusammenarbeit zwischen dem Geheimdienst DINA und der „Colonia Dignidad" gestoßen. Im Februar 1993 wurde ihm dieser Fall entzogen und dem Militärgericht in Concepción übergeben. Im März enthob ihn der Oberste Gerichtshof wegen „mangelnder Objektivität" seines Amtes, Proteste von Menschenrechtsorganisationen gegen diese Entscheidung fruchteten nichts.[28]

Das „Netz mächtiger Beschützer"[29] in den „autoritären Enklaven" der Justiz und des Militärs half der Kolonie ebenso wie die großen und gerade im Süden Chiles einflussreichen Teile der Öffentlichkeit, die dem Pinochetregime weiter anhingen.[30] Jede Anklage gegen die deutsche Siedlung war für die chilenische Rechte zugleich eine linke Verleumdung chilenischer Offiziere und Soldaten, die Verteidigung der „Colonia" war auch eine Verteidigung des ideologischen Erbes Pinochets als Retter des Vaterlands vor dem Kommunismus. Die Senatoren rechter Parteien, darunter Sergio Romero, Sergio Fernández, Mario Ríos, Bruno Siebert, William Thayer, Sergio Onofre Jarpa und Jaime Guzmán, die gegen das Dekret zur Auflösung der „Colonia Dignidad" das Verfassungsgericht anriefen, wollten zwar auch die „Colonia" erhalten, vor allem aber die zentrale Legitimation der Diktatur bewahren. Mario Ríos, Sergio Fernández und der 1994 für die Region Maule gewählte Senator Hernán Larraín standen Schäfer später noch mehrfach zur Seite, etwa 1996, als sie zusammen mit zwölf anderen Parlamentariern der Rechten gegen den Haftbefehl für Schäfer protestierten, oder zwei Jahre später gegen die Einsetzung eines Untersuchungsausschusses stimmten, der die Menschenrechtsverletzungen in der Kolonie während der Militärdiktatur untersuchen sollte.

Schäfers Welt blieb erhalten, gleichwohl musste sie sich vorsichtig der Außenwelt anpassen, deren Unterstützung sie brauchte. Die strenge Geschlechtertrennung wurde für Privilegierte aufgelockert. Kinder, deren Väter wie Kurt Schnellenkamp und Hans-Jürgen Blanck der Führungsgruppe angehörten, lernten nun ihre Geschwister und Eltern kennen.[31] Treue Anhänger mussten mit ihrem Ehepartner nicht mehr heimlich verkehren, ihnen wurde ein Sexualleben zugebilligt. Sie durften heiraten und nun öffentlich als Paar auftreten und konnten den chilenischen Ermittlern damit familiäre Normalität vorgaukeln.

Die propagandistische Chilenisierung der 80er Jahre wurde fortgesetzt. Schäfer schuf reguläre Arbeitsplätze. Aus der Umgebung wurden chilenische Arbeiter beschäftigt und mit dem gesetzlichen Mindestlohn bezahlt, auch die Koloniebewohner selbst erhielten ab 1991 Arbeitsverträge, ohne allerdings Lohn zu bekommen. Um nach außen alle Vorwürfe von Sklavenarbeit zu entkräften und den Schein von Lohnarbeit zu wahren, mussten für sie aber zumindest die gesetzlichen Beiträge zur Kranken- und Rentenversicherung abgeführt werden, was ihnen heute chilenische Rentenzahlungen sichert.[32] Und die Kolonie öffnete sich weiter ihrer unmittelbaren Umwelt. Hatte schon die neu gebaute Schule seit 1985 chilenische Kinder aufgenommen, wenn auch noch außerhalb des umzäunten Siedlungsgeländes, so durften ab 1990 unter dem Titel „Juventud permanente" jedes Wochenende Kinder armer Familien aus 50 Dörfern in der Umgebung zu Besuch kommen, spielen, essen und schlafen.[33] Männer kümmerten sich in dieser Zeit um die Jungen, Frauen um die Mädchen. Dass ihre Kinder in der prächtigen deutschen Kolonie aufgenommen wurden, empfanden die zumeist armen Eltern als Ehre und Privileg.[34] Hunderte strömten Wochenende für Wochenende in die deutsche Enklave. Sechs Jungen wurden von Schäfer ausgesucht, die auch unter der Woche bleiben und ihm zur Verfügung stehen mussten. Einer davon war Cristobal Pacheco, dessen Mutter Schäfer wegen Kindsmissbrauch anzeigte und ihn damit schließlich zur Flucht nach Argentinien zwang. Der Versuch, die Gemeinde vor den Angriffen der Welt draußen zu retten, indem diese Welt in streng kontrollierter Dosis in die Gemeinde hineingelassen wurde, hatte die Gemeinde bewahrt, ihren Anführer aber vertrieben.

## Die Flucht nach Argentinien

Schon vor seinem Untertauchen hatte Schäfers Macht erste Risse bekommen. Er konnte den Anschein der Allgegenwart, der permanenten Überwachung und Kontrolle nicht mehr aufrechterhalten. Hatte er etwa früher stets die Jungen beim samstäglichen Duschen beobachtet, so ließ er sich nun oft von „Onkel Rudi" Cöllen oder Helmut Seelbach vertreten. Bei Versammlungen wirkte er fahrig und unkonzentriert.[35] Trotz dieser Zeichen von Verfall war er aber für die Siedler immer noch der Einzige, der „die Kolonie vor der feindlichen Außenwelt" retten konnte.[36] Im Juni 1997 hielt ein Bericht des Innenministeriums fest, dass in den sieben Jahren, die seit der rechtlichen Auflösung der „Colonia Dignidad" vergangen waren, sich faktisch nichts geändert hatte. Der Kolonie war es gelungen, alle Attacken der demokratischen Regierung abzuwehren und weiterzuexistieren, als wäre ihr Patron Pinochet noch an der Macht. Nun aber fand die Schonung der

„Colonia Dignidad" ein Ende. 1996 hatten chilenische Eltern Schäfer wegen des Missbrauchs ihrer Söhne angezeigt. Insgesamt 26 chilenische Jungen wurden namentlich als Opfer benannt.[37] Dies war kein politisches Verbrechen, in das chilenische Offiziere und Soldaten unauflöslich verwickelt gewesen wären, dies waren kriminelle Akte eines perversen Einzelnen. Sie konnten geahndet und bestraft werden, ohne den Misshandlungen von politischen Gefangenen nachgehen zu müssen. Die chilenische Justiz, die den Folterer Schäfer so lange geschützt hatte, ging nun gegen den Päderasten Schäfer vor.

Es waren die Mütter, die den unglaublichen Erzählungen ihrer Söhne glaubten, als Erste Jacqueline Pacheco, die Mutter von Cristobal.[38] Cristobal lebte, nachdem er zuerst an den Wochenendprogrammen der „Juventud Permanente" teilgenommen hatte, seit drei Jahren in der „Colonia", „Internado Intensivo" nannte sich diese besondere Gunst Schäfers. Mutter und Großmutter fühlten Dankbarkeit für die großherzige Aufnahme ihres Sohnes und Enkels in der bewunderten deutschen Siedlung und beteiligten sich an Protestdemonstrationen und Dauerwachen. Im Juni 1996 gab ein Nachbarjunge im Haus der Pachecos einen Zettel ab, den er für den Siebenjährigen herausgeschmuggelt hatte. „Mama, hol mich hier raus, ich kann nicht mehr, hol mich raus. Lass mich nicht im Stich, Mama. Ich hab dich lieb." Die Schrift war zittrig, auf dem Papier hatten Tränen Spuren hinterlassen. Beim nächsten Besuch erzählte Cristobal seiner Mutter von den Vergewaltigungen, die ihm sein vermeintlicher Wohltäter antat. Um ihn vor Schäfer zu retten, unternahm sie nun überlegte Schritte, die schließlich einen Mann aus dem Land trieben, der bislang dem Machtapparat der chilenischen Regierung getrotzt hatte. Zunächst bat sie darum, mit Cristobal nach Santiago fahren zu dürfen, sie müsse in der Hauptstadt Papiere anfordern. Sie bekam die Erlaubnis und suchte mit ihrem Sohn in Santiago eine Klinik der staatlichen Sozialversicherung auf. Die Ärzte stellten Verletzungen am Anus fest, die seine Aussagen bestätigten. Sie wandte sich daraufhin an eine Menschenrechtsorganisation, die ihr den Anwalt Hernán Fernández empfahl, der bis heute viele der Opfer von Schäfer vertritt. Er zeigte Schäfer an, am 12. August 1996 erließ Richter Norambueno einen Haftbefehl.[39]

Andere Mütter schlossen sich Jacqueline Pacheco an, manche Väter wollten hingegen die materiellen Wohltaten der Deutschen gerne weiter empfangen und Konflikten mit anderen Familien aus dem Weg gehen. Gerüchte verbreiteten sich, entweder sei Geld von der Regierung an die klagenden Frauen geflossen oder die seien nur neidisch, weil sie weniger als andere von der „Colonia" bekommen hätten.[40] Der Vater eines Jungen, der nach der Anzeige seiner Mutter von der Polizei aus der Kolonie geholt wurde, machte seiner Frau heftige Vorwürfe: „Siehst du, was du angerichtet hast? Nicht nur, dass du unser Ansehen im Dorf zerstörst! Nie mehr werden wir jetzt nach Santiago eingeladen! Das Krankenhaus dürfen wir jetzt auch nie mehr betreten! Nicht genug, dass wir jetzt ein Maul mehr zu stopfen haben zu Hause! Nein, auch dem Jungen reißt du das Herz heraus. Er will hierbleiben!"[41]

Am 30. November 1996 suchte die Polizei erstmals nach Schäfer, zeitgleich fanden in der „Colonia", im Casino Familiar bei Bulnes und im Haus der Gemeinde in Santiago Razzien statt. Er war nicht aufzuspüren, Hopp erklärte: „Paul Schäfer lebt nicht hier."[42] Im Mai 1997 kamen erneut 30 Beamte in die Kolonie, einen Monat später fand die bis dahin größte von insgesamt neun Durchsuchung statt mit 600 Carabineros, von denen 250 das Gelände nach Waffen, Sprengstoff und verdächtigen Materialien durchkämmten, ohne Spuren davon zu entdecken. Insgesamt sechs Mal versuchte die chilenische Polizei vergeblich den Haftbefehl zu vollstrecken.[43] Schäfer war von sympathisierenden Polizisten jeweils vorher von den Durchsuchungen unterrichtet worden und konnte sich rechtzeitig in zwei gut ausgestatteten Containern verstecken, die in der Kolonie vorsorglich vergraben worden waren.[44] „Den Faktor Überraschung gab es für uns praktisch nie", erinnerte sich einer der beteiligten Polizisten, „stets wurde gewarnt und behindert."[45] Margarita Fernandez, damals Kommissarin bei der Kriminalpolizei Talca, erlebte Ähnliches: „Vor jeder Durchsuchung waren die Mitglieder der Siedlung informiert. Sie erwarteten uns. Sie waren sehr freundlich und öffneten alle Türen."[46]

Dennoch wuchs der öffentliche Druck auf die Schäfer-Gemeinde. Angehörige von Verschwundenen demonstrierten vor dem Zaun der Siedlung. Mitte Juli gelang dem aus Gronau stammenden Tobias Müller und dem Chilenen Salo Luna während eines großen Festes zum 36. Jahrestag der Koloniegründung, das außerhalb des Zaunes stattfand, die Flucht[47], sie berichteten in deutschen und chilenischen Medien erneut über sexuellen Missbrauch, Ausbeutung und Unterdrückung in der „Colonia Dignidad".[48] Chilenische Frauen aus der Umgebung der Kolonie erzählten im staatlichen Sender TVN, ihren Kindern seien im Hospital die Hoden entfernt worden. Das chilenische Parlament beschloss daraufhin im August, alle Sektenmitglieder auszuweisen, gegen die kein Verfahren vor chilenischen Gerichten lief, was sich rechtlich aber als unmöglich erwies.[49]

So ergebnislos sie auch waren, wirkungslos blieben die Polizeirazzien nicht. Am 26. November 1997 erhielt der General der Militärpolizei der VII. Region, Luis Rientord, die Anordnung des Richters Hernán Gonzalez, mit zwanzig Mann in die „Colonia" zu gehen und dort zu bleiben, bis Schäfer aufgespürt sei, da bei einer Razzia frische Spuren von ihm gefunden worden waren. Der General weigerte sich, der Anordnung Folge zu leisten, die Sympathisanten Schäfers bei Polizei und Militär taten ein letztes Mal ihr Werk.[50] Schäfers Verhaftung schien nun nur noch eine Frage der Zeit, seine Containerhöhlen auf dem Gelände waren nicht mehr sicher. Ein über Hartmut Hopp lanciertes Angebot der Polizei, Schäfer solle sich stellen, dafür könne die „Colonia Dignidad" weiterbestehen, lehnten sowohl Schäfer als auch die Gemeinde ab.[51] Eine Flucht aus Chile war am ehesten geeignet, ihm die Freiheit zu sichern und zugleich der Kolonie ihr 76 Jahre altes Oberhaupt, das psychisch und physisch kaum noch in der Lage war, sie zu führen, als fernen Fixstern zu erhalten, wenn er schon als Person nicht mehr bei ihr sein konnte. Ende 1997 floh Schäfer schließlich, wie er nach seiner Verhaftung aussagte, in einem ehemaligen Bundeswehrflugzeug, das die Führungsgruppe in den 90er Jahren in Schweden gekauft und nach Chile überführt hatte, und tauchte für fast 10 Jahre in Argentinien unter.[52] Die Stimme Gottes, auf die der Glaube der Schäfer-Gemeinde in radikaler Ausschließlichkeit ausgerichtet war, konnte sie nur noch über Videobotschaften und Briefe erreichen. So aber, gleichsam virtuell, war sie immer noch gegenwärtig.

## Der virtuelle Führer[53]

Auf dem Gelände der „Colonia Dignidad" wohnten zu dieser Zeit nach eigenen Angaben 329 Menschen, 162 Frauen und 167 Männer. 150 chilenische Arbeitskräfte wurden zum gesetzlichen Mindestlohn beschäftigt.[54] Schäfers Gemeinde war verzweifelt, viele weinten, manche Frauen zogen sich tagelang in ihr Bett zurück. Ein Weiterleben ohne ihren Führer konnten sie sich nicht vorstellen: „Was soll aus uns nur werden ohne ihn?"[55] Schäfers „Herren" versuchten diese ratlose Frage zu beantworten und formten eine neue Führungsgruppe. „Alle Entscheidungen wurden von diesem Gremium gefällt:"[56]

**Hans-Jürgen Riesland** als Stellvertreter von Schäfer
**Hans-Jürgen Blanck** als Geschäftsführer und Jurist
**Hartmut Hopp** als „Galionsfigur" der Siedlung[57]
**Gerd Seewald** als Verwalter der Akten und Leiter der Schule
**Gerhard Mücke** und **Karl van den Berg** als „Seelsorger", d. h. als Sonderbetreuer für in Ungnade gefallene Gemeindemitglieder
**Kurt Schnellenkamp** als Vertriebsleiter und Einkäufer
**Siegfried Hoffmann** und **Günter Schaffrik**, zuständig für die Finanzen
**Luis Lamas** als Buchhalter
**Wolfgang Müller Altevogt**, Geschäftsführer der Cerro florido S.A., der das Grundstücksvermögen der „Colonia" gehörte
**Michael Hühne**, **Albert Tymm**, **Erika Heimann** (die Ehefrau von Hans-Jürgen Blanck und langjährige Finanzbuchhalterin)
**Jörg Traugott Seewald**, der Bruder von Gerd, sowie **Johann Spatz**.

Den Kontakt mit Schäfer hielten Riesland, Blanck, Hopp und Seewald.

Winfried Schmidtke, IT-Experte, war für die elektronischen Überwachungsanlagen verantwortlich. Er hatte, ohne dem Führungskreis anzugehören, als eine Art Systemadministrator eine zunehmend wichtige Funktion inne.

Aus dem bisherigen Führungskreis setzten sich Albert Schreiber, gesetzlicher Repräsentant der Baustoff-Firma Abratec und Buchhalter der „Colonia", und Alfred Matthusen, der Leiter der Dependance in Santiago, nach Deutschland ab, als Schäfer untertauchte. Friedhelm Zeitner begleitete seinen Herrn nach Argentinien. Erwin Fege verließ mit seiner Frau 1998 die Siedlung.

Von den alten „Herren" waren noch neun (Hans-Jürgen Blanck, Karl van den Berg, Hartmut Hopp, Gerhard Mücke, Wolfgang Müller Altevogt, Hans-Jürgen Riesland, Gerd Seewald, Kurt Schnellenkamp,

Johann Spatz) dabei. Die Kontinuität war also gewahrt. Die Aufnahme des Chilenen Lamas und von Erika Heimann deutete eine vorsichtige Öffnung der Hierarchie an. Frauen und Chilenen waren nun in der Führung repräsentiert, ohne die Dominanz der deutschen „Herren" zu gefährden. Die Führungsgruppe blieb bis zur Verhaftung Schäfers 2005 bestehen, mit einer Ausnahme: Hans-Jürgen Riesland floh vor der chilenischen Justiz im Dezember 2003 nach Deutschland, als Stellvertreter Schäfers fungierte von da an Hartmut Hopp, der sich schon 1997 Hoffnungen auf diese Funktion gemacht hatte.[58]

Es gab keine Brüche mit dem System Schäfers. Am getrennten Leben in Frauen- und Männergruppen, an der täglichen Arbeit, an den Versammlungen und öffentlichen Beichten änderte sich nichts. Schäfer blieb der Führer, dem die Siedler unverbrüchlich die Treue hielten und auf dessen Rückkehr sie warteten.[59] Anna Schnellenkamp erinnert sich: „Als Paul Schäfer weg war, da wussten wir ja noch nicht, dass er Schlechtes gemacht hat. Da haben wir immer noch gehofft, er kommt mal wieder."[60] Unbeirrt verharrten sie, wie eine Predigt seiner Nachfolger aus dem Jahr 2000 zeigt[61], in den Glaubensfundamenten, die er ihnen von Anfang an gepredigt hatte: in den Endzeitvisionen, in denen sie die „Hölle nun jeden Moment über diese Welt hereinbrechen" sahen; im Bewusstsein, eine wahre „Brautgemeinde" zu sein, die dereinst an der Seite des Herrn sitzen wird, während „der Satan mit seinen dämonischen Heerscharen auf die übrige Menschheit grausam losgelassen" wird; in der Überzeugung, dass die Mitglieder dieser „Brautgemeinde" sich durch besondere „Buße und inniges Gebet" gegen den „Einbruch an Sünde" wappnen müssen, gegen den auch sie nicht gefeit sind. Wenn Schäfer auch nicht mehr persönlich die Siedler kontrollieren konnte, so war er doch in Gedanken und Gebeten stets gegenwärtig, er hielt in ihren Köpfen „immer noch eine Nische besetzt".[62] Überwachungskameras und -mikrofone ersetzen seine Augen und Ohren, Videos und Briefe seinen Mund. Regelmäßig gingen Videoberichte an den Untergetauchten[63], mit dem die Führungsgruppe sich ständig austauschte und den sie mit Essen, Geld und anderen Materialien versorgte.

Gegen Angriffe von Draußen schloss die Glaubensgemeinschaft sich wie eh und je fest zusammen. Als der deutsche Außenminister Joschka Fischer während eines Chilebesuchs 2001 öffentlich verkündete, in der Siedlung würden „systematisch Menschenrechte verletzt", wurde er selbstbewusst eingeladen, sich persönlich vom Lebensstil in der Gemeinde zu überzeugen, statt „Verleumdungen zu verbreiten".[64]

Der vorsichtige Wandel der Kolonie, der schon unter Schäfer begonnen hatte, setzte sich gleichwohl fort. Die grausamen Strafen der Schäferdiktatur gab es nicht mehr, keine Prügelexzesse, keine Elektroschocks, keine Zwangsmedikation. Die Hingabe an den fernen Führer wurde nicht mehr mit Gewalt eingefordert. Die neue Führungsgruppe sicherte ihre Herrschaft subtiler ab: mit der kontrollierten Gewährung streng begrenzter Freiheiten.

Die strikte Abgrenzung gegenüber der chilenischen Umgebung, die 1985 bereits mit der Eröffnung einer Schule für chilenische Kinder aufgebrochen worden war, wurde weiter durchlöchert. Auch die Jungen und Mädchen der Kolonie, die bislang ohne Rücksicht auf chilenische Lehrpläne und Abschlüsse sehr unregelmäßig unterrichtet worden waren, sollten nun gültige chilenische Zeugnisse erhalten. Nach der Erinnerung von Efraín Vedder nahmen vierzig Kinder im März 2000 an einem Examen teil, in dem ihre Kenntnisse des Stoffes der 8. Klasse überprüft wurden. Obwohl sie die spanisch gestellten Fragen schon sprachlich nicht erfassten und in Fächern wie Spanisch oder chilenischer Geschichte nie unterrichtet worden waren, erhielten sie Zertifikate, die ihnen mit dem Stempel des Erziehungsministeriums und der Unterschrift des Leiters einer staatlichen Schule der Region den Abschluss der achtjährigen Grundschule bescheinigten, die sie nie durchlaufen hatten.[65] Für den Eintritt an eine Universität reichte es allerdings nicht, über politische Beziehungen Gefälligkeitszeugnisse zu beschaffen. Wer studieren wollte, musste zunächst die Sekundarstufe absolvieren. Dazu kamen Lehrkräfte aus der Deutschen Schule im nahe gelegenen Chillán in die Siedlung, ausgesucht zuverlässige Abkömmlinge von Schäfer-Getreuen wie den Hempels und Schnellenkamps durften sich in Institutionen des zweiten Bildungswegs wie dem „Centro Integral para Adultos" einschreiben, um in Abendkursen den Sekundarstufenabschluss zu erwerben. Die Vorbereitung auf die „PSU", die chilenische Hochschulzugangsprüfung, die zunächst keiner der Kolonisten bestand, übernahmen für die „Jüngsten (...) im Alter zwischen Zwanzig und Fünfundreißig" wiederum Lehrer aus der Deutschen Schule Chillán.[66] Insgesamt 19 fingen schließlich ein Studium an, überwiegend Kinder aus der Führungsgruppe wie die Schnellenkamps und die Schreibers. Von den adoptierten Chilenen durfte nur Michael Hopp an eine Universität.[67] Die Gemeinde finanzierte selbst Studien in Santiago und stellte ihren Studenten dort eine Wohnung zur Verfügung.[68] Auch einige Frauen durften studieren, etwa Barbara Schreiber, die in Concepción Pädagogik belegte, Maria Schnellenkamp, die sich dort zur Krankenschwester ausbilden ließ, und ihre Schwestern Anna, die in der gleichen Stadt „Internationale Küche" studierte, und Renate, die medizinisch-technische Assistentin wurde. Die Studiengebühren und die Kosten des Lebensunterhalts übernahm die Kolonie.[69] Sie bestimmte dafür auch, was studiert werden sollte. So konnte zwar Maria Schnellenkamp, nachdem sie 13 Jahre lang widerwillig Büroarbeit geleistet hatte, ihren Wunschberuf erlernen, Anna hingegen durfte nicht Lehrerin werden, sondern musste sich dem Gastgewerbe widmen.[70]

Dass man männlichen wie weiblichen Gemeindemitgliedern ein Studium ermöglichte und ihre bislang kaum ausgeschöpften professionellen Kompetenzen mobilisierte, hatte sicherlich mit den wirtschaftlichen Herausforderungen zu tun, die auf die Gemeinde zukamen, nachdem die Steuer- und Zollprivilegien aus der Pinochet-Zeit gefallen waren. Die Verteilung des Vermögens auf verschiedene Firmen hatte zwar verhindert, dass mit der Aberkennung des Status als juristische Person auch das wirtschaftliche Aus für die „Colonia Dignidad" gekommen war, die neuen Unternehmen mussten sich aber nun mit legalen Geschäften auf dem chilenischen Markt behaupten, was zumindest dem Lebensmittelhandel und dem Restaurant „Casino Familiar" gelang, während der Steinbruch Verluste einfuhr, als die „Colonia" nicht mehr der selbstverständliche Lieferant für staatliche Straßenbauprojekte war.

Auch wenn nun einige Töchter der Führungsgruppe studieren durften, für das Gros der Frauen änderte sich an ihrem Dasein als Arbeitsbienen nichts. Ebenso bedeuteten großzügiger erteilte Heiratsgenehmigungen wohl eine kalkulierte Lockerung, aber kein Ende der sexuellen Unterdrückung. Die Erlaubnis zu sexuellen Beziehungen wurde wie schon unter Schäfer als Belohnung für besondere Treue an Mitglieder oder Kinder der Führungsgruppe vergeben. Dennys Alvear, nach Schäfers Verhaftung einer der Sprecher der Siedler, durfte 2000 seine Freundin heiraten, mit der er sich 12 Jahre lang heimlich getroffen hatte.[71] Maria Hempel war seit 2001 in Martin Matthusen verliebt, 2003 heirateten sie als erstes Paar unter dreißig und lösten eine Welle von Hochzeiten aus:

*Unsere Beziehung war ein offenes Geheimnis. Viele Bewohner freuten sich, als sie es erfuhren, aber die damalige Leitung war dagegen und griff uns an. Man spionierte uns nach und forderte eine Erklärung. Wir konnten uns nur im Wald treffen oder in der kleinen Wohnung unserer Eltern oder von Martins Tante. Es war eine sehr harte Zeit. Wir wollten bald heiraten, aber das wurde offen verhindert oder so weit wie möglich verschoben. Bis dahin hatte niemand unter dreißig geheiratet, und man fürchtete eine Welle von Hochzeiten, wenn man es uns erlaubte, weil viele junge Paare die gleichen Absichten hatten. Selbst einige unserer Verwandten waren skeptisch. Von dem Moment an, als wir unseren Eltern ankündigten, dass wir heiraten wollten, bis zur Hochzeit selbst verging ein gutes halbes Jahr. (...) Das Dorf war sehr gespalten. Fast die Hälfte der Bewohner war dafür, die andere Hälfte dagegen. Wir gaben aber nicht nach. Es gab die Möglichkeit, außerhalb zu heiraten. Wir entschieden uns aber, nicht so lange zu warten, und wir setzten uns durch, in der Überzeugung, dass unsere Hochzeit eine neue Zeit bringen würde, mit mehr Freiheit für die „Villa“. Und so war es. Am 25. Juni 2003 heirateten wir. Zum ersten Mal wurden einige Jugendliche zu einer Hochzeit eingeladen, meine Brüder und die von Martin. Ich war die erste, die in Weiß heiratete, seit 1969. Alle früheren Paare mussten für die Hochzeitsfeier Alltagskleider anziehen, und wegen dieser Kleinigkeit mussten wir hart kämpfen. Nach uns entschieden sich viele junge Paare zu heiraten, ohne dass ihnen Probleme gemacht oder Beschränkungen auferlegt wurden.*[72]

Kontrollierte Sexualität wurde zum gezielt eingesetzten Mittel, die Herrschaft über die Gemeindemitglieder zu sichern. Sexuelle Beziehungen wurden gestattet und überwacht, wer sich zu einem geliebten Menschen bekennen und mit ihm zusammenleben wollte, musste auch seine Loyalität zur Führungsgruppe versichern.[73] Gudrun Wagner und Wolfgang Müller hatten sich ineinander verliebt und waren für ihre Liebe bisher hart bestraft worden, Wolfgang mit Prügeln und Zwangsmedikation, Gudrun musste sich 1987 schriftlich von Wolfgang lossagen und wurde dann bis 1995 im Krankenhaus interniert und ruhig gestellt. Es war ihr von Schäfer streng verboten worden, Kontakt zu Wolfgang aufzunehmen. Vier Jahre nach Schäfers Flucht wagte sie es schließlich, dieses Verbot anzutasten, auch dann traute sie sich aber noch nicht, Wolfgang direkt anzusprechen, sie bat Dieter Malessa, der ihr dreißig Jahre zuvor einmal einen freundlichen Blick zugeworfen hatte, um Vermittlung. Der ging auf ihre Bitte ein und überbrachte Wolfgang, den harte Arbeit und extreme Medikamente krank gemacht hatten, eine Botschaft: „Du brauchst doch eine Pflegerin oder Krankenschwester." „Ich hab doch keine Aussichten." „Doch, das Nein gilt nicht mehr, soll ich dir sagen."

Sie nannten keine Namen, sie sprachen in Andeutungen: Widersprüchliche Empfindungen bestimmten die Kommunikation in der Schäfer-Gemeinde unter ihrem fernen Führer. Zunächst Angst, Angst vor den Überwachungskameras, aber auch davor, ein Verbot Schäfers zu übertreten. Zugleich aber auch die Hoffnung, dass es, da Schäfer nicht mehr persönlich präsent war, doch „Aussichten" geben könnte. Das erste Treffen fand heimlich statt, am Bienenschuppen, wo sie fälschlicherweise glaubten, nicht abgehört zu werden. Für Gudrun hatte sich die Situation geändert: Sie hatte ihre Erklärung, Wolfgang nie mehr sehen zu wollen, Schäfer persönlich gegeben, und nun, da er fort war, galt sie nicht mehr. Auch dies konnte sie nicht klar aussprechen, sie konnte Schäfers Namen nicht in den Mund nehmen, sie konnte seiner Macht nur entkommen, wenn sie sie abstrahierte und anonymisierte: „Wolfgang, das Nein gilt nicht mehr. Ich musste das damals unterschreiben, das haben sie mir abgezwungen. Ich habe so oft geweint deshalb, nachts, wenn es keiner gesehen hat. Es gab sogar Zeiten, wo ich dich gar nicht mehr gemocht habe, sogar das haben sie erreicht. Aber dann habe ich dich doch wieder vermisst."

Sie verbargen ihre Kontakte nicht mehr, trauten sich aber auch nicht, die Entscheidung zum Zusammenleben selbst zu treffen, sondern baten darum, heiraten zu dürfen. Die Erlaubnis dazu wurde ein Jahr später erteilt, Gudrun und Wolfgang heirateten auf dem Standesamt im nahegelegenen Catillo. Die Furcht, ein Lebensgefühl vieler Siedler, verfolgte sie auch noch auf der Fahrt dahin, als Gudrun sich dauernd nach Verfolgern umdrehte. Die Hochzeitsreise machten sie auf dem Gelände der Colonia, in das Jagdhaus von Schäfer, das mit Abhöranlagen ausgestattet war. Ihre Hochzeitsnacht wurde mitgehört, einer der alten „Herren", Rudi Cöllen, deutete dies bei einem Besuch am nächsten Morgen unmissverständlich an und befahl ihnen, insgesamt drei Tage in der Hütte zu bleiben. Danach mussten sie getrennt an ihre Arbeit in der Wäscherei bzw. auf dem Bau zurück. Sie bekamen kein gemeinsames Zimmer, immerhin aber ein Taschengeld.

Aufgewachsen in der völligen Unkenntnis sexueller Praktiken, gewohnt, sexuelle Regungen als Sünde zu empfinden und dafür grausame Strafen hinzunehmen, konnte die Hochzeitsnacht zweier Menschen, die sich nach Jahren heimlicher Liebe nun vereinen durften, auch Enttäuschung und Verzweiflung bereithalten.

*In unserer ersten Nacht saß jeder von uns auf seiner Seite des Betts auf der Kante. Wir warteten, dass uns irgendjemand jetzt ein Kind bringen würde. Schließlich legten wir uns hin und schliefen nebeneinander ein, ohne uns zu berühren. Das ging einige Wochen so, und als immer noch kein Kind kam, meinte mein Mann, er würde mal einen Freund fragen, der schon Kinder hatte, und ich sollte seine Frau fragen. Das taten wir, und als wir erfuhren, was sie miteinander taten, waren wir entsetzt – das war doch Sünde, Teufelszeug. Wir gingen zu Dr. Hopp und fragten ihn, ob das denn so stimmte, was die beiden uns erzählt hatten. Er sagte nichts dazu, riet uns aber, zu einem Arzt in Chillán zu gehen, der uns alle Fragen beantworten würde. Wir schrieben also auf, was wir fragen wollten und fuhren nach Chillán. Der Arzt dort sagte uns alles, was wir wissen wollten, und untersuchte mich dann. Da erfuhr ich, dass ich keine Kinder mehr kriegen konnte, die Elektroschocks, die ich als Kind erhalten hatte, hatten mich unfruchtbar gemacht.*[74]

Niemand wurde mehr gewaltsam zum Bleiben gezwungen. Bereits 1998 hatten mit Erwin Fege und Willi Malessa und ihren Familien Mitglieder des engeren Führungskreises um Schäfer die Siedlung verlassen und sich im Süden Chiles niedergelassen. Sie bekamen Geld und materielle Hilfe für ihr neues Leben. Den Zurückgebliebenen gegenüber wurden sie der Unterschlagung bezichtigt und wie frühere Flüchtlinge als charakterschwache Verräter gebrandmarkt, ihnen wurden aber keine Suchtrupps nachgesandt.[75] Auch Reisen nach Deutschland wurden nun gestattet.[76] Im April 2004 flogen Dorothea Müller, Schwester des angeklagten Führungsmitglieds Wolfgang Müller Altevogt, ihr Ehemann Reinhard Döring und ihr Adoptivsohn Michael nach Deutschland, um dort Familienangehörige zu besuchen, mit der vagen Idee, in dem Land zu bleiben, was sie dann auch taten. Wenig später verließ Peter Rahl, der als Jugendlicher in der Kolonie grausam bestraft worden war, den Ort seiner Qual und reiste nach Deutschland, kehrte allerdings einige Wochen später zurück. Im August dieses Jahres gingen zwei der Geschwister Schmidtke samt Ehepartnern, um sich in Parral und Villarrica niederzulassen. Sie wurden weder verfolgt noch verleumdet.[77]

Die vorsichtige Öffnung nach außen und die kontrollierten Lockerungen nach innen wirkten. Das bisschen Mehr an Freiheit bewahrte die Herrschaft des virtuellen Führers. Es gab nur wenige Ausstiege von Menschen, die innerlich schon lange mit der Kolonie gebrochen hatten, wie Efraín Vedder 2002 oder Klaus Schnellenkamp 2004. Die Gemeinschaft blieb bestehen und hielt sich weiter an Schäfer fest.

1 Schwember, S. 239, S. 241 und 242

2 „Wo sie sind, bleibt ungeklärt", Lateinamerika-Nachrichten 229/230, Juli/August 1993. Inzwischen (Stand August 2011) geht die chilenische Regierung von insgesamt 40.000 Opfern aus, darunter 3.225 Tote und Verschwundene, La Tercera vom 12.6.2012, www.latercera.com

3 Veit Straßner: Die offenen Wunden Lateinamerikas. Vergangenheitspolitik im postautoritären Argentinien, Uruguay und Chile, Wiesbaden 2007, S. 246

4 Rainer Huhle: Schatten auf der Zukunft. Menschenrechte und Vergangenheitsbewältigung im postdiktatorialen Chile, in: Imbusch et al., S. 275–293, hier S. 285. Einen anderen Weg ging die Wahrheits- und Versöhnungskommission, die ab 1995 in Südafrika unter dem Leitspruch „Wahrheit ist der Weg zur Versöhnung" das Unrecht der Apartheid aufarbeitete. Sie klärte schwere Menschenrechtsverletzungen einschließlich der Folterungen auf und sie ermittelte Täter, nicht nur Taten. Zum anderen bot sie geständigen Tätern eine Amnestie an. Vgl. Gerhard Werle: Neue Wege. Die südafrikanische Wahrheitskommission und die Aufarbeitung von schweren Menschenrechtsverletzungen, in: Petra Bock, Edgar Wolfrum (Hrsg.): Umkämpfte Vergangenheit. Geschichtsbilder, Erinnerung und Vergangenheitspolitik im internationalen Vergleich, Göttingen 1999, S. 269–289

5 Huhle, S. 281; zu den verfassungsrechtlichen „Prärogativen des Militärs" vgl. auch Michael Radseck: Militär und Politik in Chile, in: Imbusch et al., S. 309–332, hier S. 310. Heinrich-W. Krumrieder weist darauf hin, dass diese Politik von der Mehrheit der Chilenen unterstützt wurde, die zwar eine Rückkehr zur Demokratie, aber keinen Bruch mit den Militärs wollte; Heinrich-W. Krumrieder: Die chilenische Regimetransformation im Rückblick, in: Imbusch et al., S. 253–273, hier S. 266

6 Rinke, S. 191; die folgenden Ausführungen stützen sich auf die S. 190ff.

7 Die Richter waren alle noch unter Pinochet ernannt worden und durften während ihrer achtjährigen Amtszeit nicht abberufen werden. 1989 wurden neue Richter am Obersten Gericht ernannt, nachdem ihre Vorgänger mit finanziellen Anreizen in die Frühpensionierung gegangen waren, vgl. Krumrieder, S. 259

8 Straßner, S. 247

9 Huhle, S. 278; Ruderer nennt die Justiz die „Verteidigungsbastion der Diktatur", s. Stephan Ruderer: Das Erbe Pinochets. Vergangenheitspolitik und Demokratisierung in Chile 1990–2006, Göttingen 2010, S. 325

10 Etwa einer der aufsehenerregendsten Prozesse in Chile, der 1991 bis 1993 um das Verschwinden des Studenten Alfonso Chanfreau geführt wurde. Chanfreau wurde 1974 verhaftet und ist seitdem verschwunden. Der Fall wurde 1992 vom Obersten Gerichtshof trotz heftigster politischer Proteste an die Militärjustiz überwiesen, die die Ermittlungen 1993 einstellte. Vgl. Heller 1993, S. 223ff. und www.memoriaviva.com/desaparecidos, aufgerufen am 4.4.2013. In dem Film von José Maldavsky: Colonia Dignidad gibt Manuel Contreras in einem Interview zu, dass Chanfreau am 28.7.1974 im Rahmen eines Anti-Terror-Einsatzes verhaftet wurde

11 Huhle, S. 285; vgl. auch Ruderer, S. 169ff.

12 Zu diesen „ejercicio de enlace" bzw. „boinazo" und „peucazo" genannten Aktionen vgl. Huhle, S. 284f., Ruderer, S. 122ff. und Straßner, S. 247 und 261

13 Rinke, S. 191

14 Dazu wurde die „Corporación Nacional de Reparación y Reconciliación", die „Nationale Körperschaft für Wiedergutmachung und Versöhnung" gegründet, die ab 1992 die Wiedergutmachungsmaßnahmen organisierte und eine „tatsächliche Verbesserung" der Lebenssituation der Angehörigen von Opfern der militärischen Gewalt erreichte; Ruderer, S. 146

15 Ebenda, S. 119, Straßner, S. 260ff.

16 Straßner, S. 203ff.; Ruderer spricht sogar von einer „Wiederentdeckung der Vergangenheit" nach 1998, Ruderer, S. 207 und einer „kathartischen Wirkung" der Verhaftung Pinochets „für den chilenischen Transitionsprozess", ebenda, S. 259

17 Bundestagsdrucksache 17/7280, S. 27

18 Araya/Lecaros, S. 122f.

19 Salinas/Stange, S. 124

20 Heller 1993, S. 202f.

21 Vedder, S. 125

22 Araya/Lecaros, S. 125f.; zu einem ähnlich verlaufenen Hungerstreik 1994 vgl. „Keine Colonia mehr", taz vom 27.9.1994, www.taz.de

23 Heller 2006, S. 112/113

24 „Der Onkel ist gut", Der Spiegel 22/1997 vom 26.5.1997, www.spiegel.de

25 Georg Laube in: „Es ist noch nicht vorbei ... Prozesse gegen die Colonia Dignidad in Chile." Von Gaby Weber. Deutschlandradio Kultur/Weltzeit – 20.7.2010, www.dradio.de, aufgerufen am 15.7.2013;

26 Ortserkundungen (4), S. 9; Salinas/Stange, S. 113

27 Salinas/Stange, S. 129; vgl. auch den Link „O.D.C. Perquilauquén" auf der Webseite www.villabaviera.cl

28 „Colonia Dignidad vor dem Aus?", Lateinamerika Nachrichten 227 vom November 1993

29 „Netz mächtiger Beschützer", FAZ vom 18.6.1999, www.faz.net

30 In einer Umfrage vom September 1998 fanden 68 % der befragten Chilenen, Pinochet sei ein „Diktator" gewesen, 29 % sahen aber in ihm einen Befreier vor dem Kommunismus; Ruderer, S. 206, Fußnote

31 Schnellenkamp, S. 179ff.

32 Vedder, S. 122

33 Salinas/Stange, S. 163; Vedder, S. 136f.

34 Rechtsanwalt Hernán Fernández im Film „The Colony ..."

35 Vedder, S. 129

36 Ebenda, S. 139 und S. 140

37 Eine Namensliste findet sich bei Schwember, S. 145

38 Die folgende Darstellung nach Araya/Lecaros, S. 133f.

39 Schwember, S. 100ff.

40 Dies brachte z.B. der Abgeordnete Osvaldo Vega von der rechtskonservativen Partei UDI in Umlauf, Araya/Lecaros, S. 17f.

41 Vedder, S. 156

42 Araya/Lecaros, S. 42; „Polizeiaktion gegen die Kolonie der Würde", taz vom 4.12.1006, www.taz.de

43 Gemballa 1998, S. 14–29 schildert ausführlich die „6. Stürmung", die so vergeblich blieb wie alle anderen

44 Vgl. auch Salinas/Stange, S. 190/91: „In der Militärpolizei von Parral existierte ein Schutzring der Kolonie."

45 „Gebunkerte Geheimnisse", Süddeutsche Zeitung vom 17.5.2010, www.sueddeutsche.de

46 „Es ist noch nicht vorbei ... Prozesse gegen die Colonia Dignidad in Chile." Von Gaby Weber. Deutschlandradio Kultur/Weltzeit – 20.7.2010, www.dradio.de, aufgerufen am 15.7.2013

47 Tobias Müller ist der Enkel von Margarete Altevogt. Er wurde 1983 mit 10 Jahren nach Chile geschickt, nachdem seine Mutter Renate sich hatte scheiden lassen und sich nicht in der Lage sah, für vier Kinder zu sorgen. Seine Großmutter erhielt das Sorgerecht für ihn; vgl. Araya/Lecaros, S. 141

48 „Die Pistole lag immer griffbereit", Der Spiegel 33/1997 vom 11.8.1997, www.spiegel.de

49 „Die Festung wankt", Lateinamerika Nachrichten 281, November 1997

50 „Una fuga investigada", La Nación vom 9.7.2006, www.lanacion.cl; vgl. auch Salinas/Stange, S. 17/18

51 Heller 2006, S. 114

52 Ebenda; vgl. auch „Los jerarcas de Dignidad compraron en Suecia avión alemán para acar a Schaefer", La Nación vom 8.5.2006, www.lanacion.cl

53 Heller 2006, S. 115

54 Gemballa 1998, S. 32. Diese Zahl wurde von der „Colonia" zur Volkszählung von 1992 dem Instituto Nacional de Estadísticas (INE) mitgeteilt, das keine eigenen Zähler in die Siedlung entsandte – eine auffallende Sonderbehandlung; Salinas/Stange, S. 230f. Unabhängig ermittelte Zahlen gibt es daher für diesen Zeitraum nicht. Schwember kommt nach Einsicht in das nach seinen Recherchen nicht exakt geführte Einwohnerregister von Parral zu dem Ergebnis, dass von 1961 bis 2006 im Schnitt ca. 300 Deutsche in der „Colonia" lebten; Schwember, S. 59. Von „etwa 300 deutschen Staatsbürgern" geht 1988 auch die deutsche Botschaft in Santiago aus, die ebenfalls über keine exakten Zahlen verfügt, s. Zum Fall „Colonia Dignidad", Presseerklärung der Botschaft, Cóndor vom 5.3.1988

55 Siegfried Zeitner, zitiert in „Was soll aus uns werden?", Spiegel 42/2005 vom 17.10.2005

56 Vedder, S. 176; vgl. auch El Periodista 3/Heft 59, vom 8.4.2004, www.elperiodista.cl, aufgerufen am 18.6.2013, Schnellenkamp, S. 254 und Heller 2006, S. 113ff.

57 Vedder, S. 176

58 „Wahnsinn und Politik", Lateinamerika Nachrichten Nr. 394, April 2007, Heller 2006, S. 117

59 Schnellenkamp, S. 123, Vedder, S. 175

60 Statement im Film „Deutsche Seelen"

61 Wiedergegeben bei Schnellenkamp, S. 15f.

62 Fröhling, S. 281

63 Vedder, S. 177

64 „Colonos emplazan a Cancillería alemana a visitar ‚Villa Baviera'", ORBE vom 29.3.2001, www.emol.com, aufgerufen am 20.2.2013

65 Vgl. „Dignidad entrega certificados de educación básica ‚brujos'"; La Nación vom 13.7.2005, www.lanacion.cl, ein Foto des gefälschten Zertifikats bei Salinas/Stange, nach S. 128

66 Schwember, S. 17

67 Ebenda, S. 150

68 Schnellenkamp, S. 200 und S. 207

69 Vgl. „Primeros profesionales de ‚Villa Baviera' relatan su compleja inserción en la sociedad chilena", El Mercurio vom 8.9.2008, www.emol.com. Die Ausbildung an chilenischen Universitäten umfasst nicht nur akademische Studien, sondern auch die Vorbereitung auf Berufe, die in Deutschland eher Fachakademien oder Berufsschulen obliegt

70 „La realidad de los colonos alemanes luego de la muerte de Paul Schaefer", El Sur vom 2.5.2010 (Eigenes Archiv)

71 Vgl. „La nueva vida de Colonia Dignidad", El Mercurio vom 14.12.2008, www.emol.com

72 Zitiert nach Schwember, S. 18; eigene Rückübersetzung des von Schwember seinerseits ins Spanische übersetzten Berichts von Maria Hempel

73 Die folgende Episode findet sich bei Fröhling, S. 256ff.

74 Diese Geschichte wurde uns bei unserem Besuch im Oktober 2013 erzählt. Die Anonymität der Personen zu wahren, versteht sich hier von selbst

75 Vedder, S. 177; Heller 2006, S. 116 hält diese Hilfen für erpresste Schweigegelder

76 So erzählte Waltraut Coswig der Journalistin Heike Tausch: „Es hieß, wenn ihr nach Deutschland kommt, ihr werdet verhaftet. Wir haben das geglaubt, wir haben das auch unseren Verwandten geschrieben, wir haben Angst, nach Deutschland zu kommen. Und dann 2003 war ich mit meiner Schwester in Deutschland. Unsere Mutter hat so auf uns gewartet." Ortserkundungen (4), S. 5

77 „El caso de la Dignidad", La Nación Domingo vom 3.10.2004, www.lanacion.cl

# Kurzporträts von Aussteigern

*Der gesicherte Eingang zur „Villa Baviera"*

Auch wenn die meisten Menschen in der Kolonie Schäfer über Jahrzehnte hinweg als Führer verehrten und in Treue bei ihm blieben, so versuchten doch einzelne immer wieder zu fliehen. Flüchtlinge wurden in der Regel schon in der unmittelbaren Umgebung wieder gefangen, einige schafften es bis zur deutschen Botschaft in Santiago und wurden von dort wieder zurückgeschickt. Nur wenige entkamen endgültig. Zwischen 1966, als Ernst-Wolfgang Müller floh, und 1984, als dies Hugo Baar gelang, gab es keinen einzigen geglückten Fluchtversuch.[1] Die Geschichten von vieren dieser Aussteiger erhellen auch die Züge ihrer Familien, Freunde und Folterer, mit denen sie in der „Colonia Dignidad" gelebt hatten.

## Ernst-Wolfgang Müller

Ernst-Wolfgang Müller (heute Kneese), der bereits 1966 floh, ist unter ihnen der bekannteste. Vom ersten Tag seiner Freiheit an widmete er sich dem öffentlichen Kampf gegen Schäfer: „Ich habe mir seit meiner Flucht aus Chile eine Lebensaufgabe gestellt und mir gesagt: Schäfer! Das bekommst du zurück! Ich werde nicht ruhen, bevor du nicht dort landest, wo du hingehörst: hinter Gittern."[2] Er suchte nach Informationen, die in das größte Archiv über die „Colonia Dignidad" eingingen, informierte die Öffentlichkeit, machte mit unzähligen Eingaben und Briefen Druck auf die Behörden in Deutschland und Chile, sammelte Geld, um Flüchtlinge zu unterstützen und Anwälte zu bezahlen, und gab auch eigenes Vermögen „im Gegenwert eines Reihenhauses" dazu.[3] Als sich 1996 die chilenischen Behörden an seinen Fall erinnerten, die damals angelegten Akten aber nirgendwo aufzufinden waren, flog er nach Santiago und wiederholte die Anklagen gegen Schäfer, die er 30 Jahre zuvor schon einmal erhoben hatte.[4] Der Kampf gegen Schäfer und seine Helfer, die Hilfe für seine Opfer wurden seine Lebensaufgabe und halfen ihm selbst, sich aus der Opferrolle zu befreien. 1997 gründete er zusammen mit seiner Frau Heike Kneese, deren Namen er nach der Heirat 1983 angenommen hatte, den „Verein Flügelschlag e.V." gegen „Kindsmissbrauch durch Sekten", der 2011 aufgelöst wurde, weil der Vereinszweck nach dem Tod Schäfers und der Verhaftung seiner engsten Gefolgsleute erreicht war. Für sein Engagement erhielt er 2008 das Bundesverdienstkreuz.

*Ernst-Wolfgang Müller (heute Kneese)*

Ernst-Wolfgang Müller kam 1957 als Zwölfjähriger zu Schäfer. Eine Tante, die bis heute in der Kolonie lebt, nahm ihn auf eine Freizeit nach Siegburg mit. Was als schönes Wochenende begann, wurde ein „Urlaub ohne Wiederkehr".[5] Schäfer vergewaltigte ihn, einen blonden Jungen, gleich am ersten Abend, und doch war er zunächst fasziniert von diesem Mann: „Er gab uns allen das Gefühl, auserwählt zu sein (...) Schäfer hat uns innerlich gebrochen. Diese perverse, realitätsfremde Welt wurde für mich und die anderen zur einzigen Wirklichkeit."[6] Und er genoss das in den 50er Jahren nicht so selbstverständliche Erlebnis der „Gemeinschaft mit anderen in Freizeitcamps". Wolfgang Müller blieb Schäfer ergeben und wanderte im Juli 1961 mit nach Chile aus. Er glaubte an das Versprechen, dort eine gute Ausbildung zu bekommen, und war von Anfang an enttäuscht, nicht nur von der Härte des Pionierlebens, sondern noch mehr, dass von Schul- und Berufsausbildung keine Rede mehr war.[7] Dieses gebrochene Versprechen weitete sich aus zu dem Gefühl, zutiefst belogen worden zu sein: „Chile wurde uns versprochen als Land von Milch und Honig, ich habe aber dort nur Blut und Sperma gefunden."[8]

Der Bruch mit dem bis dahin so bewunderten Führer bedeutete auch den Bruch mit der Gemeinschaft, die sich an Schäfer aus- und aufrichtete. Er war „so einsam, wie eine Seele nur sein kann."[9] Schon im Oktober 1962 unternahm er den ersten Fluchtversuch. Er holte ein Pferd aus dem Stall, ritt bis Parral, wo er es mit einem Zettel, der auf den Besitzer verwies, an einer Tankstelle festband und nach Chillán trampte, der nächsten größeren Stadt. Die Familie Echeverría nahm ihn dort für einige Tage auf, ehe er nach einer großangelegten Suche von der chilenischen Militärpolizei aufgespürt und zurückgebracht wurde.[10] Ein Jahr später scheiterte ein zweiter Fluchtversuch. Er wurde nun als Außenseiter gebrandmarkt: Tagsüber musste er rote und nachts weiße Kleidung tragen, die nicht nur eine mögliche Flucht erschwerten, sondern ihn als Flüchtling aussonderten, er wurde kurz geschoren und bekam Schuhe mit einem auffälligen Profil, er wurde „auf gröbste Art und Weise" geschlagen und, da man ihn als Geisteskranken ansah, mit über 500 Tabletten in einem Jahr und zahllosen Spritzen eher miss- als behandelt.[11]

Am 1. März 1966 floh er zum dritten Mal, diesmal gelang es. Er durchquerte den Fluss Perquilauquén und zwängte sich durch Brombeerhecken bis zu einer Dorfkneipe in der Nähe von Parral, wo für ihn gesammelt und er dann in einem Taxi versteckt zum Zug nach Santiago gebracht wurde. Dort suchte und fand er Unterstützung in der Botschaft.[12] Die Beamten glaubten seine Erzählungen von Missbrauch, Zwangsarbeit und Freiheitsberaubung mindestens so weit, dass sie ihm beistanden, als die Gemeinde versuchte, den Flüchtling, der das gerade aufgebaute Image einer Siedlung fleißiger und wohltätiger Deutscher zerstören konnte, wieder zurückzuholen oder zumindest seine Glaubwürdigkeit zu zerstören – ein Muster, das sich mit leichten Abwandlungen bei allen Flüchtlingen wiederholte. Eine 15-köpfige Abordnung wollte in das deutsche Altersheim eindringen, in dem er sich versteckte, die von der Botschaft verständigte Polizei konnte zwei der Angreifer vorübergehend verhaften, Kurt Schnellenkamp und Albert Schreiber. Als die Entführung misslang, wurden die juristischen Waffen gezogen: Wolfgang Müller wurde wegen Pferdediebstahl, Homosexualität und Verleumdung angezeigt. Er wurde einen Monat nach dem Entführungsversuch von Santiago nach Parral zurückgebracht und verbrachte im dortigen Gefängnis mehrere Wochen in Untersuchungshaft, zwei Wochen davon als Strafe wegen Homosexualität. Da die Presse breit über den Fall berichtet hatte, wurde er zum Schwarm chilenischer Mädchen, die ihn mit Blumen und Schokolade besuchten. „So viele Heiratsangebote habe ich mein Leben noch nicht bekommen wie damals", sagte Wolfgang Müller später dem Journalisten Gero Gemballa.[13] Der Vorwurf des Pferdediebstahls wurde wegen Nichtigkeit eingestellt, es war jedoch offensichtlich, dass die chilenische Justiz der bestens beleumundeten „Colonia Dignidad" mehr Glauben schenkte als einem Zwanzigjährigen, der nach den Versicherungen seiner ehemaligen Glaubensbrüder homosexuell und nach einem ärztlichen Gutachten ein „Pseudologe, ein chronisch krankhafter Lügner"[14] war. „Seine Großmutter war irrsinnig, seine Mutter ist eine verrückte Schlampe und er selbst ein verdorbener Lügner", sagte ein Siedler einem deutschen Reporter.[15]

Schäfer, der von Müller der Pädophilie bezichtigt wurde, ließ verbreiten, er sei tot.[16] Ehe ihm wegen Verleumdung der Prozess gemacht werden konnte, folgte Wolfgang Müller dem Ratschlag der Botschaft, überquerte illegal die Grenze nach Argentinien und flog im April nach Frankfurt.[17] In Abwesenheit wurde er 1967 zu 5 Jahren und 1 Tag Haft und eine Geldstrafe und 1969 noch einmal zu 3 Jahren und 1 Tag Haft wegen „schwerer Beleidigung" verurteilt.[18] Die „Colonia Dignidad" hingegen wurde in zwei Instanzen von allen

Anklagen, die Wolfgang Müller erhoben hatte, wegen erwiesener Unschuld freigesprochen.

Seine Flucht und seine Berichte machten „einigen Wirbel"[19] in der chilenischen Presse, kratzten aber den guten Ruf der Kolonie nicht an. Das Auswärtige Amt forderte „wegen der starken, unerfreulichen Publizität" einen Bericht der Botschaft an, in dem v. a. die landwirtschaftlichen Leistungen der Kolonie hervorgehoben wurden; strafbarer Handlungen würde nur Paul Schäfer verdächtigt, der die Siedlung aber verlassen habe.[20] Chiles Behörden untersuchten die von Müller erhobenen Vorwürfe nur „zaghaft".[21] Sie waren grundsätzlich deutschfreundlich, und die „Colonia" galt als deutsches Mustergut: 3.000 ha, die mit dem „modernsten Landmaschinenpark in ganz Chile" bewirtschaftet wurden, mit „Molkerei, Bäckerei und eigenem Hospital", „alles peinlich sauber". Es waren nur einige Journalisten, die eingehender nachforschten, und ihnen wurde, wie allen Besuchern, ein prächtiges Bild gesunden Deutschtums dargeboten, dessen glatter Oberfläche sie zwar misstrauten, das sie aber auch nicht als Fälschung entlarven konnten: „Kraftstrotzende Männer (...) Frauen und Mädchen in Gesundheitssandalen mit Zöpfen, Gretchenfrisur, Dutt, in weißen Socken und wadenlangen Kleidern. (...) Blonde, blauäugige Kinder servieren artig Erdbeersaft und knuspriges Gebäck. (...) Die Besucher werden bei Kaffee und Kuchen mit deutschem Liedgut erquickt. Ein Ohrenschmaus." Über ihren Anführer Schäfer, der vorsichtshalber bis zum Ende der Prozesse untergetaucht war, äußerten sich die Bewohner voller Verehrung, priesen seinen „Humor, Autorität, Führungsgabe". Und niemand werde gezwungen, im deutschen Paradies im Süden der Welt zu bleiben. „Würden Sie gerne wieder draußen leben? – Nein, auf keinen Fall. – Können Sie fortziehen, wenn Sie wollten? – Selbstverständlich, aber es will ja keiner."

Zunächst nützte Wolfgang Müllers Flucht dem Image der „Colonia" als Enklave deutscher Tugenden in einem Entwicklungsland. Langfristig jedoch half seine jahrzehntelange Aufklärungsarbeit mit, dieses falsche Bild zu zerstören. Über sein Leiden und sein Befinden während der fast 10 Jahre, die er in Schäfers Gemeinde verbrachte, gab Ernst-Wolfgang Kneese nur wenig preis. „Die Erinnerung daran ist, als ob jemand deine Seele über ein Nagelbrett zieht."[22] Er machte nicht seine Traumata, sondern seinen Kampf öffentlich.

## Hugo Baar

Als Hugo Baar im Dezember 1984 aus der „Colonia Dignidad“ floh, war er ein kranker, von Psychopharmaka, Stromstößen und Spritzen gezeichneter Mann, der im Leben der Siedlung kaum noch in Erscheinung trat.[23] Als er fast zehn Jahre zuvor nach Chile gekommen war, um als Repräsentant der deutschen Niederlassung Pinochet bei dessen Besuch in der „Colonia“ vorgestellt zu werden, war er noch zweiter Vorsitzender der „Private Sociale Mission e.V.“, leitete die Lebensmittelgeschäfte in Siegburg, transferierte deren Gewinne nach Chile und sorgte für die Versand der Spenden und Schmuggelwaren: der zweite Führer der Gemeinde, die er einst mitbegründet hatte.

Er wurde am 6. Oktober 1925 in Nedbajewka (Ukraine) geboren, sein Vater, der bereits 1933 an Hunger und Entbehrung starb, war Lehrer und Pastor der kleinen deutschen Baptistengemeinde.[24] Stalin ließ die Deutschen 1938 nach Sibirien deportieren, nach der Unterzeichnung des Hitler-Stalin-Paktes durften sie 1939 wieder zurückkehren. Hitlers Truppen kamen 1942 und wurden begeistert begrüßt. Zusammen mit seinem Bruder sprach der junge Hugo Baar in den „befreiten“ Gebieten vor Gemeinden und entdeckte seine rednerische Begabung. Vor der vorrückenden Roten Armee floh die Mutter mit ihren drei Kindern nach Westen, wo Hugo 1945 noch als Soldat in Frankreich eingezogen wurde und für kurze Zeit in amerikanische Gefangenschaft geriet. Im gleichen Jahr begann er im Baptistenseminar in Wiedenest bei Hamburg eine dreijährige Ausbildung zum Pastor, die er, obwohl er nur die kleine Grundschule in Nedbajekwa durchlaufen hatte, erfolgreich absolvierte. Er lebte während dieser Zeit bei der Familie Köhler, deren Tochter Waltraud er 1949 heiratete. In rascher Folge bekamen die Baars ab 1950 neun Kinder, das letzte, Edeltraud, wurde 1962 schon in Chile geboren. Baar war Pastor in verschiedenen Gemeinden Norddeutschlands, ab 1955 in Gronau. 1954 lernte er Schäfer kennen und verfiel ihm nach dem Zeugnis seiner Frau völlig.

*Paul Schäfer pflegte in Gronau die Bibellesung zu halten. Einmal waren einige Brüder aus Schwülper bei uns und einer von ihnen widersprach in irgendeiner Sache Schäfer. Hugo sagte nichts dazu. Nach der*

*Lesung kamen Schäfer, Hugo und einige andere Brüder in unserem Haus in Siegburg zusammen. Schäfer sagte zu Hugo: „Du hast mich alleine gelassen. In diesem Augenblick verlasse ich dein Haus und will nichts mehr mit dir zu tun haben." So verärgert war er. Hugo war zu Tode erschrocken. Er sagte zu mir: „Ich hatte das Gefühl, dass sich die Erde öffnete und mich verschlang." So groß war die Empörung Schäfers. Hugo lief den Männern nach und bat sie ihn nicht zu verlassen. Die Angst, die Angst zurückgewiesen zu werden, blieb bei Hugo für viele Jahre.*

Baar durfte bei Schäfer bleiben und dankte es ihm als sein eifrigster Missionar. Als er 1959 von Paul Schmid, dem Präses der westdeutschen Baptistengemeinden, aufgefordert wurde, mit Schäfer zu brechen, brach er seinerseits mit den Baptisten. Die Auswanderung nach Chile erschien ihm als „Ruf Gottes", dem seine Familie folgte, während er selbst auf Befehl Schäfers als „Beauftragter für die Auswanderung" in Deutschland blieb. Er genoss Schäfers Vertrauen und war ihm selbst unverbrüchlich treu ergeben. Er flog im Auftrag Schäfers 1969 nach Kanada, um dort, als in Chile der sozialistische Präsident Allende regierte und Schäfer um den Bestand der „Colonia" fürchtete, die Möglichkeit einer „Massenauswanderung" zu sondieren. Er beschaffte in Deutschland heimlich Waffen und schmuggelte sie in den Containern mit angeblichen Spenden für die „Colonia" nach Chile.[25] Er vertrat in dem 1977 beginnenden Prozess gegen Amnesty International öffentlich die Missionsgesellschaft und durfte zu diesem Zweck nach Deutschland fliegen.

In den Jahren in Deutschland begann er zu trinken, und als er von Schäfer nach Chile gerufen wurde, war er süchtig nach Tabletten und Alkohol.[26] Sollte er sich Hoffnungen gemacht haben, in der Kolonie „der zweite Mann neben Schäfer sein und später sogar an dessen Stelle treten" zu können[27], so musste ihm sehr schnell klar geworden sein, dass er in der ganz auf Schäfer eingeschworenen Gemeinschaft keine Anhänger hatte. Schäfer selbst nahm ihn, wie der Spitzname „Patient" zeigte, den er Baar gab, als möglichen Rivalen ernst, er ließ ihn präventiv mit Medikamenten und Elektroschocks behandeln und von einem chilenischen Psychiater vorsorglich als psychisch krank einstufen, falls Baar Führungsansprüche anmelden sollte.[28] Er isolierte ihn und stellte ihn unter besondere Aufsicht: Bewacht von Rudi Cöllen, musste er in der Schreinerei und in der Imkerei arbeiten[29] und getrennt von

Frau und Kindern in einem kleinen Zimmer leben, zeitweise zusammen mit Albert Schreiber. Erst 1980 erlaubte Schäfer ihm, mit seiner Frau zusammenzuziehen. Baar, der wortgewandte Menschenfänger, durfte in Chile nicht mehr predigen. Er wurde sogar, wenn es Schäfer gefiel, vom gemeinsamen Gebet ausgeschlossen.[30]

Er selbst gab durch sein Verhalten Anlass, an der unbedingten Treue zu zweifeln, die er über Jahre hinweg verzweifelt zu beweisen suchte. In einem öffentlichen Schuldbekenntnis[31] bekannte er 1979 drei menschliche Regungen, die in der Siedlung schwere Sünden waren: Er arbeitete so wenig wie möglich, anstatt sich der Arbeit als Gottesdienst bis zur Erschöpfung hinzugeben. Er versorgte sich heimlich mit gutem Essen, anstatt sich mit der Gemeinschaftskost zufrieden zu geben. Und er las selbst in der Bibel, anstatt ausschließlich auf die Worte Schäfers zu vertrauen. Er verhielt sich als Individuum und stellte sich über die Gemeinschaft, er verließ Gott und machte sich auf einen „teuflischen Weg". Auch wenn seine Reue angenommen wurde, gelang ihm die vollständige Unterwerfung unter den Mann, dessen Stellvertreter er einst gewesen war und als dessen potentieller Nachfolger er sich wohl sah, nicht mehr. Er verschwieg Schäfer, dass ein Junge sich in seine Tochter Dorothea verliebt hatte und sich mit ihr verloben wollte, was nur Schäfer hätte genehmigen können. Baar wurde deswegen öffentlich scharf getadelt, Dorothea vor seinen Augen durchgeprügelt.[32] Die Gewalt, die er an anderen sah, die medikamentöse Behandlung, die er wie andere erfuhr, die sich eines Vergehens schuldig gemacht hatten, die öffentlichen Demütigungen trotz aller Anstrengungen des Wohlverhaltens lösten seinen Glauben an Schäfer auf. Er, der ehemalige Baptistenprediger und zeitlebens tief gläubige Christ, sah in diesem Mann, den er viele Jahre verehrt hatte, dem er viele Menschen zugeführt hatte, für den er Gemeinden zerbrochen und Ehen zerstört hatte, nun einen vom Verfolgungswahn besessenen Manipulator, der eine Gruppe von guten Menschen „vergiftete" und weg vom wahren Christentum führte.[33]

Trotz aller inneren Distanzierung von und hoffnungsloser Rivalität mit Schäfer blieb er der Gemeinschaft lange ergeben. Noch im Januar 1984 führte er Besucher aus Deutschland durch die Siedlung und schilderte ihnen „eine wunderbare Welt, in der alles heil und in Ordnung ist".[34] Im Dezember dieses Jahres nutzte er aber eine Reise nach

Santiago, bei der er zusammen mit Kurt Schnellenkamp ein Ersatzteil für die Steinbruchanlage besorgen sollte, um sich in einem günstigen Moment zu dem früheren Gemeindemitglied Heinz Kuhn[35] nach Los Angeles, einer kleinen Stadt südlich von Parral, abzusetzen, der ihn über die kaum bewachte Grenze im Süden nach Argentinien brachte, von wo aus er mit Hilfe befreundeter Baptisten über Kanada nach Deutschland fliegen konnte. Als er floh, ließ er einen Zettel zurück, in dem er sein Scheitern in der Gemeinde eingestand und noch einmal seine Anhänglichkeit an den Mann ausdrückte, der ihn vernichtet hatte: „Ich bin am Ende. Viele Grüße an P. und dennoch Euer Hugo."[36] In einer schriftlichen Erklärung, die er im April 1985 der Botschaft übergab, schrieb er: „Im Dezember 1984 verließ ich den ‚fundo', nicht weil ich dies wollte, sondern weil ich keine Möglichkeit mehr sah, eine Veränderung von innen heraus zu erreichen. Ich bin überzeugt, dass die Freiheit und Menschenwürde der Bewohner des ‚fundo el Lavadero' nur mit Hilfe von außen wiederhergestellt werden kann."[37] Sätze eines zerstörten Mannes, der wohl auch dann noch in illusionärer Selbstüberschätzung auf seine einstigen Überzeugungskünste setzte und glaubte, Schäfer ausschalten und dessen Gemeinde verändern zu können, als er von seinem einstigen Gefährten schon zum Verrückten erklärt und jeder Einflussmöglichkeit beraubt worden war.

Seine Frau und seine neun Kinder blieben in der Kolonie. Schäfer schickte im April 1985 Waltraud Baar in Begleitung von Hartmut Hopp hinterher, die ihren Mann zur Rückkehr überreden und persönlich Briefe an ihre Familie in Deutschland überbringen sollte, in denen sie ihn als Verräter anklagte. Durch Zufall erfuhr Heinz Kuhn von dieser Reise und informierte Hugo Baar, dem es gelang, seine Frau wieder für sich zu gewinnen:

*Als wir in Frankfurt aus dem Flugzeug stiegen, waren schon vor der Passkontrolle Hugo mit unserem Hochzeitsstrauß, mein Bruder Christoph, seine Frau Susanna und meine Schwester Helga da. Hartmut Hopp ging vor mir, Hugo ging auf ihn zu, grüßte ihn und sagte: „Waltraud kommt jetzt mit mir." Genau wie ich war Hopp in diesem Moment völlig geschockt. „Das muss sie selbst entscheiden", war seine Antwort. In diesem Augenblick sagte ich: „Ich geh mit dir!"*[38]

Sein Sohn und seine Töchter lebten weiter in der Kolonie. Sie versuchten erfolglos, ihren Vater entmündigen zu lassen. Sie beantworteten keinen der Briefe, die ihre Eltern ihnen schrieben, bis sie sich in einem Schreiben an Baars Schwiegermutter jeden weiteren Kontakt verbaten.[39] Der Mann, der so viele Familien zerbrochen hatte, um Gläubige für Schäfers Gemeinde zu gewinnen, zerstörte durch seinen Ausstieg aus dieser Gemeinde seine eigene Familie.

Nachdem auch dem Ehepaar Packmor im Februar 1985 die Flucht nach Deutschland gelungen war, erschien es Schäfer an der Zeit, die Flüchtigen auf einer Generalversammlung als gottlose, abartige Wesen zu verdammen – zum einen, um den Siedlern, die noch nichts von der Flucht Baars wussten, ein abschreckendes Beispiel von Verrat vor Augen zu führen, zum andern, um eine Sprachregelung nach außen zu finden, da sowohl die Packmors als auch Hugo Baar in der deutschen Botschaft über ihr Leben in der „Colonia“ berichtet hatten und bereit waren, ihre Aussagen auch in Deutschland zu wiederholen. Hartmut Hopp griff noch in seinen Ausführungen vor dem Menschenrechtsausschuss des Bundestages 1988 auf die Aburteilung in dieser Versammlung zurück.[40] Wer sich von der Gemeinschaft abwandte, nahm nicht ein selbstverständliches Freiheitsrecht in Anspruch, er war ein psychisch kranker und von Gott verfluchter Verräter. Hugo Baar wurde als Alkoholiker und Morphinist dargestellt, als geltungssüchtiger, eitler, korrupter, fauler, verfressener Schmarotzer, als geiler Ehebrecher, als hemmungsloser Perverser, der sich als Frau verkleidete und Mädchen seine Exkremente zeigte.[41] Genuss, Faulheit und Lust wurden als Wesensmerkmale von Psychopathen hervorgehoben und geächtet. Der Verrat Baars erhielt zudem eine religiöse Dimension: er, einer der ersten und wichtigsten Anhänger, hatte Schäfer verraten, wie Jesus von seinem Jünger Judas verraten worden war. Schäfer schilderte der Gemeinde den Selbstmord dieses Jüngers in allen schrecklichen Einzelheiten – ein grausamer Tod war das Schicksal, das er Hugo Baar wünschte. Die Verdammung eines Verräters, der dem Satan anheimgefallen war, bestärkte die, die blieben, in ihrem Glauben. Zwei Jahrzehnte später erinnerten sich Rüdiger Schmidtke und Aki Laube: Wer die Gemeinde verließ, war ein „Abgefallener“. „Wer von uns gegangen ist, hat nie zu uns gehört. Und wir haben das mit vollem Ernst geglaubt.“ „Ich glaubte, wenn man die Gemeinde verrät, also die einzig richtige Gemeinde, dass man dann in die Hölle kommt.“[42]

Hugo Baar tat kaum etwas, um die Hilfe von außen, auf die er hoffte, zu mobilisieren. Er trat einmal halböffentlich auf, vor einem Ausschuss des Bundestages 1988 bezeugte er die Menschenrechtsverletzungen in der „Colonia Dignidad". Dort bekannte er sich auch „mitschuldig, daß viele von denen, die heute in Dignidad sind, dorthin gegangen sind."[43] Mit früheren Mitgliedern der Gemeinde von Gronau, die er für Schäfer aufgespalten hatte, suchte er vergeblich Versöhnung, „die Verbitterung war zu tief".[44] Es war ihm wohl gelungen, sich von der „Colonia" zu lösen, die Kraft zu einem öffentlichen Kampf gegen Schäfer, wie ihn Ernst-Wolfgang Kneese führte, fand er nicht. Der Lebensraum dieses einstigen Menschenfängers schrumpfte auf ein kleines, vom Sozialamt bezahltes Zimmer in Mühlheim, in dem er als schwerkranker Mann mit seiner Frau wohnte. 2001 starb er, Waltraud Baar überbrachte ihren Kindern am Telefon die Nachricht vom Tode ihres Vaters und hörte nach 16-jährigem Schweigen erstmals wieder ihre Stimmen.[45] Sie selbst kehrte 2003 in die „Villa Baviera" zurück und starb nach mehreren Schlaganfällen dort 2013.

## Efraín Vedder

*Efraín Vedder*

Efraín Vedder wurde 1967 als José Efraín Morales Norambuena geboren, als achtes von neun Kindern einer armen Familie aus einem Dorf in der Nähe der Kolonie. Er war eines der zahlreichen chilenischen Kinder, die in der Siedlung adoptiert wurden, wobei sich Zwang und finanzielle Not der Eltern zu legalisiertem Kindsraub verbanden.[46] Sein Vater war in seinem Dorf ein angesehener Mann, der oft als Schlichter von Konflikten gesucht und daher „juez" (Richter) genannt wurde. Obwohl er ein glühender Kommunist war, kaufte er Wurst und Kartoffeln von den Deutschen und nutzte auch gerne die Möglichkeit, in deren Krankenhaus für seine Familie kostenlose Behandlungen zu bekommen. Mit zwölf Wochen wurde Efraín wegen einer Erkältung in das Krankenhaus gebracht, die Ärztin, Gisela Seewald, sagte der Familie, sie sollten eine Woche später wiederkommen, er müsse vorerst bleiben. Nach wiederholten vergeblichen Versuchen, sein Kind wiederzusehen, fuhr der Vater schließlich mit einigen Familien, die ihn zur Unterstützung begleiteten, zur „Colonia Dignidad". Er wurde nicht vorgelassen. Von einem „unfreundlichen Mann" erfuhr er, dass sein Sohn unterernährt sei, er werde in der Kolonie ernährt, erzogen und könne der Armut entkommen. Anstatt zu protestieren, solle er „dem Wohltäter Paul Schäfer" danken. Der Vater nahm diesen Kindsraub hin, wegen der Drohung, andernfalls werde seine Familie nicht mehr behandelt, und wohl auch wegen des Nervenleidens seiner Frau, das die bettelarme Familie zusätzlich belastete.[47]

Efraín Vedder blieb zunächst zwei Jahre im Krankenhaus, dann lebte er unter der Aufsicht von „Tanten" in der Wärme und den Brotdüften der Bäckerei, „herrliche Zeiten" für das Kind, das von den Frauen umsorgt und von jungen Männern auf Schultern umhergetragen wurde. In diese fürsorgliche Wärme brachen Angst und Gewalt ein. Dem dreijährigen Kind drohte Schäfer in einem grausamen Spiel damit, es in den Ofen der Bäckerei zu schieben, und wenig später verprügelten ihn die geliebten „Tanten" in „stiller Raserei", als er nachts aufstand und etwas zu trinken suchte. Er nahm beides nicht hin, sondern wehrte sich: Bei Schäfers bösem Scherz schrie er „los wie eine Sirene", gegenüber den Tanten wurde er „still und bockig". Mit acht Jahren wurde er zum ersten Mal von Schäfer missbraucht, in den nächsten Jahren war er einer der „Sprinter" Schäfers, Jungen, die in seiner Nähe bleiben durften, kleine Dienste verrichteten, seine sexuellen Bedürfnisse zu befriedigen hatten, wann immer es ihn gelüstete, und dafür Privilegien genossen: Sie durften eine Uhr tragen, in Versammlungen neben dem Führer sitzen, mussten nicht zur Schule gehen und nicht arbeiten. Den Jungen erfüllte dies mit widerstreitenden Gefühlen. Ihn ekelte einerseits vor dem, wozu ihn Schäfer zwang, er verspürte aber auch Lust; Wut stieg ihn ihm auf, andererseits war er auch stolz auf die sichtbare Bevorzugung, in den Hass auf den Vergewaltiger mischten sich Respekt vor dessen Macht und Ahnungen väterlicher Liebe. Der Mann, der ihn vergewaltigte und schlagen ließ, war in einer lieblosen Gemeinschaft der Einzige, der ihm „Liebesbeweise“ gab. Der unlösbaren Ambivalenz der Gefühle entkam er für Augenblicke durch Aggressivität, die umso mehr zunahm, je kräftiger er wurde. Er wehrte sich mit Schlägen, wenn Jungen ihn wegen seiner „häufigen Besuche beim Pius aufzogen“, er weigerte sich in Kleinigkeiten, Regeln einzuhalten, und war bald „immer derjenige, der in Schwierigkeiten geriet“. Selbst gegenüber Schäfer wagte er öffentliche Gegenwehr und riss sich los, als dieser ihn wegen zu langer Haare an den Ohren zog. Den Reiz des Verbotenen, den kurzen Rausch der Rebellion spürte er auch bei homoerotischen Erlebnissen mit einem anderen Jungen namens Eckhart. Als Zehnjähriger galt er schon als „Querulant“, der von seinen Gruppenführern streng kontrolliert und bestraft werden musste, sein Vergehen war das Bestehen auf Individualität: Er wolle, wurde ihm vorgeworfen, „etwas Besonderes sein“. Gegen diese Sünde, für Schäfer Ausdruck von Besessenheit, erhielt er in großen Mengen Tabletten, die ihn schläfrig machten. Er versuchte, die Kontrollen des Gruppenführers zu überlisten und die Tabletten heimlich auszuspucken, Blutuntersuchungen im Krankenhaus ertappten ihn aber, woraufhin er wochenlang mit Stromstößen und Spritzen „gesund“ gemacht wurde, ein Rhythmus aus Ungehorsam und Schocktherapie, der sich mehrfach wiederholte.

In einer Hinsicht war er tatsächlich etwas Besonderes: ein dunkelhaariger Junge sichtbar nicht deutscher Herkunft. Als er im Kinderhaus sah, wie Kinder Besuch von ihren „biologischen Eltern“ erhielten, fragte er Schäfer nach seinem „richtigen Vater“ und seiner „echten Mutter“ und erhielt die barsche Auskunft, diese seien tot. Von der Adoption durch Johanna Vedder 1975 erfuhr er nichts, bemerkenswert war dieser Tag für den Jungen nur, weil er „feine Sachen“ anziehen und für ein Foto posieren durfte. Gleichwohl fühlte sich dieses starke, ungebärdige Kind als Teil der Gemeinschaft. Dass er 1977 als Jüngster von Schäfer der „Heilsarmee“ zugeteilt wurde, empfand er als besondere Gunst, dass er im gleichen Jahr in einer Mine außerhalb der Kolonie Gold suchen durfte, machte ihn stolz. Sein fremdes Aussehen münzte er in eine Auszeichnung um und sah sich als „lebenden Beweis für die Gnade der Kolonie“, für die wohltätigen Werke der Siedler für Chilenen, die Schäfer immer hervorhob. Stärke, Aussehen, Privilegierung als Schäfers sexueller Favorit und ununterdrückbare Widersetzlichkeit hoben ihn aus der Gemeinschaft heraus, der er zugleich mit all seiner physischen und emotionalen Kraft angehören wollte. Er versuchte sich an die Regeln zu halten, erfand etwa Verlegenheitssünden, die er öffentlich beichtete. Als er in der Mine Goldnuggets für sich behielt, wofür er bewusstlos geschlagen und mit Essensentzug bestraft wurde, tat er dies, um Anerkennung zu finden: Er wollte „den anderen Kindern beweisen, wie erfolgreich ich gearbeitet hatte“. Die Strafen nahm er hin: „Je gefügiger ich mich verhielt, desto besser kam ich dabei weg.“ Er genoss die Gruppenromantik der Lieder am Lagerfeuer, er wurde „mitgerissen von dieser Wir-können-alles-wenn-wir-nur-wollen-Stimmung“, die Schäfer auf gemeinsamen Jagdausflügen verbreitete.

Seine unausgesprochene Hoffnung, äußerlich loyal bleiben und doch auch selbst bestimmen zu können, wie weit er die geltenden Regeln einhalten wollte, seinen Willen, sich in der Schäfer-Gemeinde Nischen der Individualität zu bauen, konnte er in dieser auf den fraglosen Gehorsam aller gegenüber der grenzenlosen Willkür des Führers gegründeten Gemeinde nicht verwirklichen. Seine Situation wurde ausweglos für ihn: „Was ich auch tat, ich wurde geschlagen.“

Gebrandmarkt als Störenfried und Außenseiter, fühlte er sich als Freiwild, auf das jeder einprügeln konnte, wie er wollte. Sein Hass auf Schäfer, dem er weiter als „Sprinter“ zur Verfügung stehen musste, ließ ihn Mordpläne schmieden, gleichzeitig sehnte er sich nach dessen Liebe, der einzigen, die er jemals erfahren hatte, umso mehr, als Schäfer ihn immer öfter gegen andere Jungen austauschte. Seine widersprüchlichen Gefühle, die Gewaltphantasien, die Erfolglosigkeit aller Anpassungsversuche schrieb er sich als unauslöschliche Schuld zu. Als Schäfer nach der erfolgreichen Flucht des Ehepaars Packmor den Film „Exorzist“ zeigte, damit alle erfuhren, was mit Menschen geschah, die der Teufel gepackt hatte, übernahm er diese immer wieder gepredigte und nun drastisch vorgeführte Gleichsetzung von jeder Art von Ungehorsam und teuflischer Besessenheit, um sich selbst sein Verhalten zu erklären, und beschloss, sich zu töten und das Böse in ihm so zu vernichten. Er wollte sich im mitten in der Siedlung gelegenen „Schwanenteich“ ertränken, dass dies misslang, hielt ihn drei Jahre am Leben, dann schluckte er zweimal giftgetränkten Weizen, wurde aber dabei von Arbeitskollegen erwischt und noch rechtzeitig ins Krankenhaus gebracht. Nun erst, mit 21 Jahren, begann der lange

Prozess der Ablösung von der „Colonia Dignidad". Anders als für die deutschen Siedler war die Welt draußen nicht nur fremd und bedrohlich, sie hielt für ihn, den Chilenen, eine Anlaufstelle bereit. Auch wenn seine Eltern tot waren, mussten da draußen Angehörige leben. Diese Aussicht wurde sein Trost, die bloße Möglichkeit einer Flucht sein „Mantra": „Ich warte ab, nutze meine Chance hier herauszukommen, finde meine Familie und werde mein eigenes Leben leben."

Jahrelang begnügte er sich in nächtlicher Verzweiflung mit der bloßen Vorstellung der Flucht und fügte sich tagsüber dem Gemeinschaftsleben. Noch 1992, als die demokratische Regierung Chiles gegen die Kolonie juristisch vorging, weckte diese Drohung der Außenwelt in ihm den Gemeinschaftsgeist, der auch die anderen erfüllte. Erst als der mächtige Führer öffentlich Verwirrung und Schwäche zeigte, wich die Angst der Entschlossenheit: „Ich wollte mit Gottes Hilfe hier rauskommen, und zwar mit geradem Rücken. (...) Ich würde es schaffen."

Sein Ausstieg war beschlossen, er vollzog ihn aber nicht mit einem raschen Bruch, sondern in einem Prozess einer „schrittweisen Befreiung" voller enttäuschter Träume, Rückschritte und zaghaften Ausbrechens. 1995 verliebte er sich in Renate, die als Köchin im Restaurant der Kolonie, dem Casino Familiar, arbeitete. Mit ihr wollte er ein gemeinsames Leben außerhalb der Siedlung beginnen. Zwar traute Renate sich dies nicht, sie zeigte ihm aber ihre Bewunderung für seine Stärke. Er wagte nur vorsichtige Berührungen und schreckte davor zurück, das Mädchen zu umarmen und zu küssen, sein aufflammendes Begehren nahm ihm aber die Furcht aller missbrauchten Jungen, homosexuell zu sein, und bestätigte ihm seine heterosexuelle Normalität. Im gleichen Jahr durfte er zum ersten Mal in seinem Leben alleine schlafen. Er empfand diesen bescheidenen Rückzugsraum, in dem er nicht kontrolliert wurde und heimlich Radio hören konnte, als „Meilenstein". Ein Jahr später legte er den Grundstein für eine Arbeit, die ihm den Lebensunterhalt außerhalb der Kolonie sichern konnte, er begann eine Ausbildung als Baggerfahrer. Entgegen seiner Absicht, aufrecht aus der Siedlung zu schreiten und sie nicht heimlich zu verlassen, schmiedete er mit Tobias Müller Fluchtpläne und war zutiefst enttäuscht, als der ohne ihn mit seinem chilenischen Freund Salo Luna floh.[48]

In diesem Jahr bereitete Schäfer, von den Anklagen chilenischer Mütter und den Ermittlungen der Justiz in die Enge getrieben, seine Flucht nach Argentinien vor. Kurz vor Schäfers Untertauchen gelang es Vedder, sich unter vier Augen von der Bindung an seinen väterlichen Schänder loszusagen. „Und wie oft habe ich dir den Tod gewünscht (...), jetzt aber nicht mehr. Du sollst nur noch verschwinden, bevor du uns alle in die Finsternis mit hinunterreißt! Ich habe keine Angst mehr vor dir! Und wenn du nicht gehst, gehe ich."

Da Schäfer ging, blieb er. Fünf Jahre lang konnte er das Leben führen, das er schon als Jugendlicher führen wollte: als besonderer Teil der Gemeinschaft, dessen außerordentliche Kraft von den anderen anerkannt und nicht mehr unterdrückt wurde und der hinein in die Welt durfte, von der die anderen sich immer noch fürchteten. Ab 1998 durfte er als Baggerführer außerhalb der Kolonie arbeiten, ein „großartiges Gefühl". Sein dürftiges Spanisch verbesserte sich so, dass er mit den chilenischen Arbeitern reden konnte, die ihm Sexgeschichten erzählten und Nacktfotos zeigten. Auch wenn ihm nach Jahrzehnten des Lebens in einer sexualfeindlichen Welt die Worte fehlten, um mitzureden, und der Mut, sein Begehren zu realisieren, so spürte er doch: „Wie aufregend war die Welt!" Jeden Tag kehrte er in die Kolonie zurück, die immer noch seine Heimat war. Die Herrengruppe, die Schäfer in der Führung der Gemeinde gefolgt war, genehmigte ihm einen Hund und einen jungen Puma, den ein Freund der „Colonia" nicht zu Hause hatte halten können. Mit diesen Tieren spazierte er durch die Siedlung und genoss das Gefühl der Stärke, der Besonderheit, er spürte die Absicht, ihn mit diesen einzigartigen Zugeständnissen an die Kolonie zu binden, und nützte sie aus. Erst 2002 löste er sich von der Gemeinschaft ab. Gegen die deutsche Siedlung identifizierte er sich als Chilene. Zunächst, indem er Lohn forderte „wie jeder andere chilenische Arbeiter auch", dazu anstelle der endlosen Arbeitsverpflichtungen geregelte Arbeitszeiten nach chilenischem Recht. Nach einigem Verhandeln gestand ihm die Führungsgruppe 40 € monatlich zu. Er bekam den gesetzlichen Mindestlohn in Höhe von ca. 100 €, ihm wurden Miete, Essen, Wäsche abgezogen, dazu die vorgeschriebenen Renten- und Krankenversicherungen – aber er wurde wie ein chilenischer Arbeiter, nicht mehr wie ein Gemeindemitglied behandelt. Dann, als er im Standesamt von Parral seinen

Geburtsnamen erfuhr und das Grab seiner Eltern besuchte, die erst 1992, und nicht wie Schäfer ihm vorgelogen hatte, schon Jahrzehnte früher gestorben waren, konnte er es „gar nicht erwarten, aus dem Laden herauszukommen". Er war um seine chilenische Identität betrogen worden, aber er hatte Familie innerhalb wie außerhalb der Siedlung, zu der er gehen konnte: zwei Schwestern, die in Santiago lebten, und einen Bruder, der wie er adoptiert wurde und seit 1975 als Franz Baar in der Siedlung wohnte.

Der letzte Akt der Befreiung war eine Nacht mit einer von einem Arbeitskollegen bestellten und bezahlten Prostituierten, die erste Nacht, die dieser 35-jährige Mann außerhalb der Kolonie verbrachte. Er erlebte nach der ambivalenten Lust des missbrauchten Jungen nun „wahre Ekstase". Als Mann und Chilene erklärte er am darauffolgenden Tag in der sonntäglichen Versammlung: „Ich möchte vor der Gemeinde bekanntgeben, dass ich die Kolonie verlassen werde. (...) Ich werde die Kolonie durch das Tor verlassen, nicht nachts durch die Brombeerbüsche." Ein chilenischer Arbeitskollege holte ihn ab und brachte ihn zur Haltestelle des Busses nach Santiago.

Das Gefühl der Freiheit mischte sich mit Angst: der gewöhnlichen Angst vor der unbekannten Stadt, vor der Arbeitssuche, vor einem neuen Leben, und der besonderen Angst des jahrzehntelang überwachten, verprügelten, ohnmächtig regelloser Gewalt ausgelieferten Kolonisten, „von hinten gepackt, betäubt und verschleppt" zu werden. Sicherheit gaben ihm die Schwestern, die als Haushaltshilfen arbeiteten und ihn in ihrer Wohnung aufnahmen und ihm zu essen gaben, seine Geschichten hörten, ihm von den Versuchen seiner Eltern erzählten, ihn aus der Kolonie herauszuholen: die ihm den Halt und das Vertrauen einer Familie gaben, die er nie gehabt hatte. Seine Schwester Alicia knüpfte für ihn auch den Kontakt mit dem chilenischen Geheimdienst. Ehe er sich als Zeuge zur Verfügung stellte, forderte er als Chilene von der Kolonie ausstehenden Lohn ein. Nun unternahm die Führung einen Versuch, ihn zurückzuholen und schickte seine Adoptivschwester Ulrike Veuhoff und seinen chilenischen Freund Hernán Esocbar. Sie machten ihm klar, was den Aussteiger von den Schäfer-Getreuen trennte: seine chilenische Herkunft (er beharrte nun darauf, Efraín und nicht mehr Hans gerufen zu werden), die ihm außerhalb des „bayerischen Dorfes" das Fundament einer Identität bot; seine Bereitschaft, Ängste und Risiken eines Lebens in Freiheit der Sicherheit der Gemeinschaft vorzuziehen; sein Anspruch, selbst zu entscheiden, was ein „gottgefälliges Leben“ ist und sich nicht dem Wort Schäfers zu unterwerfen; sein Mut, überhaupt außerhalb der Kolonie leben zu wollen. Sie schürten vergeblich die Ängste vor einem möglichen Scheitern, vor Mittellosigkeit, vor Einsamkeit. Schließlich wurde er verstoßen. Sein Freund Siegfried Hempel kündigte ihm einen Tag, nachdem er schriftlich seinen ausstehenden Lohn von der Führungsgruppe eingefordert hatte, per E-Mail die Freundschaft auf:

*Glaubst Du nicht, auf ehrliche Weise Deinen Lebensunterhalt verdienen zu können? Weißt Du, was ich an Dir immer bewundert habe, war die Art, wie du die ganze Sache behandelt hast, ohne weh zu tun. Aber jetzt: Solche Ansprüche! Ich frage mich, welches Recht Du hast, mehr als die andern vom Leben verdienen zu wollen (...) Ich glaube, Du hast alles, was dich ausmacht, verloren. Das sind unschätzbare Werte, die man, wenn man sie einmal erreicht hat, nie verlieren darf. Damit meine ich Werte, die ein humaner Mensch nie verlieren sollte. Aus diesem Grund tut es mir weh, aber ich muß Dir für immer „Tschüß“ sagen. Hoffentlich höre ich nie wieder etwas von Dir.*
*Siegfried Hempel.*

Vedder führte das Verhalten seiner ehemaligen Freunde, die wie er einmal „mehr“ gewollt hatten als das gleichförmige Leben in einer abgeschotteten Siedlung, auf deren doppelte Angst zurück, vor der Führungsgruppe und vor der Ungewissheit der Freiheit. Darüber hinaus verziehen sie aber wohl tatsächlich zwei Verhaltensweisen nicht: Dass er als freier Mensch leben wollte, hieß für sie, sich als Person über die Gemeinschaft zu stellen, ohne die sie sich kein Leben vorstellen konnten, und dass er Lohn forderte, bedeutete, Materielles höher zu schätzen als die spirituellen „unschätzbare(n) Werte“, die für sie einen Menschen ausmachten. Sie sahen die Erfüllung ihres Lebens in der „Colonia Dignidad“, was Vedder anstrebte, war nur eine sündhafte Existenz in der Welt draußen, die als Moloch den „humanen Menschen“ verschlang, wenn er sich ihr auslieferte.

Efraín Vedder sagte nun dem Geheimdienst, was er wusste, was unter anderem zur Entdeckung von Motoren und Karosserieteilen von Autos verschwundener Gefangener führte, die in über vier Meter Tiefe vergraben waren.[49] Er verklagte die „Colonia“ – bislang vergeblich – auf Entschädigung. Er war noch im Prozess gegen Schäfer 2006 ein Schlüsselzeuge und er wurde einer der ganz wenigen, die über die Zustände in diesem „Bayerischen Dorf" im Süden der Welt öffentlich sprechen konnten und wollten. Heute lebt er in Santiago von Gartenarbeiten, die ihm das „Ministerio de Obras Públicas" (etwa: Ministerium für öffentliche Bauten und Infrastruktur) überträgt, und „kommt gerade so über die Runden."[50]

## Klaus Schnellenkamp

Klaus Schnellenkamp stammte aus einer der Ehen, die Schäfer seinen treuesten Anhängern gestattete. Er wurde am Heiligabend 1972 als Sohn von Kurt Schnellenkamp und Elisabeth Witthahn geboren. Das Paar hatte sieben Kinder, die weder voneinander noch von ihren Eltern wussten, es durfte zwar miteinander schlafen, aber nicht zusammen wohnen und ließ seine Kinder getreu den Prinzipien der Geschlechtertrennung in Kinderhäusern unter der Aufsicht von „Tanten" aufwachsen.

Die ersten Erinnerungen von Klaus an seine Kindergruppe waren schön: „In einer kleinen geheimnisvollen Idylle wachsen wir auf. Wir fühlen uns als die Prinzen auf Erden."[51] Hier fand er anfangs, was er zeitlebens suchte: mütterliche Liebe von seiner „Tante Margret" und soziale Anerkennung seiner Peers. Er wurde zum „Boss" seiner Gruppe gewählt, der die Neuen begrüßen und bei den groß inszenierten Besuchen wichtiger Gäste „die Parade meiner kleinen Garde abnehmen" durfte, „eine herrliche Zeit". Mit dem Übertritt in die Gruppe der „Keile" war er plötzlich nicht mehr „der Prinz, sondern der Bösewicht", harmlose Vergehen wie der Kratzer, den er mit einem Kreisel in den Lack einer Tür zog, wurden mit Prügeln und Sprechverbot geahndet, Meckern über das Essen mit Hungern und Verbannung in die Ecke bestraft. Mit fünf Jahren erlebte er sich erstmals als der Außenseiter, der er von da an in der Kolonie sein sollte. Er reagierte anders als Efraín Vedder nicht mit aggressiver Widerspenstigkeit, sondern mit der Flucht in Poesie. Nachdem er für die Schäden seines Kreisels bestraft worden war, sprach er in der Nacht sein erstes Gedicht vor sich hin:

„Liebe Sonne, komm doch wieder,
und vergiss das Lachen nicht!
Denk an unsern armen Flieder,
dass er nicht vor Durst zerbricht."

Für diese kindlich-schlichten Naturbilder seiner Trauer, die seine neuen Aufseherinnen hörten, wurde er geschlagen, er gab aber diesen Rückzug in die Innerlichkeit der Lyrik nie auf, auch wenn die Sanktionen für seine dichterischen Versuche immer brutalere Prügel waren. Statt Anerkennung erfuhr er nun Verachtung für sein physisches Unvermögen, bei der Feldarbeit oder beim Holzsammeln für das Lagerfeuer den Anforderungen seiner Anführer zu genügen. So sehr er die Prinzenrolle genossen hatte, so sehr litt er nun als Ausgestoßener. Von seinem Streben, der Beste zu sein, ließ er jedoch nie ab. War er physisch nicht leistungsfähig genug, so wollte er intellektuell brillieren. Er lernte schon vor dem Besuch der Schule von einem anderen Jungen lesen und schreiben, er brachte sich später selbst höhere Mathematik bei, weil die Dorfschule seinen Ansprüchen nie genügte, er feilte an seiner Sprache und las in der Nacht ein Buch über Atomphysik. Das Perfektionsstreben seiner Glaubensbrüder, die die getreuesten Diener Gottes sein wollten, übertrug er in die Vervollkommnung seiner intellektuellen Kapazitäten. Der Ausspruch Schäfers: „Der Junge ist, verdammt, ein Genie", erfüllte ihn, weil er von der obersten Autorität kam, mit widerwilligem Stolz. Denn für ihn war Schäfer nicht die Stimme Gottes, sondern ein „Monster", das ihn schon bei der ersten Begegnung zutiefst erschreckte: „Ein totes Glasauge starrt mich an." Das „affige Gebrüll", die „tierische Fratze", die „ohrenbetäubende Donnerstimme", die er in Versammlungen erlebte, machten Schäfer für ihn zum furchterregenden Un-Menschen, dessen Macht er als Kind nichts entgegensetzen konnte. Den Anschuldigen des Anführers sich beugend log er vor Angst, dass sein „bester Schulfreund Friedhelm" ihn sexuell belästigt habe, und musste hinnehmen, dass aus Freunden Erzfeinde wurden. Die physische Vergewaltigung vermochte er abzuwehren. Schäfer stellte ihn zwar unter die Dusche und säuberte den nach einer Prügelstrafe blutig geschlagenen Körper mit einer Mischung aus Sand und Kernseife, jagte ihn aber, als er zusammenbrach, aus dem Badezimmer. Er musste sich nie als „Sprinter" missbrauchen lassen, er bewahrte seine sexuelle Integrität und damit einen essentiellen Teil seiner persönlichen Identität, blieb aber der verachtete Außenseiter.

Er reagierte mit dem Rückzug in Traumwelten. Im Schlaf erschien ihm Maria, ein Mädchen, das ihm als Kind einmal zugelächelt hatte, als Himmelskönigin, die ihn erlösen würde. Held seiner poetischen Träume wurde der junge Friedrich von Preußen, in dessen Auseinandersetzungen mit dem königlichen Vater er die Qualen seiner Kindheit wiederfand: Friedrich wurde „mit Drill das Leben zur Hölle gemacht", man vergällte ihm „mit Sittenstrenge den christlichen Glauben", er wurde „für seine poetischen und musikalischen Extravaganzen zu Arrest verurteilt und verprügelt" und war gleichwohl ein „großer und würdiger König". Er schuf sich seine „Welt in Dichtersprache", wie er selbst die Gedichte über Friedrich betitelte. In dieser Welt gab es auch für ihn die Hoffnung, wie der Preußenkönig durch Leid zu künftiger Größe zu gelangen. Öffentlich wagte er den intellektuellen Widerstand gegen die Oberen. Als es darum ging, ob im Casino Familiar Coca Cola angeboten werden sollte und einer der „Ältesten" sich zur Ablehnung dieses Vorschlags auf Jesus berief, der auch nur Wasser getrunken habe, widerlegte er leichthin dieses aus jeder Zeit gefallene Argument. Und er suchte schon mit zwölf Jahren, als er im Zimmer von Schäfer einen Blick in dessen Bibel werfen konnte, selbst nach seinem Gott. Damit rührte er an das Fundament von Schäfers Macht, der allein das Wort des Herrn verkünden durfte. Die offen gezeigte intellektuelle Überlegenheit verstärkte die Verachtung der anderen Mitglieder der Schäfer-Gemeinde: Er war ein „widerlicher Angeber", „der beschissene kleine Gernegroß". „In der Hölle sollst du schmoren mit deiner Großmannsucht." Jeder Widerspruch, in unbeholfenen Taten oder in geschliffenen Worten, war Ungehorsam, und Ungehorsam war Ausdruck des Teufels: er war „der Besessene, der Frevler", „krank", hatte „den Kopf voller Ferkeleien". Er war einer der „Schlechten", den die „Guten" verprügeln, treten und quälen durften.

1985 floh er, in dem Jahr, in dem auch das Ehepaar Packmor entkam, und wohl um nicht noch eine Flucht zuzulassen, wurde nach ihm mit „Spürhunden, waffenbestückten Geländewagen und Flugzeugen" gesucht, wurden „Polizei und Militär (...) mobilisiert", die ihn einfingen. Ein Jahr später entfernte er sich am Heiligabend bei einem Marsch in die Anden von seiner Gruppe, eher ein gedankenverlorenes

Zurückbleiben als ein bewusster Fluchtversuch. Er wurde, da diese Unterscheidung in der Kolonie nicht galt, wieder mit Militärhubschraubern gesucht und leicht verletzt zurückgebracht.[52] Die Gemeinde demonstrierte ihre Gewaltmöglichkeiten, er wurde hart bestraft. Er erhielt für ein Jahr striktes Sprechverbot, jede Übertretung, und sei es auch in gemurmelten Gebeten, wurde mit gemeinschaftlichen Prügeln bestraft und er wurde aus den Gemeinschaftsräumen in ein „Schlafkabuff" in den Maschinenräumen verbannt. Dies nahm ihm jede Hoffnung entkommen zu können, er schickte sich in sein Außenseiterdasein. Nach dem, was andere ihm erzählten, war er in diesen Jahren seines sozialen Todes auch dem physischen nahe, zweimal scheiterten Mordanschläge auf ihn, einmal, als statt seiner Hartmut Münch bei einem angeblichen Jagdunfall erschossen wurde, dann, als eine Schwester im Hospital davor zurückschreckte, seine Frühstücksmilch, wie ihr von Schäfer befohlen, zu vergiften. Ob es diese Mordbefehle nun tatsächlich gab oder sie verzweifelte Ausgeburten seiner Todessehnsucht waren: Dass Schäfer den Tod eines „Besessenen" befahl, den er andererseits als „Genie" der Kolonie erhalten wollte, ist zumindest vorstellbar angesichts der uneingeschränkten, nur eigenen Regeln folgenden Macht dieses Gemeindeführers und seiner durch keinerlei äußere Zwänge gebremsten Launenhaftigkeit. Schnellenkamp wäre selbst gerne an der Stelle des getöteten Hartmut gewesen, begrub aber Todeswünsche ebenso wie die Sehnsucht nach Freiheit in Gedanken und Träumen. Selbstmordversuche wie Efraín Vedder unternahm er nicht.

Wie alle anderen beteiligten sich auch sein leiblicher Vater und seine Mutter an gemeinschaftlichen Prügelritualen gegen ihren Sohn, sein Vater, ein Hüne mit riesigen Händen, war ein besonders harter Schläger. Bei der ersten Begegnung 1978 wurde er mit anderen Kindern und zwei ihm unbekannten Erwachsenen fotografiert, ein gestelltes Foto, auf dem fünf blonde Kinder mit Puppen und Stofftieren in den Händen in die Kamera strahlen, Kurt Schnellenkamp gütig lächelnd die Hand seines Sohnes in seinen Pranken hält und Elisabeth Schnellenkamp auf ein Baby in ihrem Schoß blickt – ein arrangiertes Idyll zur Beruhigung besorgter Verwandter in Deutschland. Erst elf Jahre später erfuhr er von seinem älteren Bruder Thomas, dass er eine Familie hatte. Die chilenische Regierung hatte in der Endphase der Pinochet-Diktatur mit sanften Ermittlungen gegen die „Colonia Dignidad“ begonnen, Klaus Schnellenkamp sollte vor einem Ermittlungsrichter aussagen und ein Bild vom Leben in der Schäfer-Gemeinde zeichnen, das der Normalität der Welt draußen möglichst entsprach. Er machte die geforderten geschönten Aussagen. Dass jedoch Menschen, die ihm als Vater und Mutter das geben sollten, wonach er sich sehnte: Liebe, Fürsorge und Schutz, ihn wie alle anderen auch traktierten und quälten, ihn nicht als Sohn, sondern als Abweichler, Außenseiter und Ungläubigen behandelten und ihren Verwandten außerhalb der Siedlung zugleich besten Gewissens das Bild einer Traumfamilie vorspielten, verstörte ihn so, dass er, der Dichter, darüber nicht einmal schreiben und sprechen konnte.

Mehr denn je wollte er die Kolonie verlassen, nun aber nicht mehr als Flüchtling. Er wollte sich durch Leistung die Frau verdienen, die er liebte und mit ihr nach Deutschland gehen. Er begann den Weg in die Welt mit einer Lüge: Mit einer an die chilenischen Presse gerichteten Lobeshymne auf Schäfer und einem scharfen Protest gegen die ersten juristischen Maßnahmen der Regierung gegen die Kolonie, den er „unter Tränen (...) verfasst“ hatte, verdiente er sich den Posten eines „Assistenten der Geschäftsleitung“. Er führte die Bücher, fertigte Übersetzungen an und schrieb die Korrespondenz. Nach Schäfers Flucht beförderte ihn Hans-Jürgen Riesland 1997 zu seinem Sekretär und unternahm an ihm einen zunächst erfolgreichen Versuch, sexuelles Begehren nicht mehr zu unterdrücken, sondern zu kontrollieren und im wirtschaftlichen Interesse der Gemeinde zu kanalisieren. Er war in Ursula verliebt, die Tochter von Hans-Jürgen Blanck. Riesland gab ihm die Aufgabe, die Rentabilität des Steinbruchs durchzurechnen, die er erfolgreich bewältigte, erlaubte ihm, die chilenische Hochschulzugangsprüfung abzulegen, zunächst in Chillán und danach an der Fernuni Hagen zu studieren, und stellte ihm eine Verbindung mit Ursula in Aussicht. „Mit Intelligenz, Leistung und Erfolg könnte ich mich für Ursula am besten bewähren.“ Während einer gegenseitigen Beichte gewann Riesland so weit sein Vertrauen, dass er „dem lieben Gott all meine Geheimnisse (anvertraute), meine Sehnsüchte und Träume, meine Rachegedanken und meine Sterbensmüdigkeit“. Die Beichte wurde aufgenommen und an Schäfer geschickt. Dessen Botschaft: „Schön mit ihm beten, so läuft er uns nicht davon! Aber diesem kranken Arsch werden wir doch kein Mädchen geben!" Als Schnellenkamp davon erfuhr, machte er einen Fluchtversuch, der wohl geglückt wäre, weil Flüchtlinge nicht mehr mit der ganzen militärischen Gewalt der Kolonie verfolgt wurden. Die Hoffnung auf Ursula hieß ihn aber umkehren. Er wollte sie, der er bis dahin seine Liebe nicht einmal angedeutet hatte und die nicht wusste, dass sie seines Schutzes bedurfte, nicht im Stich lassen, und kehrte zu ihr, in die Kolonie, zurück. Er ließ sich auf das Angebot ein, sie durch Leistung gewinnen. Er traute sich nun, Ursula seine Liebe zu gestehen: „Ich wage Ungeheuerliches und nehme sie in den Arm. Und sie umfängt mich ebenfalls. Jetzt hätte meinetwegen die Welt untergehen können. Denn nun war ich am Ziel. Jetzt bedeuteten mir Himmel und Erde nichts mehr. Und dann frage ich sie unter Tränen der Freude und des Schmerzes: Ursel, kannst du dir vorstellen, dass ich dich mag? Und sie antwortet: Ich habe dich doch auch lieb!"

Allerdings war an Heirat und damit an die erlaubte sexuelle Erfüllung der Liebe nicht zu denken, denn Ursula hatte, wie er nun erfuhr, schon einen Verlobten, dessen Namen sie aber nicht sagte. Schnellenkamp glaubte ihn in Hans-Jörg Schreiber zu finden, dem Sohn Albert Schreibers[53], und nahm den Konkurrenzkampf auf. Das Bild seiner Sehnsucht stets vor Augen, im Bewusstsein der intellektuellen Überlegenheit und mit dem Willen zur Perfektion funktionierte er als „Erfolgsmaschine", bis er zusammenbrach, als er erfuhr, dass Ursula bereits mit Ernst Schreiber verlobt war, der mit seinen Eltern nach Deutschland geflohen und damit durch keine in Chile erbrachte Bravourleistung zu übertrumpfen war. Nun kündigte er der Kolonie auch noch den letzten Rest Loyalität auf. Schnellenkamp teilt nicht mit, wer ihm die Informationen zuspielte, die seine Anstrengungen um Ursula zunichtemachten, aber auch die Versuche der Führungsgruppe konterkarierten, ihn an die Kolonie zu binden. Möglicherweise standen dahinter Konflikte in dieser Gruppe selbst: Während die einen, wie etwa Luis Lamas, seinen Leistungswillen und seine intellektuellen Kapazitäten ausnutzen und ihn für seine Dienste mit erlaubter Liebe entlohnen wollten, könnten andere, wie Riesland oder Blanck, angeleitet von Schäfer selbst, zynisch versucht haben, den Widerspenstigen erst in seiner Widersetzlichkeit zu bestärken, um ihn dann umso grausamer scheitern zu lassen und endgültig zu brechen.

Wieder genesen, verfolgte er zwei Ziele: durch Leistung seine Freiheit zu erreichen und die Liebe seiner Eltern zu gewinnen. Beide schlossen sich unter den Bedingungen des Lebens in der „Colonia Dignidad" aber gegenseitig aus. Seine Freiheit erreichte er, weil die strikte Abschottung der Kolonie gegenüber der chilenischen Welt immer mehr gelockert wurde: Er durfte 2004 am Institut INSALCO, das zur Deutschen Schule Santiago gehört, eine Ausbildung zum Industriekaufmann antreten. Die Institutsleitung, zu der er hinter dem Rücken der Führungsgruppe Kontakt aufgenommen hatte, unterzog ihn auf dem Gelände der Kolonie erfolgreich einer Aufnahmeprüfung, und der Aufforderung der Führungsgruppe, sich „die Antwort von Gott zu holen", wo er studieren wollte, folgte er mit einem eigenen Gottesbild, das er aus der Bibel geschöpft hatte. Um die Liebe seiner Eltern bemühte er sich vergebens. Ob nun in den letzten Monaten seines Lebens in der Kolonie, als die Familie nach Schäfers Untertauchen zusammenleben durfte, er an seinem 31. Geburtstag zum ersten Mal ein Geschenk von seine Eltern erhielt und doch erlebte, dass sie ihn nicht verstanden; ob bei seinen Abschiedsbesuchen vor seiner Ausreise nach Deutschland; beim letzten Besuch bei seinem Vater, der in Santiago im Gefängnis war; bei Anrufen von Deutschland aus – immer hoffte er zu erfahren, dass er geliebt wurde. Die Antwort, die seine Mutter ihm während eines weihnachtlichen Gesprächs ins Telefon schrie, wiederholte, was sie und ihr Mann ihrem Sohn zu sagen hatten, seit der sie als seine Eltern kannte, sie offenbarte, wie sehr ihr Denken auch nach Schäfers Verhaftung den alten Grundsätzen verhaftet blieb: dass sie in einer Endzeit lebten; dass sie einer auserwählten Schar angehörten, die Erlösung finden würde; dass die Welt außerhalb der Kolonie dem Teufel verfallen sei; dass alle, die sich von der Gemeinde abwandten, Gott verrieten und sich dem Satan übereigneten; dass dessen wirksamste Waffe die sexuelle Attraktivität einer Frau sei; dass es Ausdruck wahrer Liebe sei, Buße zu verlangen und zu strafen.

*Der Satan hat dich im Genick! Dich plagen ja die Dämonen und rauben dir Gottes Frieden! Jetzt bete endlich mal zu Gott, dass er dich von diesen unsauberen Geistern befreit! Du kannst keinen Frieden finden, weil du Gott verlassen hast. Du hast deinen Platz in der Brautgemeinde Christi verspielt. Wenn Jesus nun jeden Augenblick in den*

*Wolken erscheint, wirst du nicht mehr die Chance haben, mit uns Auserwählten an Seinem Tisch zu sitzen und mit ihm das Hochzeitsmahl zu halten. Und hör endlich auf, an weltliches Heiraten zu denken. Das ist doch, womit dich der Satan quält. Die schönen Augen einer Frau führen in Sünde, Krankheit und Hölle. Ihre Schönheit hat sie vom Satan bekommen. Komm zurück, aus dieser Teufelswelt! Tue Buße und bekehre dich, Verräter! Es kann schon morgen zu spät sein.*

Das Ehepaar Schnellenkamp hielt Schäfer über Flucht, Verhaftung und Verurteilung hinaus die Treue. Noch im September 2005, wenige Monate vor diesem Telefonat, hatte Kurt Schnellenkamp seinem Sohn versichert, dass Schäfer „vom heiligen Geist inspiriert" sei.

Elisabeth und Kurt Schnellenkamp liebten ihren Sohn, so wie sie es verstanden: Sie müssten Sorge tragen, dass auch er für Gott lebte, dass die Dämonen in ihm ausgetrieben würden, dass er vor den Verführungen des Teufels bewahrt bliebe. Ihn zu schlagen und einzusperren war für sie die Betätigung dieser Liebe, solange sie noch hoffen konnten ihn zu retten. Sein Weg nach Deutschland war ein Verrat an Gott, den sie ihm zwar als Eltern verzeihen konnten, wofür sie als Gläubige aber Gott um Vergebung anflehen mussten. Kurt Schnellenkamp sah, nachdem sein Sohn Chile verlassen hatte, wohl sein Versagen als Vater, er rechtfertigte es aber mit dem gottgewollten Einsatz für die Gemeinde, der er sein Leben geweiht hatte:

*Klar, ich habe versagt, ganz gewiss. Ich versuche alles zu tun, um ein richtig gutes Verhältnis miteinander zu haben, dass alles geheilt werden kann, irgendwie. Vielleicht hat die Liebe gefehlt. Das Äußere war bei mir dominierend, dass das Rad sich hier weiter dreht. Ich sah das alles eher so sachlich und materiell. Es tut mir weh, dass alles so gekommen ist. Aber es ist halt so. (...) Aber ich habe hier die Realität Gottes erlebt, und die erlebe ich auch heute. Zum Beispiel, als ich im Gefängnis war, ich konnte fröhlich sein, ja.*[54]

Wie Efraín Vedder hatte Klaus Schnellenkamp Angst vor Verfolgung und Heimholung durch Jäger der Kolonie, selbst am Flughafen wollte er 2005 noch einer Entführung vorbeugen und sah in einem Team des ZDF, das ihn begleitete, seine „Schutzengel". Wie Efraín Vedder fürchtete auch er sich vor der „Welt der Ungewissheit", hatte „Sorge um die Existenz." Anders als diesen Chilenen erwartete ihn „draußen" keine Familie, nur lose, in Santiago geknüpfte Bekanntschaften. Zum Neubeginn in Deutschland, in der Freiheit, die er jahrzehntelang ersehnt hatte, befand er sich „im tiefsten Winter meines Lebens". Der Wille zum Erfolg, die unbedingte Leistungsbereitschaft und seine intellektuellen Fähigkeiten, die ihn die „Colonia Dignidad" überleben ließen, führten ihn auch aus dieser einsamen Verzweiflung heraus – Arbeitswut als sehr deutsche Selbsttherapie.[55] Er gründete eine Unternehmensberatungsfirma und lebt heute als Geschäftsmann in der Umgebung von München.[56]

1 Heller 2006, S. 45ff; Hugo Baar nannte 1988 eine Zahl von 20 Flüchtlingen, die ihm persönlich bekannt seien, Unterausschuss 1988, S. 23. Das Ehepaar Packmor, dem 1985 die Flucht gelang, berichtete, dass Ulrike Mysliwitz bis zu Dr. Mujica in Parral kam, der eng mit der „Colonia" zusammenarbeitete und sie wieder in die Kolonie zurückbrachte, und dass Heinz Schmidt, der Adoptivsohn des Führungsmitglieds Hermann Schmidt und seiner Frau Ursula, bis zur Deutschen Botschaft in Santiago gelangte, wo ihn seine Eltern abholten; ebenda, S. 37; Doris Gertz, 1970 in der Kolonie geboren, erinnert sich an 10 vergebliche Fluchtversuche, die sie als Jugendliche unternahm, jedes Mal sei sie vom Sicherheitsdienst wieder eingefangen worden; „C. Dignidad: revisan condenas en medio de nuevas denuncias", La Nación vom 5.6.2010, www.lanacion.cl. Weitere Beispiele bei Gemballa 1988, S. 84ff. und Gemballa 1998, S. 153, dort gestützt auf Aussagen von Lotti Packmor

2 Gemballa 1998, S. 130

3 „Vom Opfer zum Jäger", Hamburger Abendblatt vom 29.3.2005, www.abendblatt.de

4 Gemballa 1998, S. 130f.

5 E. W. Kneese in einem Telefongespräch am 9.1.2013

6 „Vom Opfer zum Jäger", Hamburger Abendblatt vom 29.3.2005, www.abendblatt.de

7 Fröhling, S. 180

8 Interview im Film von José Maldavsky: Colonia Dignidad

9 „Vom Opfer zum Jäger", Hamburger Abendblatt vom 29.3.2005, www.abendblatt.de

10 Araya/Lecaros, S. 52; Gemballa 1988, S. 78f.; Fröhling, S. 180f. schreibt die Flucht mit dem Pferd fälschlicherweise dem gelungenen dritten Fluchtversuch zu

11 Unterausschuss 1988, S. 13ff.; vgl. auch Fröhling, S. 179f. und Gemballa 1988, S. 79f.

12 Unterausschuss 1988, S. 110f., Fröhling, S. 180f.; s.a. Heller 1993, S. 69

13 Gemballa 1988, S. 82

14 Unterausschuss 1988, S. 56, Aussage Hartmut Hopp

15 „Zucht und Unzucht in der Siedlung ‚Würde'", Süddeutsche Zeitung vom 8.6.1966, S. 3; der Reporter war Carlos Widmann, der damalige Lateinamerikakorrespondent der SZ

16 Gemballa 1988, S. 83; Salinas/Stange, S. 246

17 Das Geld für Flucht und Flug streckte ihm die Botschaft vor. Er zahlte die 9.526,87 Mark, die ihm in Rechnung gestellt wurden, zurück; „Ich will den Mann hinter Gittern sehen", taz vom 28.5.1997, www.taz.de

18 Araya/Lecaros, S. 77

19 Salinas/Stange, S. 182

20 Dieter Mayer, a.a.O.

21 Dieses und die folgenden Zitate aus dem Artikel „Zucht und Unzucht in der Siedlung ‚Würde'", Süddeutsche Zeitung vom 8.6.1966; zur Untersuchungskommission des chilenischen Parlaments s. Heller 1993, S. 152

22 „Geschichte der Colonia Dignidad beginnt in Siegburg", Kölner Stadtanzeiger vom 23.11.2004, www.ksta.de

23 Vedder, S. 101 und 109

24 Alle Angaben und Zitate stützen sich, soweit nicht anders vermerkt, auf eine Lebensbeschreibung, die Hugo Baars Ehefrau Waltraud und seine Schwester Emilie Baar angefertigt und Herman Schwember im November 2006 übergeben hatten; Schwember, S. 206ff.

25 Unterausschuss 1988, S. 155 und S. 112

26 Heller 2006, S. 49. Waltraud Baar führt die Tablettenabhängigkeit ihres Mannes auf dessen chronische Nierenkoliken zurück, Schwember, S. 211. Hartmut Hopp bezeichnet ihn, um seine Glaubwürdigkeit als Zeuge zu zerstören, vor dem Untersuchungsausschuss des Bundestages als Alkoholiker und Drogensüchtigen. Diese Charakteristika treffen zu; Unterausschuss 1988, S. 58f.

27 Heller 2006, S. 50

28 Dr. Varas aus Santiago, nach dem Eindruck von Lotti Packmor ein „gekaufte(r) Psychiater (...), der schon jahrelang mitspielte"; Gemballa 1988, S. 99

29 Gemballa 1988, S. 90, zitiert einen Bericht Baars vom 2. April 1985 an die deutschen Botschaft in Santiago

30 Schwember, S. 212

31 Zitiert nach Heller 1993, S. 236; vgl. auch Schwember, S. 212

32 Unterausschuss 1988, S. 22; s.a. Gemballa 1988, S. 92. Baar beschreibt hier seine Ohnmacht: „Hätte ich dagegen protestiert oder sogar eingegriffen, hätte es entsprechende Folgen für mich gehabt, entweder wieder Isolation oder andere Maßnahmen."

33 Gemballa 1988, S. 146; ihn schmerzte z.B. die Verkehrung des Beichtrituals: „Das hat nichts mehr mit Beichte im christlichen Sinne zu tun, denn es geht bis in die Gedankenwelt hinein. Niemand darf etwas haben, was geheim ist." Unterausschuss 1988, S. 23

34 So der deutsche Geschäftsmann Peymann vor dem Unterausschuss für Menschenrechte und Humanitäre Hilfe des Auswärtigen Amtes, Unterausschuss 1988, S. 137

35 Heinz Kuhn, einer der ersten Gefolgsleute Schäfers und in Chile zunächst einer der engsten Vertrauten, setzte sich schon 1968 aus der Kolonie ab, nachdem seine heimliche Geliebte Ursula Klemkow zu einer Abtreibung gezwungen worden war. Nach eigenen Angaben erpresste er Schäfer damit, ihn bei der deutschen Botschaft anzuzeigen, und gewann so seine Freiheit und später auch die seiner Frau. Er floh aber nicht aus Chile, sondern ließ sich zunächst in Santiago und dann in Los Angeles, nahe der Siedlung, nieder, wo er ein erfolgreicher Geschäftsmann wurde, der nicht mehr an Schäfers Religion glaubte, die kommerziellen Verbindungen zur „Colonia" aber nie aufgab. Er half Hugo Baar, dem Ehepaar Packmor und Tobias Müller bei ihrer Flucht und stellte sich den chilenischen Ermittlern als Zeuge gegen Schäfer zur Verfügung; vgl. Schwember, S. 180f. und Salinas/Stange, S. 49f.

36 Heller 1993, S. 53; „P" steht vermutlich für „Pius", eine der in der Siedlung gebrauchten Anreden für Paul Schäfer

37 Der Bericht ist auszugsweise abgedruckt in Rojas, S. 49ff.

38 So die Erinnerung von Waltraud Baar, Schwember, S. 219; Hugo Baar schildert diese Episode aus seiner Sicht, in den Fakten aber übereinstimmend, 1988; Unterausschuss 1988, S. 144f.

39 Schwember, S. 221

40 Unterausschuss 1988, S. 58ff.

41 Das Protokoll dieser Versammlung ist abgedruckt bei Heller 1993, S. 237–249

42 Statements im Film „Deutsche Seelen"

43 Unterausschuss 1988, S. 23

44 Waltraud Baar, zitiert bei Schwember, S. 223

45 Ebenda, S. 224

46 Siehe auch Gemballa 1988, S. 59

47 Alle Angaben und Zitate in diesem Porträt stammen, wenn nicht anders vermerkt, aus Vedder, a.a.O.

48 Die Flucht von Tobias Müller und Salo Luna gelangte auf die Titelseiten der wichtigsten chilenischen Zeitungen und in die Nachrichten der staatlichen Televisión Nacional; in Deutschland wurde Müller vom ARD-Magazin Report aus Baden-Baden und vom „Stern" interviewt. Die überaus öffentlichkeitswirksamen Berichte verstärkten den Druck auf Schäfer; vgl. Gemballa 1998, S. 120ff.

49 „Hallan armas de guerra en Dignidad", El Sur vom 16.6.2005 (Eigenes Archiv)

50 Winfried Hempel im Gespräch am 14.10.2013

51 Alle Angaben und Zitate in diesem Porträt stammen, wenn nicht anders vermerkt, aus Schnellenkamp, a.a.O.

52 Die vermummten Soldaten, die ihn einfingen, sprachen Deutsch und Spanisch, ein Beleg für die enge Zusammenarbeit der Kolonie mit dem chilenischen Militär während der Pinochet-Diktatur; vgl. auch Heller 2006, S. 77ff.

53 Albert Schreiber wurde steckbrieflich von der chilenischen Regierung wegen Beihilfe zum Kindsmissbrauch gesucht und lebte von 1997 bis zu seinem Tod im Jahre 2003 mit seiner Frau Lilli Nill und seinem Sohn Ernst in Deutschland; vgl. Heller 2006, S. 10

54 Statement im Film „Deutsche Seelen"

55 „Klaus, der Rebell", Süddeutsche Zeitung vom 5.2.2008, S. 8

56 Vermerk auf der Webseite www.profitector.com, aufgerufen am 30.1.2013

# Die „Villa Baviera“

*Eingang zum Restaurantzelt der „Villa Baviera“*

## Herde ohne Hirten

Am 10. März 2005 wurde Schäfer, mit starrem Lächeln auf einem Bett liegend, von argentinischen Polizisten in „Las Acacias“, einer vornehmen, gut bewachten Siedlung in der Ortschaft Tortuguitas, 60 km nördlich von Buenos Aires, verhaftet. Er hatte sich dort erst fünf Monate zuvor niedergelassen, betreut, beschützt und abgeschirmt von fünf Menschen, die ihm bedingungslos ergeben waren: seiner Adoptivtochter Rebeca, deren Ehemann und Schäfers langjährigem Chauffeur Friedhelm Zeitner, seiner Krankenschwester Renate Freitag, die seine Betreuung nach dem Tod von Maria Strebe übernahm, Peter Schmidt, dem Sohn Hermann Schmidts, einem der Gründer der „Private Sociale Mission e.V.“, und Matthias Gerlach. Häufige Arztbesuche des 83-jährigen Greises machten einen Umzug aus der riesigen Farm „La Solita" in der Nähe der Stadt Chivilcoy nötig, in der Schäfer bis dahin gelebt hatte, unauffällig für seine Nachbarn, aber durch Waffen, in Schreibgeräten verborgenen Giftpfeilen und Aschenbechern mit Detonatoren gegen Eindringlinge abgesichert.[1] Die kleine Gruppe hätte dort aufgrund großer Vorräte wochenlang ohne jeden Kontakt mit der Außenwelt leben und sich in letzter Not in Löchern verbergen können, die in den Boden gegraben waren.[2]

Seit Juli 2003 war den chilenischen Behörden bekannt, dass sich Schäfer in Argentinien verbarg. Arztbesuche und Medikamentenkäufe des an Niere und Lunge erkrankten Mannes hatten ebenso Spuren hinterlassen wie Reisen seiner Helfer, die von Konten in verschiedenen Ländern Geld abhoben. Insbesondere die Recherchen, die im November 2002 die Journalistin Carola Fuentes aus dem Team der Sendung „Contacto" des chilenischen Fernsehsenders Canal 13 und der Opferanwalt Hernán Fernandez begannen, hatten die Fahnder zu Schäfers Unterschlupf geführt.[3] Zwei Tage nach seiner Verhaftung wurde Schäfer per Dekret des Präsidenten Nestor Kirchner abgeschoben, im Rollstuhl nach Santiago geflogen und ins Krankenhaus des dortigen Hochsicherheitsgefängnisses eingeliefert. Über ein Jahr später, am 26. Mai 2006, wurde er wegen Kindsmissbrauch zu 20 Jahren Haft verurteilt, ein Urteil, das einen schon im November 2004 in Abwesenheit ergangenen Richterspruch aufgriff. Der „virtuelle Führer" war zurück, aber als stummer Greis im Rollstuhl. Er sandte keine Botschaften mehr an seine Gemeinde, er hüllte sich in Schwiegen. Dass er Jungen missbraucht hatte, war nun kein offenes Geheimnis der Gemeinde mehr, sondern ein weltweit bekanntes Verbrechen. Die Herde hatte ihren Hirten verloren.[4]

## Das Eindringen der Außenwelt

Zugleich zerfiel die bereits durchlöcherte Abschottung gegenüber der Welt draußen gänzlich. Sowohl Deutschland als auch Chile intervenierten nun direkt. Mit dem Verlust des Führers und dem wenn auch nicht materiellen, so doch funktionalen Verschwinden des schützenden Zauns brachen die wesentlichen Stützpfeiler der Gemeinde weg.

Die Hilfsangebote aus Deutschland wie das Verlangen der Chilenen nach „Eingliederung" erschienen den über Jahrzehnte abgeschlossenen Siedlern zunächst als Eindringen der Ungläubigen in ihre Insel des Heils. Dabei trugen gerade diese Interventionen von außen entscheidend dazu bei, dass die „Colonia Dignidad" als „Villa Baviera" weiterbestand. Etwa die Hälfte der Bewohner wollte ohne die Gemeinschaft, in der sie aufgewachsen waren, nicht leben. Für sie wurde der Erhalt dieser Gemeinschaft zu einem Wert an sich, an dem sie sich so festhielten, wie sie sich zuvor an den Gründer dieser Gemeinschaft geklammert hatten. Gleichwohl hätten sie ohne Unterstützung der ehemals so gefürchteten wie verachteten Außenwelt ihr „Bayerisches Dorf" nicht bewahren können:

Es war Herman Schwember, der Sonderbeauftragte der chilenischen Regierung, der einen Weg wies, wie in der neuen Gemeinschaft die Täter und ihre Opfer und die vielen, die Opfer und Täter zugleich waren, miteinander leben konnten.

Es war der von der deutschen Regierung bezahlte Psychologe Niels Biedermann, der ihnen half, sich in einem schmerzhaften Anpassungsprozess innerhalb weniger Jahre von infantilen Kollektivwesen zu erwachsenen Individuen in einer Gemeinschaft zu wandeln.

Es war die chilenische Präsidentin Bachelet, die der „Villa" das wirtschaftliche Überleben als Touristenattraktion ermöglichte.

## Strafen und Straflosigkeit

Die chilenische Regierung setzte 2005 den Sonderrichter Jorge Zepeda ein, der sich am Appellationsgericht in Santiago ausschließlich um die juristische Verfolgung der „Colonia Dignidad" kümmerte.[5] Die Ermittlungen, die sich jahrzehntelang ergebnislos dahingeschleppt hatten, zeitigten nun Ergebnisse.[6] Bei mehreren Razzien wurden Reste von Autos gefunden, die sich verschwundenen politischen Gefangenen zuordnen ließen, und gewaltige Mengen an Kriegswaffen entdeckt, die den Polizisten bei früheren Durchsuchungen noch entgangen waren. Zepeda sorgte für die Strafverfolgung von Schäfer und seiner Führungsgruppe, die sich fast 15 Jahre lang jeder Ahndung ihrer Verbrechen hatten entziehen können, war aber zugleich auch bemüht, den Siedlern, die sich strafrechtlich nicht schuldig gemacht hatten, ein Weiterleben in der Kolonie zu ermöglichen – sofern sie sich nun als Teil der chilenischen Gesellschaft zu verstehen bereit war und nicht mehr als religiöse Enklave, die über alle weltlichen Gesetze erhaben war. Juristisches Vorgehen gegen wenige Straftäter – Beistand für die vielen juristisch Unschuldigen: dieser doppelte Ansatz Zepedas deckte sich mit den Bemühungen der chilenischen wie der deutschen Regierung.

Zepeda ließ wichtige Führungsmänner verhaften und vor Gericht bringen, nicht nur wegen Beihilfe bei der Vergewaltigung von Jungen durch Schäfer, sondern auch wegen Verstößen gegen das Waffengesetz und der Bildung einer kriminellen Vereinigung, die inzwischen alle rechtskräftig geworden sind. Die Zeiten, da mächtige Freunde in Militär und Justiz Schäfer und seinen Mittätern Straffreiheit sichern konnten, waren vorbei.[7] Allerdings: So entschieden die chilenische Justiz inzwischen Schäfers Pädophilie und Waffenhandel ahndet und gegen einige seiner Helfer vorgeht, so zögerlich ist sie immer noch, wenn Menschenrechtsdelikte verfolgt werden sollen, die Schäfers Verbrechen unweigerlich mit Pinochets Regime verbinden. Der Rechtsanwalt Hernán Fernández, der seit 1996 chilenische Opfer der „Colonia Dignidad" vertritt, sprach 2008 von „absoluter Straflosigkeit"[8] und klagte zwei Jahre später: „Meinem Eindruck nach stoßen wir in Chile nur auf Hindernisse, wenn es darum geht, diese Delikte aufzuklären, die Verantwortlichen zu bestrafen und für die Opfer Entschädigungen zu erreichen."[9]

Erst 2012, über 20 Jahre nach dem Ende der Militärdiktatur, gelang es Zepeda, Gerhard Mücke und Karl van den Berg zusammen mit dem ehemaligen Geheimdienstchef Manuel Contreras und dem DINA-Agenten Carlos López Tapia wegen des „Verschwindenlassens" von drei politischen Gefangenen im Jahre 1976 zu 5 Jahren und einen Tag Haft zu verurteilen – das bislang einzige Verfahren gegen Mitglieder der „Colonia" wegen Verletzung von Menschenrechten, in dem allerdings noch kein abschließendes Urteil ergangen ist.[10] Schäfers Adoptivtochter Rebeca und die anderen vier Helfer, die ihn in sein argentinisches Versteck begleitet hatten, sind derzeit noch gegen Kaution auf freiem Fuß. Rebeca wurde dabei vom Appellationsgericht in Talca ausdrücklich bescheinigt, dass es kein Vergehen sein könne, wenn eine Tochter bei ihrem Vater bliebe.[11]

## „Colonia Dignidad"/„Villa Baviera" – Urteile in Chile[12]

| Datum | Angeklagte | Anklage | Urteil | Gericht |
|---|---|---|---|---|
| 16. 11. 2004 | Paul Schäfer (in Abwesenheit) | Kindsmissbrauch in 26 Fällen, Kindesentzug, Kindesentführung | 20 Jahre Haft, Wiedergutmachung von 520 Millionen Pesos (ca. 760.000 €)[13] | Richter Hernán Gonzalez |
| | Hartmut Hopp, Gerd Seewald, Gerhard Mücke, Kurt Schnellenkamp, Günter Schaffrik, Dennys Alvear, Uwe Cöllen, Rudolf Cöllen, Wolfgang Müller Altevogt, Alfred Gerlach, Wolfgang Zeitner, Peter Schmidt, Rebeca Schäfer | Beihilfe zu Kindsmissbrauch, Kindesentzug u. Kindesentführung; Strafvereitlung | 5 bis 11 Jahre Haft, Wiedergutmachung (s. o.) | |
| 10. 4. 2006 | Paul Schäfer, Hartmut Hopp, Karl van den Berg, Gerhard Mücke, Kurt Schnellenkamp, Albert Schreiber (in Abwesenheit) | Bildung einer kriminellen Vereinigung | bisher keines | Richter Jorge Zepeda |
| 24. 5. 2006 | Paul Schäfer | wie 16. 11. 2004 | wie 16. 11. 2004 | Richter Jorge Zepeda |
| 28. 8. 2006 | Paul Schäfer; Kurt Schnellenkamp, Karl van den Berg Hartmut Hopp | Illegaler Besitz, Kauf u. Produktion von Waffen | 7 Jahre 5 Jahre 541 Tage | Richter Jorge Zepeda |
| 26. 3. 2008 | Paul Schäfer | Körperverletzung an 8 Minderjährigen aus der Kolonie | 3 Jahre und 300 Tage | Richter Jorge Zepeda |
| 2. 7. 2008 | Paul Schäfer; Kurt Schnellenkamp, Karl van den Berg, Hartmut Hopp | wie 28. 8. 2006 | 3 Jahre u. 1 Tag je 541 Tage 90 Tage | Oberster Gerichtshof (Corte Suprema) Santiago |

| Datum | Angeklagte | Anklage | Urteil | Gericht |
|---|---|---|---|---|
| 11. 7. 2008 | Paul Schäfer | wie 26. 3. 2008 | wie 26. 3. 2008 | Appellationsgericht Talca |
| 27. 11. 2008 | Paul Schäfer; Kurt Schnellenkamp, Rudolf Cöllen | Mord an Miguel Becerra | 7 Jahre je 541 Tage | Richter Jorge Zepeda |
| 12. 5. 2009 | Paul Schäfer | wie 26. 3. 2008 | wie 26. 3. 2008 | Oberster Gerichtshof Santiago |
| 13. 7. 2009 | Paul Schäfer, Kurt Schnellenkamp, Rudolf Cöllen | wie 27. 11. 2008 | wie 27. 11. 2008 | Oberster Gerichtshof Santiago |
| 7. 1. 2011 | wie 10. 4. 2006 (ohne Paul Schäfer, verst. a. 24. 4. 2010) | wie 10. 4. 2006 | Strafrahmen bestätigt, Haftdauer in Einzelfällen gesenkt | Appellationsgericht Talca |
| 23. 1. 2012 | Gerhard Mücke, Karl van den Berg (zus. m. ehem. Chef d. Geheimdienstes DINA, Manuel Contreras, u. d. ehem. DINA-Agenten Carlos López Tapia)[14] | Mittäterschaft am „Verschwindenlassen" von Juan Maino, Elizabeth Rekas u. Antonio Elizondo im Jahr 1976 | 5 Jahre u. 1 Tag | Richter Jorge Zepeda<br><br>Appellationsgericht Santiago: Freispruch aus Beweismangel am 31. 12. 2013 |
| | Hartmut Hopp (in Abwesenheit) | Auslieferungsantrag an Deutschland am 29. 7. 2013 | | Oberster Gerichtshof Santiago |
| 25. 1. 2013 | wie 7. 1. 2011 | wie 10. 4. 2006 | Haftstrafen bestätigt für Seewald, Mücke, Schnellenkamp, Schaffrik, Alvear, Hopp, Haftdauer z. T. geändert; Strafen gegen U. und R. Cöllen, A. Gerlach, W. Müller Altevogt, R. Schäfer, P. Schmidt u. W. Zeitner als Arrest | Oberster Gerichtshof Santiago |

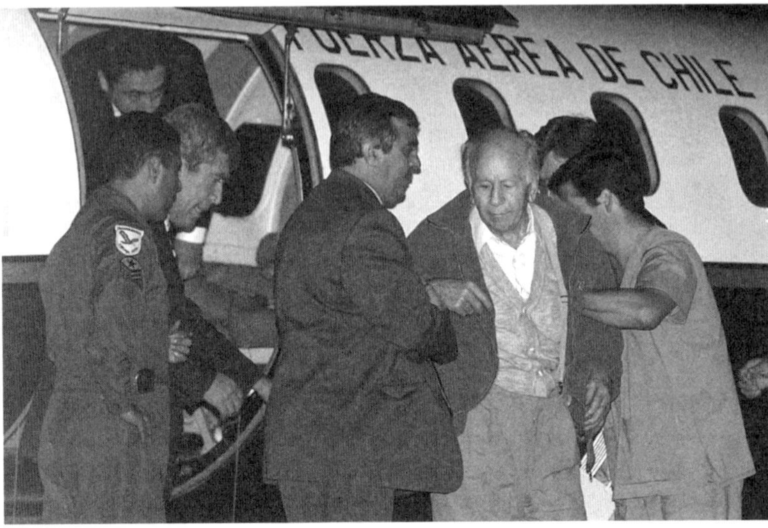


*Der verhaftete Paul Schäfer in Buenos Aires am 12. März 2005 vor dem Abflug mit einer chilenischen Militärmaschine nach Santiago*

## Staatliche Hilfe – staatliche Kontrolle

Die Unternehmen der Kolonie wurden am 26. August 2005 unter die Zwangsverwaltung durch den Insolvenzverwalter Hernán Chadwick gestellt. Ein Einspruch der Anwälte der „Villa Baviera" wurde vom Appellationsgericht Talca Anfang September 2005 zunächst abgewiesen, zwei Wochen später aber hob Richter Zepeda die Zwangsverwaltung auf. Hernán Chadwick übergab ihm Ende des Monats einen Bericht, in dem er – wenig überraschend – zahlreiche rechtliche „Anomalien" im Wirtschaften des „Bayerischen Dorfes" entdeckte. Dieser Bericht wurde nie veröffentlicht, ebenso wenig wie die Gründe für Zepedas Beschluss. Der Staat Chile verzichtete auf die faktische ökonomische Übernahme der Schäfer-Gemeinde[15] – und damit einerseits auf den Zugriff auf nicht gezahlte Steuern, die nach dem Verlust der Gemeinnützigkeit im Jahre 1991 angefallen waren und 2002 vom Berufungsgericht in Talca auf 13,4 Millionen US-Dollar beziffert wurden[16], andererseits auf die Verantwortung für etwa 300 Menschen, die ohne die Einnahmen aus ihren Betrieben völlig mittellos gewesen wären. Sie sollten nicht ruiniert, ihnen sollten vielmehr Wege eröffnet werden, sich in den Staat Chile zu integrieren. Aus dem quasi autonomen Schäfer-Staat sollte eine deutsche Siedlung in Chile werden. Dazu setzte der damalige Präsident Lagos am 4. Oktober 2005 einen Regierungsbeauftragten ein, den deutschstämmigen Herman Schwember. Sein Auftrag: „der Gemeinschaft in der ‚Villa Baviera' zu helfen, die chilenischen Gesetze und Institutionen zu respektieren, das Zusammenleben mit der Bevölkerung zu verbessern und produktive, soziale und kulturelle Projekte zu entwickeln, die zu diesem Zusammenleben beitragen".[17]

Schwember wurde mit äußerstem Misstrauen empfangen, er verkörperte geradezu die gefürchtete Einmischung der Regierung in das Leben der Gemeinschaft.[18] Zudem gehörte er nicht zum alten Kreis der chilenischen Freunde, er war während der Pinochet-Diktatur selbst im Gefängnis und den Siedlern darum doppelt verdächtig. Sein Freund und Zellennachbar Pater Llidó war einer der politischen Gefangenen, die in der „Colonia Dignidad" gefoltert und getötet worden waren. Gleichwohl weigerte er sich, die Bewohner der „Villa Baviera" pauschal zu verurteilen, „weil ich nicht weiß, wer wie mitgemacht hat".[19] Er unterschied – wie Richter Zepeda – zwischen dem Haupttäter Schäfer, den er als einen der „schlimmsten Verbrecher" sah, die jemals in Chile gelebt hatten, gar als „ein Genie des Bösen", einem „inneren Kreis von Komplizen", die bei seinen Verbrechen mitgemacht hatten und juristisch schuldig geworden waren, und den Menschen außerhalb dieses Kreises, die „sehr wenig Freiheit hatten, etwas anderes zu machen". Diesen Menschen wollte er beistehen, auch wenn sie, indem sie Verbrechen duldeten, moralische Schuld auf sich geladen hatten und sich dieser Schuld nicht stellen mochten. Er beklagte, dass die meisten Siedler die Aufklärung dessen, was während der Pinochet-Diktatur in der „Colonia Dignidad" geschehen war, ganz der chilenischen Justiz überlassen wollten, anstatt sich selbst mit ihrer Vergangenheit auseinanderzusetzen: „Es kann nicht sein, dass sie gar nichts wussten. Wenn sie sich also nicht auf diesen Prozess einlassen und rekonstruieren, was tatsächlich geschah, werden sie nicht vorankommen. Die Ermittlungen der Justiz haben ihre Grenzen. Sie haben nur jene gefunden, über die spezifische Informationen vorlagen. Wir befinden uns da immer noch in einer großen ‚Blackbox'".[20]

Dennoch war er bereit, ihnen bei der Eingliederung in die chilenische Gesellschaft behilflich zu sein, ohne dass sie diesen Erinnerungsprozess begonnen hatten. Zum einen sah er sie selbst auch als Opfer schlimmster Misshandlungen, gefangen in einem Glaubensparadox: Sie wurden auf tausenderlei Weise getreten und gequält, und glaubten doch daran, dass dies nach dem Willen Gottes geschah.[21] Zum andern war er fest davon überzeugt, dass nun, nach dem Ende der Schäfer-Herrschaft, „in einer konstruktiven und förderlichen Umgebung die ganz große Mehrheit von ihnen jedes Potential (hat), um als Menschen in Würde, als gesunde Mitglieder normaler Familien, als freie und produktive Bürger zu leben". Er hielt Distanz, wohnte nicht in der Kolonie, sondern in einem kleinen Hotel im Nachbardorf Catillo, verbrachte aber viel Zeit in der Siedlung und näherte sich vorsichtig, aber voller menschlicher Zuneigung den Bewohnern. Er gab, da er Deutsch zwar verstand, jedoch nur wenig sprach, den Siedlern, die Spanisch verstanden, aber kaum sprachen, Spanischunterricht. Von Anfang an unterstützte er ihr Grundanliegen: Die Schäfer-Gemeinde sollte ohne Schäfer weiterleben, die „Villa Baviera" als Touristenort und Erholungsgebiet eine wirtschaftliche Zukunft finden. Die Aufarbeitung der Vergangenheit musste dafür vorerst zurückgestellt werden. Es sei „nicht sinnvoll, alles ans Licht zu bringen, man würde nie fertig werden".[22] Vor allem aber konnte nur das Weiterbestehen der „Villa" den Opfern eine vage Aussicht auf die Entschädigungen eröffnen, die ihnen die Urteile gegen Schäfer und seine engsten Vertrauten zugesprochen hatten, ohne allerdings zu sagen, wer sie wie bezahlten sollte.[23] Diese differenzierte Position zu vermitteln: den Angehörigen der Opfer verständlich zu machen, dass die Gemeinschaft der Peiniger fortbestehen müsse; den chilenischen Staat, den die Kolonie jahrzehntelang entweder verachtet oder ihren Zielen dienstbar gemacht hatte, zu überzeugen, ihr materielle Überlebenshilfe zu gewähren – dies gelang ihm auch mit wiederholten Rücktrittsdrohungen nicht.[24] Als er Anfang 2007 seinen Auftrag endgültig zurückgab, schied er im bitteren Gefühl, dass er jahrelang nur versucht hatte, „das Meer zu pflügen".[25] Die Gemeinde selbst teilte diese Enttäuschung nicht. So misstrauisch er zunächst empfangen wurde, so tief das Schweigen gewesen war, das ihm anfänglich antwortete, wenn er den formellen wie informellen Strukturen in der Siedlung nachforschte, so selbstverständlich auch er als „Weltmensch" zunächst belogen wurde – sein Bestreben, alles zu verstehen, ohne alles zu vergeben, seine Bereitschaft, der Kolonie zu einer Zukunft zu verhelfen, ohne die Vergangenheit zu vergessen, gewannen die Herzen der Mehrheit. Sein Tod am 31. Mai 2008 löste tiefes Bedauern aus, viele aus der „Villa Baviera" nahmen an seiner Einäscherung teil.[26]

Auch die deutsche Regierung war daran interessiert, dass die Bewohner des „Bayerischen Dorfes" wenn irgend möglich in Chile weiterlebten; sie hätten dort „ihre Heimat" gefunden und setzten selbst „große Hoffnungen" darauf, bleiben zu können.[27] Außenminister Fischer erklärte: „Die deutsche Regierung unterstützt die Opfer, die noch in ‚Villa Baviera' leben, in ihren Anstrengungen, sich ein Leben in Freiheit aufzubauen." Die Menschen sollten möglichst nicht, wozu sie als deutsche Staatsbürger ja das Recht hatten, in das ihnen völlig fremd gewordene Deutschland zurückkehren und dort gegebenenfalls soziale Unterstützung in Anspruch nehmen.

Die Bundesregierung verfolgte einen „dreiteiligen Ansatz: Strafverfolgung, Therapie, Integration in die chilenische Gesellschaft".[28] Die Strafverfolgung überließ man weitgehend der chilenischen Justiz. Zwar laufen oder liefen in Deutschland Ermittlungsverfahren gegen Schäfer, Albert Schreiber, Hartmut Hopp, Gisela Seewald, Hugo Baar, Ernst Fege, Willi Malessa, Gerhard Mücke, Kurt Schnellenkamp, Gerd Seewald sowie gegen Lilli Nill, Schreibers Ehefrau, und seinen Sohn Ernst, die aber teils eingestellt wurden (so gegen Baar, Schäfer oder Schreiber nach deren Tod) und in keinem Fall bisher zu einem Prozess führten. Eine Auslieferung deutscher Staatsbürger nach Chile kommt aufgrund von Art. 16/2 GG nicht in Frage, auch verurteilte Straftäter wie Hartmut Hopp können sich in Deutschland sicher fühlen. Eine intensivere politische Beschäftigung mit dem Komplex „Colonia Dignidad" fand allerdings niemals statt, das Thema hatte, von einer kurzen Phase unter Außenminister Genscher 1987/89 abgesehen, keine politische Priorität, es erschien eher als „lästiges Übel".[29] Wichtig war der Regierung, jegliche Mitverantwortung für Straftaten, die deutsche Staatsbürger in Chile begangen hatten, von sich zu weisen: „Eine Mitverantwortung der Bundesrepublik Deutschland für die in der Colonia Dignidad begangenen Straftaten besteht nicht."[30] Sollte die Aufklärung und Ahndung dieser Verbrechen in Chile scheitern, so war das bedauerlich, aber keinesfalls die Sache der Deutschen. Herman Schwember kommentierte seine Erfahrungen mit Regierungsvertretern: „Die deutsche Seite hatte sich damit abgefunden, dass nichts geschah, und war nur darauf bedacht, dass dieses Nichts keinerlei Probleme in Deutschland hervorrief."[31]

Damit die Schäfer-Gemeinde ohne Schäfer weiterexistierten konnte, legte das Außenministerium den Schwerpunkt der Hilfe zunächst in die Therapie der verbliebenen Bewohner und dann in die organisatorische Unterstützung der Wirtschaftsunternehmen. Pfarrer Enno Haaks, von der Evangelischen Kirche in Deutschland entsandter Pastor in Santiago, bot seelsorgerliche Hilfe an. Der Psychiater und Professor an der Universidad de Chile, Niels Biedermann, wurde mit der Behandlung von Gemeindemitgliedern beauftragt, die ihre Traumata aus ihrem jahrzehntelangen Leben hinter Grenzzäunen aufarbeiten wollten. Ab 2008 erteilten Experten der GTZ (heute GIZ) und des Senior Services der „Villa Baviera" Ratschläge, wie sie sich als legales Unternehmen ohne staatliche Protektion auf dem chilenischen Markt behaupten konnte. Lehrkräfte und Kindergärtnerinnen der Kolonie bildeten sich am Lehrerbildungsinstitut (LBI) in Santiago fort. Die Belastung für den deutschen Staatshaushalt sollte dabei mit ca. 250.000 € pro Jahr möglichst niedrig gehalten werden. Ende 2013 lief die Finanzierung der Unterstützungsmaßnahmen aus.[32]

## Nichts als ein „normales" Leben

Nachdem jahrelang Konsularsprechtage nur außerhalb der Siedlung in Parral abgehalten worden waren, kamen im August 2004 gleich acht Botschaftsmitarbeiter/innen in die „Villa Baviera", um die Unterstützung eben des Staates anzubieten, den sie spätestens seit 1987 nur noch als Bedrohung wahrgenommen hatten. Den Botschaftsangehörigen Martin Schäfer und Ulrich Fischer gelang es aber, diese Abwehr aufzubrechen und bei einem Teil für die Gesprächsangebote Gehör zu finden. Etwa 50 meldeten sich für die Psychotherapie beim Team um Niels Biedermann an.[33] Sie gehörten zur Minderheit derjenigen, die sich der Außenwelt stellen wollten. Die große Mehrheit hingegen distanzierte sich zwar von Schäfer, wollte aber in ihrem eigenen Verhalten nichts Falsches erkennen und in der „Villa Baviera" nach den alten Glaubensregeln der „Colonia Dignidad" weiterleben.[34]

Der Einblick in die Welt der Schäfer-Gemeinde, den die Therapeuten in ihren Gesprächen gewannen, löste zunächst ungläubiges Staunen aus, „das alles könne und dürfe nicht wahr sein". Sie erlebten schnell, dass ein klassisch-therapeutischer Ansatz, in dem ein Individuum sich in Einzel- und Gruppengesprächen kritisch mit eigenen Verhaltensweisen beschäftigt, leidschaffende Empfindungen bearbeitet und sich selbst gegenüber Distanz gewinnt, mit den Angehörigen der ehemaligen „Colonia Dignidad" nicht möglich war. Es fehlte jegliche „psychische Selbststruktur", die ihnen eine individuelle Auseinandersetzung mit ihrem bisherigen Leben ermöglicht hätte. Sie fühlten, dachten und handelten als Gemeinschaft, die Therapeuten waren misstrauisch beäugte Vertreter des „Draußen". Nicht ihnen waren sie emotional verbunden, sondern den sogenannten „Konservativen", die eine Therapie verweigerten. Sie litten unter der Ablehnung durch die Mehrheit der Siedlung. Stets erwarteten sie Befehle und klare Anweisungen, unstrukturierte Situationen etwa in der Gruppentherapie lösten Angst und Abwehr aus. In den Gesprächen wollten sie ihre Not darstellen, sich aussprechen und Zuwendung erhalten. Verlangten die Therapeuten Nachdenken, fragten sie nach möglichen Ursachen des erfahrenen Leids, stießen sie auf brüske Ablehnung. Einen Zugang zu ihren Patienten fanden sie nicht. Die Behandlung war gescheitert.

Der Ansatz wurde deshalb radikal geändert. Nicht der Einzelne, sondern die Gesamtgruppe wurde nun als „Kollektivklient" behandelt, nicht Diskussion, Kritik und Selbstkritik wurden eingefordert, sondern zunächst nur Informationen angeboten. Den Anfang machte eine Vortragsreihe über „Die Familie und der Lebenszyklus des Menschen", bei dem die Siedler ihre eigenen Erfahrungen und traumatischen Erlebnisse einbringen konnten, ohne dass sie durch das Erzählen individueller Traumata die Zugehörigkeit zur Gruppe riskierten. Alle hatten ja in der „Colonia Dignidad" ohne Familie gelebt, alle hatten sexuelle Unterdrückung erlebt. Aus diesen Vorträgen bildeten sich Arbeitsgruppen zu Themen wie „Elternrolle", „Adoption von Kindern" und „Gesundheit im Alter", denen Seminare zu „Unternehmensführung" und „Intervention zur Konfliktlösung" folgten. Über die gemeinsame Arbeit an den ihnen allen gemeinsamen Problemen gelang den Siedlern ein „langsamer Aufbau persönlicher und graduell vertrauensvoller Gegenseitigkeit". Die Therapeuten stellten als Ziel die

Aufrechterhaltung der Gemeinschaft heraus, betonten Werte wie Verantwortungsbewusstsein, Fürsorge, Solidarität, Sehnsucht nach Familie und Kinderliebe, vermittelten die Wertschätzung der vertrauten Kultur wie z. B. des gemeinsamen Musizierens. Nur als Teil einer prinzipiell wertvollen Gemeinschaft wagten es die „reformwilligen" Siedler, sich langsam der Außenwelt zu öffnen. Nur im Kollektiv tasteten sie sich an die Erkenntnis heran, dass „auch jeder von uns gewissermaßen einen kleinen Paul Schäfer im Inneren trägt" und nicht nur ihr Führer Schäfer und wenige Anhänger sich schuldig gemacht hatten – ohne dies allerdings nach außen zu tragen. Die Abschottung vor der Außenwelt war zwar nicht mehr möglich, die Öffnung musste beginnen, sie war aber 2006 noch lange nicht vollzogen.

Das Leben in der „Colonia Dignidad" hatte psychische Verheerungen angerichtet hatte, die die Therapeuten von einem „CD-Syndrom" sprechen ließen. Sie konstatierten bei ihren Patienten:

- einen „Mangel an selbststrukturierenden Fähigkeiten" – das internalisierte Wertesystem der Gemeinschaft ließ keine Individuation zu;
- eine „kindliche Naivität" – sie fühlten sich entweder völlig abhängig von Autorität oder wagten kurze Akte ohnmächtigen Aufbegehrens, um sich danach gleich wieder in den vertrauten Gehorsam zu schicken;
- Störungen in der Abgrenzung zu anderen Menschen – sie wurden nicht als konkrete Personen erfasst, sondern entweder wie Schäfer radikal idealisiert oder wie etwa Flüchtlinge radikal entwertet; sie wurden stets in Teilaspekten wahrgenommen, die entweder funktional für die eigene Bedürfnisbefriedigung waren und dann positiv gewertet oder den eigenen Bedürfnissen widersprachen und dann als beängstigend erfahren wurden;
- das Fehlen von Beziehungen zwischen einzelnen Menschen – Beziehungen zu anderen gab es nur über „internalisierte Dritte", in Gestalt des Oberhaupts, der Gruppentante oder der Versammlungen;
- sexuelle Störungen – Männer hatten Potenzprobleme, Frauen, die niemals etwas anderes als die Entwertung ihres Geschlechts erlebt hatten, wehrten sich gegen die Wahrnehmung eigener sexueller Gefühle;

- die Folgen der Perversion Schäfers – in der „Colonia Dignidad" hatte es stets zwei „Achsen der Organisation" gegeben: die Schäfers, der „unumschränkte Macht" und „ungestraftes Ausleben" seiner Pädophilie genoss, und die der Siedler, die als „Brautgemeinde" freier Christen Gott dienen und für ihre Nächsten arbeiten wollten. Diese beiden Achsen waren bis zur Verhaftung Schäfers parallel verlaufen, Schäfer hatte es geschafft, „dass eine ganze Gemeinschaft ihm folgt (...) mit dem Bewusstsein, eine Gottesgemeinschaft zu sein, die Wohltätigkeitszwecke erfüllt".[35] Nun musste die Gemeinde erkennen, dass Schäfer sie „in seinen Dienst" gestellt hatte, sie erniedrigt und „in ein Gebrauchsobjekt seiner eigenen Bedürfnisse" verwandelt hatte.

Kollektivwesen ohne eigenen Persönlichkeitskern, infantile Menschen, die zu Objekten perverser Bedürfnisse erniedrigt worden waren – sie sollten nun die Gemeinschaft erhalten, ohne die sie nicht sein konnten, und sich einer Welt stellen, die bisher nur als Bedrohung erschienen war, und nach den Gesetzen dieser Außenwelt einen Neuanfang wagen. Sie, die sich als Auserwählte Gottes gesehen hatten, sollten so werden wie die anderen, von denen sie sich bisher abgekapselt hatten.

2006 lebten noch 165 Menschen, darunter 18 Kinder und 64 Rentner, in der „Villa Baviera", zusätzlich gehörten 43 Menschen, die in Bulnes im Casino Familiar arbeiteten oder in Chillán, Concepción und Santiago studierten, zur Siedlung.[36] 2009 waren es noch 184[37], 2011 nach Botschaftsangaben „rund 160 Personen, davon rund 65 im Rentenalter, 70 im erwerbsfähigen Alter und rund 25 Kinder".[38] Mehr als ein Drittel der verbliebenen Bewohner waren Greise, die versorgt werden mussten, aber nicht mehr arbeiten konnten. Die Gemeinde verlor gegenüber den über 300 Menschen, die sie noch 1990 umfasst hatte, fast die Hälfte ihrer Mitglieder. Etwa 100 gingen nach Deutschland, andere ließen sich in Chile außerhalb der „Colonia" nieder. Die „Villa Baviera" schrumpfte, aber sie löste sich nicht auf. Die, die blieben, wollten vor allem eines: „normal" leben. „Dass man zwar hier drin lebt, aber etwas Normales erreichen will", wie es Anna Schnellenkamp ausdrückte.[39]

Ehen wurden geschlossen zwischen Männern, die als Jungen vergewaltigt worden waren, und Frauen, die sich nur als geschlechtslose

Arbeitsbienen erleben durften. Eltern, die als Kinder nicht wussten, dass es Vater und Mutter gab, erzogen Kinder. Wo Arbeit Gottesdienst war, der seinen Lohn in sich trug, mussten nun Löhne ausgehandelt und Steuern bezahlt werden. Wo pausenloses Schuften nur ein Ende fand, wenn es dem Führer gefiel, gab es nun freie Zeit, die gestaltet werden durfte. Menschen, die blutig geprügelt und bis ins Wachkoma mit Medikamenten traktiert worden waren, lebten mit denen zusammen, die sie gequält und geschlagen hatten. Sie mussten um ihr wirtschaftliches Überleben in der chilenischen Gesellschaft kämpfen, über deren Gesetze sich die Siedlung immer erhoben hatte. Die, die sich stets dem Willen Schäfers unterworfen hatten, mussten jetzt selbst Entscheidungen treffen. Wo allein Schäfers Wort galt, mussten sie nun Normen aufstellen, an die sich alle halten. Die Gemeinschaft, die es nur seinetwegen gab, musste einen neuen Daseinsgrund finden.

„Der Reintegrationsprozess wird sehr lange dauern", fürchtete Antonio Vladimic, Psychologe an der Universidad Canonica in Santiago, 2005.[40] Das Team um Niels Biedermann sah aber schon am Ende des ersten führerlosen Jahres durchaus Erfolge: „(Die) Isolierung (ist) weitgehend durchbrochen, die alten autoritären Hierarchien (sind) abgebaut, Konflikte können mittlerweile offener ausgetragen werden."[41] Und 2009 befand Biedermann: „Der Umgang mit unterschiedlichen Ansichten und Meinungen musste erst (...)gelernt werden." Dieser Prozess sei „größtenteils abgeschlossen". Die Menschen in der „Villa Baviera" hätten es geschafft, „sich normal zu entwickeln."[42]

Doch wie normal konnte eine Siedlung sein, die aus einer monströsen Kolonie hervorging?

## Hartmut Hopp – Das Gesicht der Kolonie

Nach Paul Schäfer war Hartmut Hopp in Chile der bekannteste Vertreter der „Colonia Dignidad". Schlank, stets gepflegt gekleidet, gut aussehend, blond, für Lateinamerikaner das Urbild eines typischen Deutschen, gebildet, fließend Spanisch und Englisch sprechend, war er lange Jahre das Gesicht einer Kolonie, deren Anführer sich der Öffentlichkeit entzog. Als Mitglied der Führungsgruppe, als Leiter des Krankenhauses seit 1978, als einer der Sprecher nach Schäfers Untertauchen und als dessen Stellvertreter war er in alle legalen, halblegalen und verbrecherischen Aktivitäten verwickelt. Er bestritt und bestreitet eine Beteiligung, ja auch nur ein Wissen darum bis heute.[43] Er wurde von Schäfer als Junge vergewaltigt und hielt ihm die Treue. Er floh und wurde wieder zurückgebracht. Er war Opfer Schäfers und ist einer der inzwischen auch rechtskräftig verurteilten Täter.[44] Glatt und glänzend nach außen verkörperte er das selbstgewisse Pharisäertum der Siedler. Er zeichnete 1988 vor einem Ausschuss des Deutschen Bundestages besten Gewissens das Bild fleißiger Deutscher, die in harmonischer Gemeinschaft, im gottgewollten Dienst am Nächsten ein erfülltes Leben führten:

*Diese in 25 Jahren gewachsene und gereifte Lebensform haben alle Mitglieder der Gesellschaft bewußt gewählt. (...) In dieser Form lernten alle, daß es zwar schwierig sein kann, in bewußter und rechtschaffener Verantwortung für die Gemeinschaft und ihre einzelnen Mitglieder lebenswichtige Entscheidungen zu treffen, die nicht selten die eigenen Interessen zurückstehen lassen, was aber unvergleichlich viel erfüllender ist. Eine zu jeder Zeit praktizierte persönliche Unterordnung unter Wahrheit und Recht ist anspornend und hat das Gleichheitsgefühl so stark entwickelt, daß das Zusammenleben harmonisch bleiben konnte.*[45]

Zu diesem idyllischen Alltag gehörten Vergewaltigungen, Prügelexzesse, Elektroschocks und Zwangsmedikationen genauso wie die hohen Zäune, die Überwachungsanlagen und die bewaffneten Kommandos, die auf Flüchtige Jagd machten. Anfangs selbst zur Flucht entschlossen, später von Depressionen geplagt trug er diesen Widerspruch niemals nach außen, sondern in sich.

Hartmut Hopp[46] wurde am 24. Mai 1944 in Lauenburg geboren. In den 50er Jahren kam er zur „Privaten Socialen Mission" nach Siegburg und wurde rasch einer von Schäfers Lieblingen, vergewaltigtes Opfer und privilegierter Prinz zugleich. 1962 reiste er nach Chile aus. 1969 erfuhr er eine ungewöhnliche Belohnung und Auszeichnung: Er durfte in den USA Medizin studieren. Von den drei jungen Männern, denen Schäfer diesen außerordentlichen Aufenthalt in der Welt außerhalb der Siedlung gestattete, setzten sich zwei, Hussein Siam und Günter Reiss, ab. Auch Hopp wollte in den USA bleiben, wurde aber vor Beendigung des Studiums von Kurt Schnellenkamp und Alfred Matthusen wieder zurückgeholt, ein Beleg, wie sehr er Schäfer am

Herzen lag. Zu dritt reisten sie über Argentinien, wo Hopp sich erneut weigerte, in die Kolonie zurückzukehren, und sich erst mit dem Versprechen, heiraten zu dürfen, umstimmen ließ.[47] 1970 ehelichte er die zehn Jahre ältere Dorothea Witthahn, die als Schwester im Krankenhaus der Siedlung arbeitete. Das Paar bekam einen eigenen Schlafraum. Die Ehe blieb kinderlos, sie adoptierten jedoch 1986 einen chilenischen Jungen, den sie Michael nannten.[48] Als dessen leibliche Mutter 1997 auf „Herausgabe" ihres Sohnes klagte, entzogen er und seine Adoptivmutter sich solange in den USA der chilenischen Justiz, bis Michael volljährig wurde und selbst über seinen Aufenthalt entscheiden konnte. Der Antrag der Mutter wurde 2004 abgewiesen, die Adoption war damit rechtmäßig.[49] 1971 nahm Hopp ein von der „Colonia" finanziertes Medizinstudium an der „Universidad Católica" in Santiago auf, einer der besten und teuersten Universitäten Chiles, das er 1978 abschloss. Während des Studiums knüpfte er wertvolle Kontakte: Er lernte den Sohn von Manuel Contreras, dem Chef des chilenischen Geheimdienstes, kennen, in dessen Hauptquartier er später ein und aus ging[50], und war gern gesehener Gast bei Lucía Hiriart, der Ehefrau von Augusto Pinochet.[51]

Das Privileg eines genehmigten Sexuallebens mit seiner Frau genügte Hopp nicht, er war „in einigen Bordellen der Umgebung eine bekannte Figur".[52] Er durfte sich auch nach seinen Fluchtversuchen frei bewegen, Schäfer gestattete ihm sogar ein Auto und ein Mobiltelefon. Freiheit in der Welt und Freier im Bordell: Wie nur noch Schäfer war Hopp ein Sünder, der tat, was allen anderen verboten war. Während Schäfer, der alle Regeln setzte, sich als Päderast selbst über seine eigenen Gebote erhob, war Hopp Sünder von Gnaden seines Herrn. Er wusste und glaubte wohl auch, dass verboten war, was er tat, dass er die Prügel und Elektroschocks, die er anderen zufügte, selbst verdient hätte. Er war ein Sünder, dem seine Sünden vergeben waren, schon während er sie verübte, ein Mann, der seine Lust leben konnte, solange er seinem Herrn treu war.

Die Treue bewies er durch Taten. Nach seinem Examen wurde er 1978 Leiter des Krankenhauses und überwachte die Behandlung kranker und für krank erklärter Gemeindemitglieder. An Folterungen politischer Gefangener beteiligte er sich, anders als seine Kollegin Gisela Seewald, persönlich nicht. Dass er die DINA als Leiter des Chemielabors, der „Giftküche“ über dem Kartoffelkeller, bei der Durchführung von Experimenten zur Herstellung chemischer und bakterieller Waffen unterstützte, ist nicht nachzuweisen.[53] Mit Sicherheit war er verwickelt in den Kauf, die Produktion und das Verstecken riesiger Mengen von Kriegswaffen und beteiligt an der Wäsche illegaler Einnahmen.[54] Das Oberste Gericht Chiles verurteilte ihn u. a. wegen Beihilfe zu sexuellem Missbrauch, Verdunkelung illegaler Waffengeschäfte und Bildung einer kriminellen Vereinigung.

*Hartmut Hopp, der Leiter des Krankenhauses, im Kreis seiner Krankenschwestern bei einer Versammlung im Mai 1997*

Dieser herausragende Mittäter an den Verbrechen Schäfers in Chile trat erstmals 1977 als Repräsentant der „Colonia Dignidad“ auf, in den 80er Jahren war er für Hugo Baar der „seriöseste und klügste Kontaktmann“.[55] Für die chilenischen Freunde inszenierte er spektakuläre Auftritte wie auf der Einweihungsfeier der neuen Schule in Gegenwart von Pinochets Ehefrau Lucía, wo er auf Spanisch ein chilenisches Volkslied sang.[56] Zu den bayerischen Freunden hielt er Kontakt, wurde CSU-Mitglied, erwarb 1985 eine Approbation als Arzt in Bayern und meldete in Rottach-Egern einen Wohnsitz an. Obwohl er keine formelle Leitungsfunktion innehatte, wirkte er in diesen Jahren als „der zweite in der Führung der Gemeinschaft hinter Schäfer“[57], der sich in mehreren heiklen Situationen als fähiger Schutzmann bewährte. Er fing den deutschen Botschafter Kullak-Ublick im Dezember 1987 ab, als dieser versuchte, per Hubschrauber in die abgeschottete Kolonie einzudringen.[58] 1988 verteidigte er vor dem Untersuchungsausschuss des Bundestages die Siedlung und versuchte die Glaubwürdigkeit der Flüchtlinge Baar und Packmor zu zerstören. Nachdem chilenische Mütter 1996 Schäfer wegen Vergewaltigung ihrer Söhne angezeigt hatte, verhandelte er mit chilenischen Behörden über eine Lösung. Zugleich wies er gegenüber den chilenischen Medien alle Anschuldigungen zurück. Vielsprachig und eloquent war er bis zur Verhaftung Schäfers die Stimme der Kolonie. 2007 verließ er mit seiner Familie die Siedlung und eröffnete in Talca eine Privatpraxis.[59]

Im Mai 2011, als er von chilenischen Gerichten in mehreren Instanzen bereits zu mehrjährigen Haftstrafen verurteilt worden war, die Urteile wegen einer Berufung vor dem Obersten Gericht aber noch nicht rechtskräftig waren, gelang ihm mit Hilfe alter Freunde aus der Kolonie[60] aus dem Hausarrest heraus über Argentinien und Paraguay die Flucht nach Deutschland.[61] Wenige Monate danach sprach er in einem Leserbrief an die „Westdeutsche Zeitung“[62] von „Verleumdungen“ und bezichtigte die chilenische Justiz einer „flagranten Verletzung meiner Rechte“. Er, der die Schäfer-Gemeinde mehrfach nach außen vertreten hatte, habe niemals eine „offizielle oder inoffizielle Rolle gespielt“. Er, der selbst ein Opfer Schäfers war, will von Kindsmissbrauch „keinerlei Informationen“ gehabt haben. Niemand habe je „eine belastende Aussage gegen meine Person formuliert“ – er hatte tatsächlich nie Jungen vergewaltigt, er bestritt, was niemand behauptet hatte. Über seinen Anwalt ließ er im November 2013 verkünden, er ziehe in einen „ständigen Kampf gegen Vorverurteilungen“.[63] Unerschütterlich leugnete er die Wahrheit, die er kannte. Das gängige Verhalten von Angeklagten, die ihnen zustehende Rechte wahrnehmen und auch das nicht gestehen, was ihnen bewiesen wurde, die ihre Unschuld beteuern, solange der Weg durch alle Gerichtsinstanzen nicht abgeschlossen ist? Hopp hatte diese Strategie des Ableugnens jeglicher Mitwisserschaft und der öffentlich bekundeten Enttäuschung über Schäfer, an dessen Unschuld er stets geglaubt habe, schon gegenüber der chilenischen Justiz gewählt[64], sie schien auch gegenüber der deutschen Justiz geboten und erfolgversprechend, zumal ein Ermittlungsverfahren gegen ihn wegen Freiheitsberaubung, Körperverletzung usw. von der Staatsanwaltschaft Bonn nach 22 Jahren erst im September 2010 eingestellt worden war.[65] Es ging ihm aber nicht nur um juristische Schachzüge. Die Verurteilung zu einer Haftstrafe in Chile habe ihn „wie eine Todesstrafe getroffen"[66], schrieb er in einer Mail an seinen ehemaligen Arztkollegen Díaz nach seiner Flucht. Hier, in einer privaten Kommunikation, wendet sich nicht der eloquente Propagandist einer umstrittenen Gruppe an eine misstrauische Öffentlichkeit, hier verteidigt sich nicht der clevere Delinquent mit einem überzogenen Vergleich gegen seine Ankläger. Hopp ist auch im Leugnen und Lügen Überzeugungstäter. Er handelt bis heute als der gläubige Vertreter seiner Gemeinde, der er seit Jahrzehnten war. Er wurde ja nie wie andere gezwungen zu bleiben, er durfte gehen, wann und wohin es ihm beliebte. Er blieb, weil er wollte. Er blieb, weil er glaubte. Ein wesentliches Element dieses Glaubens war die Abschottung gegenüber der ungläubigen Welt. Ihr gegenüber galt es, den Schein fleißigen Deutschtums und schlichter Gottesfürchtigkeit aufrechtzuerhalten. Sie zu belügen, war gerechtfertigt vor Gott, ihr aber auch nur in Andeutungen zu gestehen, was in der Gemeinde jeder wusste, wäre Verrat am rechten Glauben gewesen. Mit geschliffener Argumentation und glatter Unnahbarkeit warb er für die Siedlung und malte mit am gewünschten Bild, das denen da draußen gezeigt werden sollte. Undurchdringlichkeit, Machtbewusstsein, kühle Kompetenz nach außen – das Innere vor der Welt verborgen: Er war das Gesicht dieser hermetisch verschlossenen Kolonie. Die Mauer des Schweigens, die er in der Kommunikation mit anderen errichtete, sollte, soweit es in seiner Macht stand, keine Risse bekommen. Die Welt musste ihre Breschen ohne sein Zutun schlagen.

Gegen Hopp läuft unter Aktenzeichen 3 Js 7537/11 derzeit ein Ermittlungsverfahren der Staatsanwaltschaft in Krefeld. Wolfgang Kaleck, Anwalt und Generalsekretär des European Center for Constitutional and Human Rights (ECCHR), hatte ihn im August 2011 angezeigt, u. a. wegen Mordes an drei Regimegegnern, ein Delikt, das in Deutschland unverjährbar ist.[67] Zu einem Prozess wird es voraussichtlich so schnell nicht kommen. Belastungszeugen, die Hopp überführen könnten, leben in Chile. Die Staatsanwaltschaft hat Amtshilfe beantragt, aber die notwendigen Übersetzungen sind langwierig.[68] Mögliche Zeugen aus der „Colonia" schweigen zudem: „Zu den Prinzipien der Colonia Dignidad gehörte, dass jeder jedem vergibt. Dieses Prinzip gilt für viele ehemalige Mitglieder bis heute." (Oberstaatsanwalt Klaus Schreiber).[69] Ein Weg aus diesem Stillstand wäre ein „Exequaturverfahren", in dem ein Gericht feststellt, dass Hopp auf Antrag Chiles seine Haft in Deutschland verbüßen muss. Einen solchen Antrag hat Chile bisher nicht gestellt, der Oberste Gerichtshof in Santiago hat aber im Juli 2013 den Auslieferungsantrag erneuert, der aller Voraussicht nach vergeblich sein wird.[70] Bis ein Verfahren gegen ihn eröffnet wird, lebt er wohl als Hartz-IV-Empfänger in Krefeld – nahe bei der „Freien Volksmission" von Ewald Frank, von dem er sich 2004 hatte taufen lassen[71], dessen Schriften er schon in Chile ins Spanische übersetzt hatte und dessen Gottesdienste von ehemaligen „Colonia"-Anhängern gerne besucht werden[72], behelligt nur von Demonstranten, die sich immer wieder vor seinem Haus versammeln.[73]

## Eine neue Führung

Die „Villa Baviera" gab sich 2005 eine neue Führungsstruktur. Eine Versammlung der Siedler wählte einen Dorfrat mit Michael Müller als Sprecher. Er vertrat diejenigen, die mit dem Regierungsbeauftragten Schwember zusammenarbeiten und Schäfers Verhaftung nicht als Bedrohung der Gemeinschaft, sondern als Chance zum Neuanfang sahen. Der größten chilenischen Tageszeitung „El Mercurio" sagte er: „Wir fühlen uns sehr erleichtert. (...) Wir glauben, dass der Zeitpunkt für Gerechtigkeit gekommen ist." Die Siedlung habe sich seit Schäfers Flucht geöffnet und wolle Teil der chilenischen Gesellschaft werden.[74] Gegen die Mehrheit derer, die Schäfer weiterhin die Treue hielten und darauf bestanden, nur das getan zu haben, was ihnen aufgetragen worden war, stets hart gearbeitet, den Mitmenschen gedient und Gottes Wort befolgt zu haben[75], konnte er sich aber nicht durchsetzen. Deren Sprachrohr wurde Hartmut Hopp, der sie in einem Gebetskreis sammelte und seinen Einfluss erst verlor, als er in den nächsten Jahren wiederholt in Untersuchungshaft genommen wurde. Nachdem Müller öffentlich schwere Menschenrechtsverletzungen in der „Colonia" zugegeben hatte, erhielt er anonyme Todesdrohungen.[76] Nur wenige Monate nach seiner Wahl erlitt er einen Nervenzusammenbruch. Anfang 2006 reiste er nach Deutschland aus.[77] So wie er wählten etwa 100 deutsche Bewohner der Siedlung in den kommenden Jahren den Weg in das unbekannte Heimatland; dabei durften nur die legal ausreisen, gegen die keine chilenischen Haftbefehle vorlagen.

Die, die blieben, strebten nun selbst an, was von ihnen gefordert wurde: sich in die chilenische Gesellschaft zu integrieren. Schon weil sie neben Deutsch auch noch Spanisch sprachen, gewannen die Chilenen Dennys Alvear, Victor Briones und Hernán Escobar, die, ohne adoptiert worden zu sein[78], seit vielen Jahren in der Kolonie lebten, immer mehr Einfluss. Einer der Siedlungssprecher wurde nach Müllers Scheitern Dennys Alvear. Er war 1972 mit 13 Jahren im Krankenhaus der Siedlung behandelt worden, geblieben und in den Führungszirkel um Schäfer aufgestiegen.[79] Bereits 2004 wegen Mittäterschaft beim Missbrauch von Minderjährigen verurteilt, wurde er von der Haft fast 10 Jahre verschont, bis der Oberste Gerichtshof das erste Urteil 2013 im Wesentlichen bestätigte und er ins Gefängnis musste. Ihm zur Seite standen Vertreter der jüngeren Generation, die als Kinder nach Chile gekommen oder Nachkommen jener privilegierten Paare waren, denen Schäfer eheliches Zusammenleben erlaubt hatte, wie Dieter Malessa, der Sohn von Willi Malessa, Günter Schaffrik, Georg Laube, Günther Schaak, der Sohn von Albert Schaak, dem Geschäftsführer der Schaak OHG, Martin Matthusen, der Sohn von Alfred Matthusen, der die Dependance der Kolonie in Santiago geleitet hatte, ehe er 1997 nach Deutschland floh, und Susana Schreiber, die Tochter von Albert Schreiber, dem Buchhalter der „Colonia", der sich mit Frau und Sohn Ernst ebenfalls 1997 nach Deutschland abgesetzt hatte. Martin Matthusen und Susana Schreiber waren, über ihre Eltern an die Verbrechen der Vergangenheit gebunden, für die Öffentlichkeit gleichwohl die jungen Gesichter eines möglichen Neuanfangs, sie demonstrierten, dass die Zeiten der Geschlechtertrennung, der sexuellen Unterdrückung und der Männerherrschaft vorüber sein sollten. Die neue Führungsgruppe war nicht das Resultat einer formellen Wahl, sie wurde, wie Herman Schwember berichtet, „improvisiert".[80] Die Funktion eines „Sprechers" gab es in der Kolonie nicht, sie wurde Männern, die sich wie Martin Matthusen oder Dennys Alvear

Auftritte vor der Öffentlichkeit zutrauten, von der Presse zugeschrieben. Einige junge Menschen, die den Mut und die Bereitschaft dazu aufbrachten, übernahmen in dem Vakuum, das nach Müllers Rücktritt und Hopps Verhaftung entstanden war, Verantwortung, die anderen nahmen ihren Führungsanspruch stillschweigend hin.

Sie wollten zeigen, dass es ihnen ernst war mit der proklamierten Öffnung zur chilenischen Umgebung. Ein Teil des Krankenhauses, nach außen stets der wichtigste Nachweis deutscher Wohltätigkeit, nach innen ein Ort der medizinisch verbrämten Misshandlungen, das 1997 geschlossen und von Hopp in der Folge ohne staatliche Genehmigung betrieben worden war[81], wurde im Januar 2006 als ambulante Gesundheitsstation („Posta médica") wieder eröffnet. Trägerin war die 1995 gegründete „Organisation für solidarische Entwicklung Perquilauquén" (Organización de Desarrollo Comunitario Perquilauquén)", die Rechtsaufsicht oblag der Gemeinde Parral.[82] Es sollte, unter strikter Beachtung der einschlägigen Bestimmungen, den Bewohnern der „Villa Baviera" wie ihrer Umgebung eine kostenlose medizinische Erstversorgung anbieten. Erste Leiterin wurde Renate Schnellenkamp, die in Concepción „Tecnología Médica" studiert hatte, was etwa einer medizinisch-technischen Assistentin entspricht.[83] Ein kleiner, aber für die Chilenen bedeutsamer Akt war die Teilnahme von Kindern aus der „Villa Baviera" an der Parade zum Nationalfeiertag am 16. September 2006 in Parral, die der „Mercurio" beifällig ankündigte und gleich mit einer positiven Berichterstattung über das Erholungsgebiet verband, das auf dem Gelände der „Colonia Dignidad" entstehen sollte.[84]

Der wichtigste Schritt hinein in die Welt jedoch war die „Öffentliche Erklärung an unsere Mitbürger in Chile und in Deutschland", die am 19. April 2006 im „El Mercurio" erschien und zuvor von Martin Matthusen und Susana Schreiber im Regierungspalast „La Moneda" übergeben worden war. Die Siedler – alle Siedler – breiteten darin ihre Deutung der Geschehnisse in der Kolonie aus. Einen Monat lang rangen sie zusammen mit Herman Schwember, für den das Zustandekommen dieses Dokuments der größte Erfolg seiner Arbeit war[85], um den Text.[86] In 17 Punkten versuchten sie zu erklären, was in der „Colonia Dignidad" geschehen war, ihre Verantwortung dafür zu bestimmen, um Vergebung zu bitten und ihren Weg in die „Normalität" des chilenischen Lebens zu finden.

## Selbsterklärung – Selbstrechtfertigung

**Öffentliche Erklärung an unsere Mitbürger in Chile und in Deutschland**

Seit der Flucht Paul Schäfers aus Chile und seiner späteren Festnahme durch die Behörden begann unter den Bewohnern der „Villa Baviera“ ein schwieriger und konfliktreicher Prozess, der zum Ziel hatte, die Wahrheit über das herauszufinden, was in unserer Gemeinschaft im Laufe der Zeit tatsächlich geschehen war; die Ursachen dieser so schmerzhaften Ereignisse genau zu bestimmen; ein friedliches Zusammenleben und ein gegenseitiges Verzeihen unter den Bewohner der „Villa Baviera“ zu erreichen und an unserer Eingliederung in das normale und tolerante Leben in der chilenischen Gemeinschaft zu arbeiten.

Heute wollen wir, die Bewohner der „Villa Baviera“ (vormals Colonia Dignidad) Stellung zu unserer Vergangenheit beziehen, erkennen, wo wir in der Gegenwart stehen und uns um unsere Zukunft kümmern. Da Tatsachen, die wir für Gerüchte oder Verleumdungen hielten, sich als wahr erwiesen, glauben wir, dass der Moment gekommen ist, um in einen ernsthaften Dialog mit der Welt um uns, insbesondere in Chile und in Deutschland, einzutreten und Wege zu suchen, um unsere Verantwortung auf uns zu nehmen und daran zu arbeiten, dass uns diejenigen verzeihen, denen wir Schaden und Verletzungen zugefügt haben.

Daher erklären wir:

1. Unsere Gemeinschaft hat in Chile, mit ihrem Zentrum in der „Villa Baviera“ in der Gemeinde Parral, seit mehr als vier Jahrzehnten existiert. In diesem Zeitraum taten wir viel Gutes und beteiligten uns an Aktionen zu unserem Wohl und dem unserer chilenischen Nachbargemeinden. Heute wissen wir, dass wir, unbeschadet der guten Absichten der großen Mehrheit, auch Opfer schlimmer Übel waren, die uns selbst, unseren Kinder und fremden Kindern zugefügt wurden, und dass Menschen von außer-

halb zu Opfern gemacht wurden, mit denen wir keinerlei Verbindung und über die wir keinerlei Recht hatten.

2. Seit wir uns von der Herrschaft Paul Schäfers befreiten, haben wir begriffen, dass unsere Gemeinschaft ihren religiösen Glauben wie eine hermetisch abgeschlossene Sekte lebte, die hinnahm, dass sich die Persönlichkeit ihrer Mitglieder verwandelte und infolgedessen unfähig war, eigene Entscheidungen zu treffen, die den Vorhaben dessen zuwiderliefen, der sich zum einzigen Führer aufwarf.

3. Die Gruppe deutscher Einwanderer, die zusammen mit Paul Schäfer 1961 nach Chile kam, hatte den Krieg erlebt, die Zerstörung ihrer Gesellschaft und das offenkundige Scheitern vieler humaner Werte. Dies alles führte viele Menschen dazu, neu nachzudenken und sich dem Glauben zu öffnen. Unter ihnen waren auch die Gründer unserer Gemeinschaft, die mit aufrichtiger Überzeugung ein neues Lebensziel im Dienst am Nächsten und in der solidarischen Hilfe für Bedürftige sahen. Dies war der wesentliche Sinn ihrer Auswanderung, für die sie all ihr Hab und Gut hergaben.

4. Sobald die ersten Gebäude errichtet waren, begannen wir mit der medizinischen und materiellen Hilfe für die Bauern in der Umgebung. Die materiellen und persönlichen Einschränkungen, die dieser anfängliche Aufbau notwendig erforderte, stimmten für uns mit unserer Berufung zu Dienst und Opfer vollkommen überein. Unglücklicherweise begünstigten sie auch die Diktatur eines einzigen Menschen, der darüber hinaus unsere Religion instrumentalisierte und erreichte, von uns allen als spirituelles Oberhaupt anerkannt zu werden.

5. Binnen kurzem bekam Schäfer durch die Beichte von Sünden, die wir ausschließlich vor ihm ablegten, genaue Kenntnis von jedem von uns, die er als Herrschaftsmittel über die Gemeinschaft ausnutzte, obwohl er unser Leben in der Gemeinschaft stets als Hingabe an die Sache Gottes darstellte und wir dies auch so glaubten. Zudem konnte er eine absolute Machtposition errich-

ten, indem er uns von der Außenwelt isolierte und uns zwang, alle Beziehungen zu unseren Familien und Verwandten aufzugeben. Jede Kritik, die von außen kam, sei es aus Chile oder aus Deutschland, wurde immer als Ausdruck von Neid und Böswilligkeit oder als Verfolgung wegen unseres Glaubens zurückgewiesen. So waren wir überzeugt, dass wir nicht nur die Guten, sondern die Einzigen waren, die richtig handelten.

6. Alle akzeptierten wir Paul Schäfer in seiner Zwangsvorstellung von moralischer Reinheit und insbesondere im Schutz der Jugend vor sexuellen Verführungen. Die Kritik Schäfers an der Ehe schuf vor allem in der Jugend die Überzeugung, dass dies eine Institution voller Sünde war. Seine Besessenheit ging so weit, dass schwangere Frauen jeden Kontakt mit anderen vermeiden mussten und bis zur Geburt innerhalb oder außerhalb des Geländes isoliert wurden. Die übertriebene Strenge dieser Moral war jedoch die Schutzmauer, hinter der Schäfer seine Perversion pflegte. Unter den Kindern, unter den eigenen Söhnen, für die er die einzige und ausschließliche Autorität war, suchte er seine Opfer so aus, dass kein Erwachsener von seinem schändlichen Missbrauch erfuhr. Die Kinder, die in völliger sexueller Unwissenheit gehalten wurden, verpflichtete er, niemandem zu erzählen, was geschah, sie verstanden nicht einmal, was Schäfer ihnen antat und verwechselten seine Perversionen mit besonderen Liebesbeweisen dieses Idols, zu dem er sich gemacht hatte.

7. Kurz nach der Geburt wurden die Kinder von ihren Eltern getrennt und in Kindergruppen eingegliedert, die nach Geschlechtern getrennt waren. Die Mütter wurden so frei für die Arbeit und zugleich wurden enge Bindungen zwischen Mutter und Kind verhindert. Die Kinder lernten niemals ihre Eltern oder Geschwister kennen. Selbst heute verstehen viele Eltern nicht, wie sie es hinnehmen konnten, die Verantwortung für ihre Kinder aufzugeben. Aus dieser Schwäche entstanden Verletzungen, die noch nicht geheilt sind. Heute, nachdem die Familien wiederhergestellt wurden, leiden viele an Schuldgefühlen, weil sie ihre Rolle als Eltern abgegeben haben.

8. Indem die familiären Bindungen aufgelöst und Beziehungen zwischen Personen verschiedenen Geschlechts unterbunden wurden, wurde Schäfer zur einzigen Quelle von Liebe und Zuwendung. Eben darum strebten alle danach, von ihm ausgezeichnet zu werden und seine besondere Gunst in Gestalt eines freundlichen Wortes und einer freundlichen Geste zu erfahren. Schäfers Missfallen zu erregen war andererseits, abgesehen von brutalen Strafen und der Verachtung durch die ganze Gemeinschaft, gleichbedeutend mit dem Verlust der Gunst des einzigen Menschen in der Villa, der Zuwendung spendete.

9. In ähnlicher Weise wurden andere Verbrechen begangen, in die einige von uns, unfähig zum Widerstand, verwickelt wurden. Das System, das auf diese Weise geschaffen wurde, erlaubte Schäfer die absolute Kontrolle, die so weit ging, dass er, um sich gegen eingebildete Angriffe von außen, gegen vermeintliche Feinde des Glaubens und seiner politischen Überzeugungen zu verteidigen, die Villa für die Lagerung großer Mengen von Waffen und Sprengstoffen zur Verfügung stellte, und in uns den falschen Glauben nährte, uns verteidigen zu müssen.

10. Diese irrige Lebensform und die Unterdrückung, die Schäfer schuf und kontrollierte, verstieß praktisch gegen alle Rechte und Pflichten, die die chilenische Verfassung und Internationale Abmachungen den Menschen zuerkennen. So wurden einige zu Sklaven Schäfers, zu wahren Automaten, die nur darauf aus waren, seinen Befehlen zu gehorchen, unermüdlich und ohne Pause zu arbeiten, um nur ja nicht sein Missfallen zu erregen. Bei anderen bestimmte er, durch sektenhafte Verführung, den Willen so umfassend, dass sie ihm aus voller Überzeugung folgten.

11. Jeder, der von Paul Schäfer zu einem minderwertigen Wesen gemacht wurde, wurde auch von der großen Mehrheit als unwürdige Person zweiter Klasse angesehen, und die Missachtung hat leider bis heute schlimme Folgen mit sich gebracht. Mehr noch, diejenigen, die Befehlen nicht gehorchten oder auch nur in winzigen Randaspekten anderer Meinung waren, wurden Objekt

grausamer Strafen, ja von Folterungen. Ihnen wurden zudem hohe Dosen von Beruhigungsmitteln verabreicht, sie bekamen Elektroschocks und sie wurden für längere Zeiträume bis hin zu einigen Jahren von den anderen isoliert. Auf diese Weise löschte er unsere Persönlichkeit aus, beseitigte jeden Gedanken an Widerstand und verfügte über uns als Menschen, die nur daran dachten zu überleben, dem allwissenden Führer nicht zu missfallen, immer wachsam und bereit, unsere Fehler zu bestrafen. Heute sehen wir deutlich seine zwiespältige Persönlichkeit, auf der einen Seite wusste er mit Einfühlungsvermögen zu überzeugen, auf der anderen Seite strafte er auf sadistische Weise.

**12.** Nach den Informationen, die heute ans Licht der Öffentlichkeit gelangen, arbeitete Schäfer nach dem Militärputsch aktiv an der Unterdrückung politischer Gegner mit. Er stellte unser Dorf für die Gefangenschaft und Unterdrückung von Menschen zur Verfügung, die vom Regime verfolgt wurden. Dabei wurden in ihm schreckliche Taten begangen. Zuvor waren wir überzeugt, dass diese Anklagen Verleumdungen waren, weil das System getrennter Kontrollbereiche, das Schäfer ersonnen hatte, die Leute nur mit einem Minimum an Informationen versorgte und praktisch in Unwissenheit über die Ereignisse im Dorf ließ.

**13.** Wir werden uns jetzt klar darüber, dass schwere Verbrechen begangen wurden, deren endgültige Aufklärung wir von der Justiz erwarten, mit der wir, soweit es unsere Kraft und unser Wissen erlauben, zusammenarbeiten wollen. Wir verstehen und respektieren das Leid und den Schmerz all derer, die nach dem September 1973 den Verlust naher Verwandter erlitten und insbesondere derjenigen, die sich immer noch in Ungewissheit über das Schicksal ihrer Lieben befinden.

**14.** Wir bedauern es, dass unsere aufrichtigen Anstrengungen, Gutes zu tun durch das Hospital, in dem wir uns Tag und Nacht um Kinder und Kranke kümmerten, die aus der Umgebung und aus sehr abgelegenen Gegenden der Cordillere kamen, ebenso als Schutzschirm von Paul Schäfer ausgenutzt wurde. In unserem Hospital wurden auch unsere Menschenrechte verletzt. Wir wurden jeder Art von Zwang unterworfen, um das zu beherrschen, was von unserer Selbstbestimmung und unserem Willen noch übrig geblieben war.

**15.** Wir wurden betrogen und benutzt von Paul Schäfer, und dieser Betrug und dieses Benutzen hinterließen Schäden bei uns und unseren Familien. Wir nehmen die Schuld auf uns, dass wir uns dem despotischen Führer nicht widersetzten, und wir nehmen die Schuld auf uns, dass auf unserem Grund und Boden widerrechtlich Menschen festgehalten wurden. Einige von ihnen wurden getötet, ihre Leichen sind verschwunden.

**16.** Als Mitglieder dieser Gemeinschaft aus Bürgern Deutschlands und Chiles wollen wir alles daran setzen, dass uns verziehen werden kann und wir uns wieder in die chilenische Gesellschaft eingliedern. Wir erkennen dankbar die Anstrengungen an, die die Behörden aus Chile und Deutschland dazu unternehmen. Wir wollen beweisen, dass wir friedliche und fleißige Menschen sind. Unser Bestreben ist es, dass man uns die Chance gibt, für das Wohl unserer Familien und unserer Arbeiter zu arbeiten.

**17.** Wir sind zur Zusammenarbeit bereit, damit so die Leiden gemindert werden, die wir bei uns und anderen verursacht haben, und damit in der „Villa Baviera“ sich die Schrecken der Vergangenheit nie wiederholen.

*Gemeinschaft der „Villa Baviera“*
*in den Gemeinden Parral und Bulnes*
*April 2006*[87]

Ihre „Erklärung“ ist ihre Rechtfertigung. Sie wollen nichts weniger als „die Wahrheit“ verkünden über das, was in der „Colonia“ geschehen war, und aus der Erkenntnis dieser Wahrheit heraus eine doppelte Integration erreichen: die Aussöhnung der Bewohner untereinander und zugleich die Eingliederung ihrer Siedlung in die chilenische Gesellschaft. Ihre Wahrheit ist dies: „Wir kamen voll guten Willens und wurden Opfer eines Mannes, der diesen guten Willen missbrauchte.“ Nach Dennys Alvear stritten die tiefgläubigen Siedler allerdings nicht am meisten darum, wie weit ihre persönliche Mitverantwortung für die Geschehnisse in der „Colonia" reichte, sondern ob sie sich selbst als Mitglieder einer „Sekte" bezeichnen sollten.[88] Dies tun sie hier ausdrücklich nicht – sie hätten ihren Glauben zwar dem Anschein nach „wie eine geschlossene Sekte" gelebt, seien aber keine. Erst im Punkt 15 der Erklärung bekennen sie sich in zweifacher Hinsicht schuldig: schuldig, dem Despoten keinen Widerstand geleistet zu haben, schuldig, dass ihr Grund und Boden als Ort der Haft und Folter genutzt worden sei. Sie bekennen sich schuldig, sich nicht widersetzt zu haben – und erklären zugleich, wie sie zu willenlosen Wesen gemacht wurden. Sie geben zu, in einem Folterlager gelebt zu haben – und versichern aber, dass die allermeisten davon keine Kenntnisse gehabt hätten. Sie betonen ihre guten Absichten, ihr wohltätiges Wirken für die Nächsten in ihrer Umgebung – und beklagen zugleich, wie Schäfer diese Güte für seine perversen Zwecke ausgenutzt habe. Sie respektieren Leid und Schmerz der Menschen, deren Angehörige in der „Colonia" verschwunden sind – und betonen zugleich, wie sehr sie selbst gelitten haben. Sie machen Paul Schäfer zum allmächtigen Führer und dämonischen Verführer – und suchen zugleich „gegenseitige Vergebung" unter den Bewohnern der Siedlung, gerade für diejenigen, die Schäfer besonders ergeben waren, seinen engsten Führungskreis, den er noch mehr als alle anderen „sektiererisch verführt" habe.

In der chilenischen Gesellschaft, auf die die Siedler mit diesem Text zugehen wollten, fand ihr Ringen kaum Resonanz. Soweit sich die chilenische Öffentlichkeit überhaupt für die deutsche Siedlung im Süden des Landes interessierte, galt die Aufmerksamkeit dem Prozess gegen Schäfer, der einen Monat nach Publikation der Erklärung wegen vielfachen Kindsmissbrauchs zu 20 Jahren Haft verurteilt wurde.

Schon die Übergabe des Textes an die Regierung gestaltete sich schwierig. Die erhoffte Audienz bei der Präsidentin Michelle Bachelet, für die sich Herman Schwember eingesetzt hatte, wurde nicht gewährt, Matthusen und Schreiber konnten die Erklärung nur in der Posteingangsstelle des Regierungspalastes (der „oficina de partes") abgeben.[89] Die Regierung wollte dem Text keine besondere Bedeutung zumessen, um die ehemalige „Colonia" in die chilenische Gesellschaft zu integrieren, bedurfte es ihrer Auffassung nach keines Schuldbekenntnisses. In einer Verlautbarung kommentierte der Regierungssprecher Ricardo Lagos Weber sehr kühl: Er zweifle nicht, dass die Menschen in gutem Glauben diese Erklärung unterschrieben hätten – und transportierte damit eben diesen Zweifel. Die Regierung überlasse die Bewertung der Verantwortung für das, was in der „Colonia" geschehen sei, der Justiz. Wichtig sei, dass die einst gleichsam exterritoriale Siedlung nun vollkommen in Chile integriert werde.[90] Die Regierung verlangte von denen, die bleiben wollten, die Einhaltung chilenischer Gesetze, eben das korrekte Verhalten gesetzestreuer Staatsbürger egal welcher Herkunft, eine Abkehr vom Glauben an Schäfer, ein kollektives Schuldbekenntnis, eine selbstkritische Auseinandersetzung mit der eigenen Geschichte wollte sie von ihnen so wenig einfordern wie von Pinochets Militär. Und wie sie es auch gegenüber den Tätern der Pinochet-Diktatur praktiziert hatte, übertrug sie die Aufklärung und Ahndung individueller Verantwortlichkeiten in der deutschen Siedlung, die Annäherung an die historische Wahrheit und das Bemühen um Gerechtigkeit also, der Justiz.

Weder Parteien noch Menschenrechtsorganisationen noch die Kirchen reagierten auf die Veröffentlichung der „Erklärung" im „Mercurio". Ein Dialog mit den Institutionen früherer Gegner und Opfer, der die in der „Villa Baviera" verbliebenen Siedler wohl zu einer intensiveren Auseinandersetzung mit ihrem konkreten Verhalten während der Schäfer-Jahre und ihrer Verantwortung für die Untaten in dieser Zeit genötigt hätte, kam nicht zustande.[91] Eines der überlebenden Folteropfer, Adriana Bórquez, kehrte im September 2006 an den Ort ihrer Qual zurück und sprach mit Repräsentanten der Siedlung. Sie wollte, wie sie sagte, „glauben, dass sie Menschen sind. Sie sind Menschen." Schwember, der das Gespräch moderierte und übersetzte, hob hervor: „Es gab keine Konfrontation, das war etwas, was den Menschen der ‚Villa Baviera' sehr gut getan hat."[92] Der Besuch von Adriana Borquez blieb eine einzigartige Geste humanen Verstehens und großzügigen Vergebens. Nur wenige andere äußerten sich als Einzelpersonen, sie alle zweifelten an der Aufrichtigkeit der Erklärung und sahen sie als taktisches Manöver an. Sergio Aguiló, der die Region Talca als Abgeordneter der sozialistischen PS vertrat, meinte: „Das ist kein authentisches ‚Mea culpa' (...) Mir kommt es verdächtig vor." Mirna Troncoso von der Vereinigung von Angehörigen der verschwundenen Häftlinge der VII. Region, in der das Gelände der „Villa Baviera" liegt, war ebenso skeptisch: „Hoffentlich sind sie aufrichtig, aber ich glaube, dass andere Interessen dahinter stehen."[93] Salo Luna, einer der chilenischen Jungen, die am Wochenende in der „Colonia Dignidad" betreut worden waren und dem 1997 zusammen mit Tobias Müller die Flucht aus der „Colonia" gelungen war, urteilte besonders hart: „Viele, die in der Colonia Dignidad leben, lügen immer noch. (...) Sie wollten jetzt ihre Hände in Unschuld waschen. (...) Sie schicken ein Schreiben, um sich als Opfer darzustellen. (...) Die Sprecher sind eben keine Opfer, sondern Täter." Keiner der Folterer werde namentlich genannt.[94]

Ein kollektives Schuldbekenntnis, womöglich noch verbunden mit konkreten Angeboten der Wiedergutmachung, wie es die chilenischen Menschenrechtsorganisationen wohl erwarteten, enthält die „Erklärung" nicht. Sie ist nicht „die ausdrücklichste Anerkennung von Verantwortung gegenüber Menschenrechtsverletzungen, die es in Chile seit dem Ende der Regierung Pinochet gegeben hatte", als die sie Herman Schwember pries.[95] Sie ist eine Ent-Schuldigung für alle Siedler, ausdrücklich auch für die Herren der Führungsgruppe, und die Beschuldigung eines einzigen Menschen, der mit Attributen wie „allwissend" und „absolute Macht" zu einer bösen Gottheit überhöht wird. Sie ist eine Selbstrechtfertigung, die von dem, was geschehen ist, nur wahrnimmt, was sich diesem Zweck fügt. Die Mechanismen, mit denen Schäfer gläubige Menschen zu seinen Untertanen machten, werden eindringlich geschildert. Die guten Absichten, auf die sie sich berufen, haben ihre subjektive Wahrheit, die Behandlungen armer Bauern im Krankenhaus, die Beschäftigung arbeitsloser Chilenen in den Betrieben der Kolonie, die wirtschaftlichen Erfolge sind Fakten. Das Glaubensfundament, in das der gute Wille und die guten Taten eingelassen waren, rechtfertigte es aber auch, dass die Außenwelt als gottverlassen und feindselig wahrgenommen und die eigene Gemeinde die einzig rechtgläubige auf Erden wurde, in der alles, was geschah, richtig sein musste; dass kleinste Verstöße gegen die Regeln und leiseste Zweifel von Gemeindemitgliedern schon als Wirken des Teufels gedeutet wurden; dass diese Menschen nie von Schäfer allein, sondern von der Versammlung aller verurteilt und mit Prügeln bis zur Bewusstlosigkeit bestraft wurden; dass Sexualität immer Sünde war und nur der Führer selbst diese Sünden bei sich und anderen vergeben konnte; dass Frauen den Männern nach- und untergeordnete Wesen waren. Von Vergewaltigungen und Verbrechen wollen sie nichts gewusst haben. Dabei waren viele Männer als Jungen selbst Schäfers Opfer gewesen, die immer wieder neue Auszeichnung seiner „Sprinter" genannten Favoriten erfolgte öffentlich. Klaus Schnellenkamp konnte nie glauben, dass niemand sah, was er so oft wahrnahm:

*Ob Paul Schäfer mit offener Hose rumgelaufen ist, ob er da den Kindern die Hose runtergelassen hat, sie auf offenem Hof, sogar vor meinem eigenen Vater missbraucht hat, ob er selbst mit runtergelassener Hose irgendwo stand, ob er am Empfangshaus einfach in den Kies gepinkelt hat, das hat keiner mitbekommen! Ich hab mal gefragt, ja leiden wir alle an Alzheimer oder was ist hier los. Da haben die gesagt, der ist ja Phantast, hinsetzen, bring erstmal selber dein Leben in Ordnung, er spricht verrückt, er ist wahnsinnig, der ist besessen.*[96]

Ihre Unwissenheit schränken die Siedler selbst mit dem Wort „praktisch (practicamente)" ein. „Praktisch" war es unmöglich, die Autowracks in der Siedlung und die nächtlichen Bustransporte nicht zu sehen, die DINA-Agenten nicht zu bemerken, die Schmerzensschreie aus dem Keller nicht zu hören. All dies hinzunehmen, nicht nachzufragen und nicht nachzudenken, vollkommen auf die Weisheit des allmächtigen Führers zu vertrauen: dies war „praktisch" sehr wohl möglich.

Die Dämonisierung Schäfers, das Leugnen eigenen Wissens, das Selbstverständnis als eigentliche Opfer, das Herausstreichen guter Taten, die Betonung bester Absichten – die „Erklärung" war nicht der Beginn eines Dialogs mit den chilenischen Opfern der „Colonia Dignidad", sie war nicht der Einstieg in eine kritische Auseinandersetzung mit der eigenen Vergangenheit. Sie trug aber entscheidend dazu bei, die Gemeinschaft in der „Villa Baviera" zu erhalten. Und eben dies war ihr eigentlicher Zweck.

## Die Gemeinschaft der Unschuldigen

Die innere Befriedung war nach Dennys Alvear ihr wesentliches Anliegen: „Es hätten sich Täter und Opfer getroffen, die Täter hätten sich bei den Opfern entschuldigt und man habe sich die Hand gereicht, dass man nun nicht mehr darüber reden wolle."[97] Aki Laube erinnerte sich an den kollektiven Druck der Versöhnungsgesten, nachdem die Erklärung im Versammlungsraum verlesen worden war:

*Dann fingen alle an, sich zu umarmen. Ich war mit der Sache nicht fertig. Ich war der letzte, der dann notgedrungen sie umarmt hat. Dann ging plötzlich die Parole rum, jeder ist schuld, jeder, mehr oder weniger, alle sind wir schuldig. Da hab ich so revolutioniert. Ich bin als Baby reingekommen, ich bin hier reingeprügelt worden in dieses System, wo bin ich schuldig? Die, die aus Deutschland hierhergekommen sind, die ihm alle hinterhergelaufen sind, die ihr Hab und Gut abgegeben haben, die ihre Kinder abgegeben haben, die viele Sachen gemerkt und gesehen und nichts gesagt haben, die mitgemacht haben, die sind schuldig, aber ich nicht.*[98]

Wenn alle schuldig sind, ist am Ende niemand mehr schuldig. Diffuse Schuldgefühle lösen sich auf in allgemeiner Vergebung. Würden sie nach dem je individuellen Anteil an den Verbrechen fragen, würde Schuld differenziert, dann wären einige womöglich völlig unschuldig, viele moralisch mitschuldig als schweigende Dulder und willige Wegseher, wieder andere auf eine jeweils eigens zu bestimmende Weise schuldige Gehilfen oder gar Mittäter Schäfers. Eine Gemeinschaft der Gleich-Schuldigen und damit letztlich Unschuldigen wäre nicht mehr möglich. Aki Laube, der diese Differenzierung einforderte, ergab sich 2006 noch dem Druck der anderen, verließ später aber mit seiner Familie die Kolonie. Auch Gudrun Wagner ging nach fast 40 Jahren zusammen mit ihrem Mann Wolfgang Müller weg aus der „Colonia", weil sie das Schweigen nicht ertrug, das für sie ein Lügen der Täter über ihre Schuld einschloss: „Die meisten wollen nicht reden und reden auch nicht, weil sie mitgemacht haben. Nicht alle, aber fast alle sind betroffen, die auch Täter waren, nicht nur Opfer. Aber weil sie nur noch lügen und immer noch lügen – ich kann das nicht, ich kann das nicht verantworten."[99]

Die Betroffenen verweigern in der Erklärung von 2006, der einzigen öffentlichen Äußerung, die sie je dazu von sich gaben, jede Unterscheidung von Schuld: Damit die Schäfer-Gemeinschaft ohne Schäfer bestehen kann, wird über die Verantwortung jedes Einzelnen geschwiegen, werden in einem Ritual der Versöhnung alle zu Opfern des einen gemacht, der alleiniger Urheber dessen ist, was geschah, Paul Schäfer. Ist er, der einzige Schuldige, beseitigt und bestraft, kann für alle anderen das Leben in der Gemeinschaft weitergehen. Das häufig gebrauchte „wir" in der Erklärung schließt alle als Opfer ein und nur Schäfer aus. Reinhard Zeitner, dem vorgeworfen wird, an der Entführung von Ricardo Angel Salvo Fuentes beteiligt gewesen zu sein, eines chilenischen Jungen, den Schäfer missbraucht hatte, und nach dem 1996 gefahndet wurde, war seiner Überzeugung nach nur ein Mitläufer wie alle anderen: „Wir waren alle Zuhälter für Schäfer, wir hatten doch keine Ahnung. Es darf kein Mitgefangen-Mitgehangen geben."[100] Johannes Wieske, der Architekt der Siedlung, der mit Schäfer zusammen in Chile angekommen war, sah sich selbst als „das erste Opfer von Paul Schäfer. Nicht im sexuellen, aber sehr wohl im ideologischen Sinn."[101] Für Gerd Seewald, zu mehrjähriger Haftstrafe verurteiltes Mitglied des engsten Führungskreises, waren „wir Siedler (...) alle mehr oder weniger Opfer gewesen."[102] Anna Schnellenkamp stellte die Siedler in eine Reihe mit den Familien von Folteropfern der „Colonia": „Nicht nur die Angehörigen der verschwundenen Häftlinge sind die Betroffenen, sondern auch die Siedler selbst."[103]

Die Opfer des einen Täters konnten in der „Villa Baviera" zusammen leben. Die Gemeinde Schäfers blieb bestehen, die Herde lebte ohne den Hirten weiter. Dieser Erhalt der Gemeinschaft wurde zu einem Wert in sich. Gerd Seewald sagte in einem Gespräch mit Herman Schwember:

*Man kann sich die Gemeinschaft ohne die Fehler von Paul Schäfer vorstellen, aber die tatsächliche Vergangenheit kann man nicht ändern. Den Wert der Gemeinschaft erkenne ich, wenn ich draußen bin, ich sehe Leute, die mich nicht interessieren. (...) Wenn ich aber jemandem aus der Gemeinschaft über den Weg laufe und wir uns grüßen, wissen wir, dass wir dem Gleichen angehören, wir fühlen, dass wir gemeinsam leben, es gibt mit uns eine große Zusammengehörigkeit. (...) Dass wir diese vierzig Jahre zusammengelebt haben, das prägt uns auf ganz besondere Weise.*[104]

Da war es immer noch: Das alte Bewusstsein der Auserwähltheit und die Verachtung für die da draußen, das Gefühl der gemeinschaftlichen Geborgenheit und der gegenseitigen Vertrautheit. Das gemeinsame Leben als solches prägte, wie es gelebt worden war, welches Leid es gebracht, welche Opfer es gekostet hatte, zählte nicht. Die Vergangenheit war nicht zu ändern, dass es überhaupt eine gemeinsame Vergangenheit gab, war entscheidend. Schäfer war Teil dieser Vergangenheit, mit und in der er verschwand. In der Gegenwart war ein Leben ohne ihn möglich, ein Leben außerhalb der Kolonie jedoch nicht. Die Anhänger Schäfers hatten immer nur als Glieder einer Gemeinde existiert, als Individuen verstanden sie sich nie. Selbst die, die wie Klaus Schnellenkamp die Kraft fanden, sich aus der „Colonia" zu lösen, spürten existenzielle Furcht vor der gleichzeitig ersehnten Freiheit, er durchlitt das erste Weihnachten unter deutschen Freunden als den „tiefsten Winter" seines Lebens.[105] Viele andere aber konnten das „normale und tolerante Leben in der chilenischen Gemeinschaft", das sie nun führen wollten, nur in der Gemeinschaft ertragen, die für Jahrzehnte ihr ausschließlicher Lebensraum gewesen war. Alltäglichste Verrichtungen waren ihnen fremd, sie zu lernen schien ihnen ohne den vertrauten Schutz der Siedlung unvorstellbar. Ein „normales" Leben war für sie abnorm. Martin Farkas, der sich 2006 für die Dreharbeiten zum Film „Deutsche Seelen" monatelang in der Siedlung aufhielt, bilanzierte seine Eindrücke so: „Die Leute haben diese einzige Identität, und in der müssen sie sich entwickeln und neu entwickeln. Sie haben nie gelernt, ein anderes Leben zu leben, ein selbstständiges Leben zu leben, sie haben nie gelernt, mit Geld umzugehen – das ist für uns unvorstellbar. Sie haben nie gelernt, täglich einzukaufen. Sie haben nie einen normalen Tagesablauf gelernt, und den lernen jetzt die Leute, die 40, 50 sind, und das ist wahnsinnig schwer."[106]

Als Einzelne in Chile oder Deutschland neu anzufangen, hätte die einzige Identität zerstört, die sie kannten: integraler Teil eines gottgeweihten Glaubenskollektivs zu sein. „In Gemeinschaft hier zu leben/ Und nicht nur für uns allein./Beispiel und Vertrauen geben/Das mag wohl von Dauer sein." Dies schreibt Johannes Wieske, der greise Architekt der „Colonia", in seinem Rückblick auf „50 Jahre Chile".[107] Die Gemeinschaft ist für ihn die Grundlage des Lebens, die „Villa Baviera" Wohnort und Arbeitsstätte, Heimat und Halt: „Die gemeinsame Ernte und Dachdecken war (sic!) unbezahlbar. Und das gemeinsame Musizieren mit und ohne Instrumente entschädigte uns für das Leid, das auch an uns nicht vorüberging. (...) Gott hat uns aber doch eine Gemeinschaft erleben lassen. (...) So trägt ein jeder seins mit bei, was für uns alle das Beste sei."

Was dieses „Beste" für alle war, bestimmte bis 2005 allein Paul Schäfer, der Führer und Schöpfer der Gemeinde. Die späte Erkenntnis, von einem pädophilen Herrscher physisch und moralisch missbraucht worden zu sein, führte etwa die Hälfte seiner Untertanen dazu, sich aus der Gemeinschaft zu lösen. Die andere Hälfte blieb und suchte für die Gemeinschaft, ohne die sie nicht leben konnten, einen neuen Sinn. Das „Gemeinsame" war jetzt die Rückkehr zum ursprünglichen Ziel: ein gottgefälliges Leben im Dienste am Nächsten zu führen. Die „Villa Baviera" ist für sie mehr als die von Schäfers Perversionen gereinigte und von seiner Tyrannei befreite Nachfolgerin der „Colonia Dignidad", sie ist die späte Verwirklichung der guten Absichten, mit denen ihre Eltern und Großeltern nach Chile kamen. Ihr wirtschaftlicher Erfolg ist nicht nur die Basis des physischen Überlebens, sondern vor allem die materielle Voraussetzung eines sinnvollen Lebens. Johannes Wieske: „Der ehemalige Leiter ist inzwischen verstorben. Etwa in den neunziger Jahren des vorigen Jahrhunderts begann die Geschichte der ‚Villa Baviera', dem neuen Namen der damaligen Kolonie. (...) Wir haben als Gemeinschaft immer Wohltätigkeit unterstützt und intern und außerhalb gepflegt. Wir haben mehrere Firmen gegründet, die als wirtschaftliche Basis diesem Werk dienen."

An dieser Gemeinschaft halten sie sich fest. Den Menschen in der „Villa Baviera" ist es in wenigen Jahren gelungen, ein weithin „normales" Leben aufzubauen. Der Psychiater Niels Biedermann, der ihnen über Jahre hinweg auf diesem Weg beigestanden hat, bescheinigte ihnen schon 2009, eine „eigene Individualität" gefunden und „Selbstwertgefühl" entwickelt zu haben, Emotionen zulassen zu können und „den Umgang mit unterschiedlichen Ansichten und Meinungen" gelernt zu haben. Sie hätten sich „normal" entwickelt, die Glaubensgemeinde, die sich so lange kindlich an ihren Führer geklammert habe, sei „auch innerlich erwachsen" geworden.[108] Nach wie vor aber richten diese Erwachsenen ihr Verhalten an der Frage aus: „Was ist gut für die Gemeinschaft?" Sie stellen und beantworten sie nun selbst, nachdem Schäfer nicht mehr für sie denkt und entscheidet. Ist die „Villa" in finanzieller Not, geben sie ihr Erspartes bis auf den letzten Peso, auch wenn dann eigene Wünsche unerfüllbar werden. Ihr Geld für sich zu behalten hieße, materielle Interessen über das Wohl ihrer Gemeinschaft zu stellen, sie würden nach ihrer tiefen Überzeugung dann nicht anders handeln als jener reiche Jüngling, der Jesus nicht nachfolgte, weil er auf seinen Reichtum nicht verzichten konnte.[109]

Alle Bewohner spenden, wenn sie dazu aufgerufen werden, sie überlegen, was sie entbehren können und geben es der Gemeinschaft, in der und für die sie leben. Ihre Spenden tragen dazu bei, dass die mittellosen Alten im Dorf versorgt werden können. Vor allem aber unterstützen sie „die Gefangenen“ und bezahlen die Anwälte, die sie vor Gericht vertreten. Denn alle Repräsentanten der „Colonia Dignidad“, die in Chile verurteilt wurden, blieben in der „Villa Baviera“ selbstverständlich Teil der Gemeinschaft, es sei denn, sie entfernten sich selbst, wie etwa Hartmut Hopp, der „getürmt“ sei, wie es abfällig heißt. Gerhard Mücke zeigte sich im November 2012 auf dem „Oktoberfest“ des bayerischen Dorfes und äußerte sich frei im chilenischen Staatskanal „tvn“ zu den Festlichkeiten, ein leichtes Lächeln auf den Lippen, in Trachtenjanker und Gamsbarthut ein wohlbeleibtes Bild gepflegten Bayerntums und besten Gewissens.[110] Kurt Schnellenkamp stellte zufrieden fest: „Das Positive ist ja, dass wir alle bis zum Ende letztlich zusammengehalten haben, so als Gruppe, möchte ich sagen.“ Sein Sohn Jörg hoffte, „dass mein Papa auch bis zu seinem Lebensende die Freiheit genießen wird. Paul Schäfer hat die Leute betrogen, aber ich weiß, wie mein Papa sich geopfert hat für die allgemeine Sache.“[111] Nun, da er doch seine Strafe verbüßen muss, wünscht sich die Familie nur, dass der 87-jährige Greis, der an Altersdiabetes und Bluthochdruck leidet, bald aus dem Gefängnis kommt. Bis dahin besuchen sie ihn wenigstens einmal im Monat in Santiago.

Die Urteile gegen die ehemaligen Führer der Gemeinde werden als Spruch der Macht hingenommen, sie gelten aber als „extrem ungerecht“. Keiner der Verurteilten habe eine „Tatschuld“, höchstens eine „Unterlassensschuld“ wie sie alle, die Schäfer gehorcht hatten. Wenn sie Schuld fühlen, dann als Sünder vor Gott, gegenüber chilenischen Gerichten erklären sie sich aus Überzeugung für unschuldig. Gisela Seewald, langjährige Leiterin des Krankenhauses, die zahllose Elektroschocks und Monstermedikationen verabreichte, bekannte kurz vor ihrem Tod 2013 „ihre Schuld vor Gott“. Ihr Mann Gerd, einer der engsten Vertrauten von Schäfer und Wächter des Geheimarchivs, fragte sich selbst, „welche Schuld man dabei hat“, fand seine Strafe aber „wirklich sehr ungerecht“.[112] Günter Schaffrik, einer von Schäfers „Herren“, wurde vom Obersten Gerichtshof zu 11 Jahren Haft verurteilt, die ursprüngliche Strafe von 5 Jahren und 1 Tag wurde in letzter

Instanz mehr als verdoppelt. Er war im Auftrag von Schäfer der Leiter des Programms „Juventud permanente", das Hunderte von chilenischen Kindern und Jugendlichen am Wochenende in der „Colonia" mit Spielen, Wanderungen, Musizieren unterhielt und sie mit Essen versorgte – für die Bewohner des „Bayerischen Dorfes" schiere Wohltätigkeit, für das Gericht Beihilfe zum Kindsmissbrauch, weil Schäfer sich chilenische Kinder in sein Schlafzimmer holte. In mindestens einem Fall, bei Ricardo Angel Salvo Fuentes, ging die Justiz zudem von einer Kindsentführung aus. Einer wie Günter Schaffrik, der als zweijähriges Kind mit seinen Eltern nach Chile kam, wird als ein doppeltes Opfer gesehen: früher wie alle Mitglieder der „Colonia" ein Opfer Schäfers, jetzt ein Opfer staatlicher Willkür. Die Haftbedingungen im Gefängnis der kleinen Stadt Cauquenes, wo Günter Schaffrik und ein anderer Gefangener in einer winzigen Zelle eingesperrt sind, mit einer schmalen, kaum für zwei ausreichenden Bank als einziger Sitzmöglichkeit, scheinen den Angehörigen unerträglich. Dass sie ihre Gefangen regelmäßig besuchen dürfen, dass sie ihnen Essen mitbringen können, dass sie mit ihnen mehrmals täglich telefonieren, dass die Verurteilten, wenn sie das wollen, im Gefängnis Schulabschlüsse nachholen können, die ihnen die Schule der „Colonia" verweigerte – nichts wiegt die fundamentale Ungerechtigkeit dieser Haft auf.

„Alle hatten Angebote zur Flucht, und nicht nur eines." Sie blieben, weil sie Schaden von der Gemeinschaft abwenden wollten. Günter Schaffrik entschied sich so[113]:

*Als die Nachricht von der Verurteilung kam, gingen wir in den Wald. Wir waren verzweifelt, wir weinten und überlegten, was wir jetzt tun sollten. Freunde hatten die Flucht vorbereitet, viele rieten uns dazu. Wir beschlossen dann, dass jeder für sich überlegen sollte und kamen beide zur gleichen Entscheidung: Günter sollte die Strafe annehmen. Es wurde schon so viel über die Villa geredet, wenn er geflohen wäre, hätte es wieder einen Skandal gegeben. Er hätte der Villa geschadet. So aber hofften wir, wenn er und die anderen, die verurteilt worden waren, nun ins Gefängnis gingen, könnten die anderen endlich die Vergangenheit begraben.*

Fliehen, wie Hopp es tat, schadet der Gemeinschaft, Bleiben dient ihr. Die Verurteilten, die seit 2013 in chilenischen Gefängnissen sitzen, haben, so sehen sie es, ihre Freiheit für die Gemeinschaft aufgegeben. Sie haben sich selbst geopfert.

Sie nehmen die Haft aber auch als eine Prüfung auf sich, die Gott von ihnen fordert. Die „Villa Baviera“ ist eine Gemeinschaft tief gläubiger Menschen, die Ausbeutung ihrer Frömmigkeit durch Schäfer hat ihren Glauben an Gott nicht erschüttert. Die, die auf Gott vertrauten, seien geblieben, nur die „Zweifler“ seien gegangen. Wie sie ihren Glauben äußern, können sie nun selbst entscheiden. Manche sind Lutheraner geworden, einige Katholiken, andere fühlen sich in einer evangelikalen Kirche aufgehoben, von denen es in Chile wie in allen lateinamerikanischen Ländern zahlreiche Gemeinden gibt. Etwa ein Dritte[114] hängt der „Freien Volksmission“ des Evangelisten Ewald Frank aus Krefeld an, zu dem auch etliche ehemalige Mitglieder der „Colonia Dignidad“ gefunden haben, die sich in Deutschland niedergelassen haben. Frank predigte und taufte 2004/2005 in der „Villa Baviera“, erhielt jedoch im Oktober 2005 keine Einreisegenehmigung mehr, weil Chiles Regierung befürchtete, er könne sich zu Schäfers Nachfolger aufschwingen. Seine Endzeitvisionen, seine Russlandphobie, sein Anspruch, allein aus der Bibel das ganze und wahre Wort Gottes zu verkünden, verbinden ihn mit Schäfers Privatreligion, seine Berufung auf den amerikanischen Prediger William Banham, als dessen Nachfolger er sich sieht, und sein Missionseifer, der ihn bereits in 130 Länder getrieben hat, trennen ihn vom Gründer der „Colonia“.[115]

Eine große Gruppe trifft sich jede Woche zu gemeinsamer Bibellektüre, ohne Führer. Wenn einer der Gefangenen geschrieben hat, wird in diesem Kreis sein Brief verlesen. Dann ist die Gemeinschaft der Unschuldigen im festen Vertrauen auf Gottes Gnade vereint.

## Familie

Die Familie Schnellenkamp verbindet wie kaum eine andere die „Colonia Dignidad“ und die „Villa Baviera“. Die Eltern gehörten zu den ersten Siedlern in Chile, der Vater Kurt war einer der engsten Vertrauten Schäfers, ein zu mehrjährigen Haftstrafen verurteilter Mittäter seiner Verbrechen, die Mutter Elisabeth zeitlebens eine rührige Arbeitsbiene. Von den sieben Kindern wandten sich zwei, Klaus und Karl, von der Gemeinde ab, Karl hält den Kontakt zu den Eltern noch aufrecht, betritt jedoch das Gelände der „Villa Baviera“ nicht mehr,

Klaus hat öffentlich mit der Gemeinde und mit seinen Eltern gebrochen. Fünf Geschwister leben noch mit ihrer Mutter in der ehemaligen Kolonie. Anna war eine prominente Sprecherin der Gemeinschaft und die wesentliche Inspiratorin und Antreiberin beim Auf- und Ausbau touristischer Attraktionen. In einem Interview mit der Zeitung „La Nación", die mehrheitlich dem Staat gehört und anders als der konservative „Mercurio" der Kolonie äußerst kritisch gegenüber steht, stellte sie sich 2008 den insistierenden Fragen des Journalisten.[116]

**Wie ist die Beziehung der Siedler zu den alten Führungskräften?**
*Ich habe eine gute Beziehung mit meinem Papa, weil ich keine andere mit ihm eingehen will.*
**Aber Chefin zu sein, beinhaltet, sich um den Rest zu kümmern …**
*Ich habe eine sehr klare Politik, jeder ist, wie er ist. In meinem Bereich, im Restaurant, im Sozialen kümmere ich mich darum, Angebote zu machen, die so gut sind, wie es sich gehört. Aber darüber hinaus gehe ich nicht.*
**Aber haben die Leute keine Angst?**
*Wovor?*
**Davor, dass die gleichen Personen herumlaufen, die ihnen früher Schaden zugefügt haben.**
*Es ist nicht ganz so, weil es andere gab, die viel härter waren. Aber ich will darüber nicht sprechen. Mein Papa hat seine Irrtümer anerkannt, und deshalb gibt es eine Grenze. Ich persönlich hatte Papa nun so, wie er jetzt ist, und ich will ihn nicht immer in sein altes Verhalten hineinziehen. Ich will ihm einfach seine letzten Jahre geben, dass er, soweit er kann, ein Familienleben hat.*
**Aber was geschieht mit den anderen Mitgliedern der Führungsgruppe, die nicht Ihre Angehörigen sind?**
*Da mische ich mich nicht ein, weil es nicht meine Angehörigen sind. Ob mein Papa sich mit ihnen einlässt oder nicht, das weiß ich nicht, und es ist mir egal, was sie machen. Sie wissen, dass wir jetzt in einer Phase leben, in der niemand sich in das Leben der anderen einmischen darf. Es muss hier zugehen wie in jedem anderen normalen Dorf, und deshalb sind das, was mich interessiert, wir, meine Familie, meine eigene Familie, mein Arbeitsplatz, und nicht, mich bei anderen einzumischen.*

**Aber was geschieht mit den älteren Siedlern, die vor einem Menschen Angst haben? An wen können sie sich in diesem Fall wenden?**

*Ich habe keine Ahnung. Das ist seine Sache, er muss schauen, dass er seine Probleme löst. Ich mische mich da nicht mehr ein. (...) Mein Thema sind der Tourismus und meine Familie. Ich will keine Probleme haben, ich lasse mich nicht mehr in die Vergangenheit reinziehen. Ich will ein normales Leben haben. Und deshalb verteidige ich niemanden und unterstütze auch niemanden. Ich kann für niemanden anderen sprechen und ich mische mich nicht mehr in die Angelegenheiten anderer ein, weil ich will, dass man hier in der Zukunft lebt, jeder für sich, ohne dem anderen in den Kochtopf zu gucken und Probleme zu bereden, sondern dass jeder in seiner Freizeit machen kann, was er will. Wenn mir etwas lästig ist, sage ich es auch, aber mir ist wichtig, dass der Bereich, für den ich zuständig bin, und meine Familie so wirken, wie es in Chile normal, gesund, natürlich ist, nichts soll mehr verschlossen sein.*

**Und wenn jemand anderen Schaden zufügt?**

*Nein, bitte, was sind das denn für extreme Fragen.*

**Ich frage das, weil es Menschen gibt, die Probleme haben können.**

*Ich habe versprochen, dass nicht von neuem der Stil von früher reinkommt. Da sind wir streng."*

Sich nicht einzumischen in die Angelegenheiten anderer, die Privatsphäre, die man für sich reklamiert, auch bei anderen zu achten: das ist das neue Lebensmotto, auf das sich Anna Schnellenkamp hier wieder und wieder beruft. Es ist, auch das ein für sie überaus wichtiger Begriff, „normal", und doch ganz neu für Menschen, die Privatheit und Familie nicht kannten, für die von anderen, von der Versammlung aller und dem Führer, entschieden wurde, was ihre Angelegenheiten zu sein und wie sie sie zu lösen hätten. Das Normale: in einer Familie zu leben, zu lieben und zu streiten, den Lebensunterhalt zu verdienen, freie Zeit zu verbringen, eigene Interessen zu verfolgen, ist für sie das Besondere in der „Villa Baviera". Der Dienst an der Gemeinschaft, für die sie als Kind lebte und arbeitete, die ihr Denken, Glauben und Handeln bestimmte, besteht für sie als junge Frau im Einsatz für den wirtschaftlichen Erfolg ihres Dorfes. Fleißig und pflichtbewusst bewährt sie sich an dem Platz, an den die Gemeinschaft sie gestellt hat. Sie wollte Lehrerin werden, durfte aber nicht Pädagogik studieren, sondern musste, weil die Führung dort ein zukünftiges Geschäftsfeld sah, das Gastronomiegewerbe erlernen. Nun tut sie, was sie tun muss, mit aller Kraft.

Um mehr will sie sich nicht kümmern. Sich für die Sorgen von Menschen außerhalb der eigenen Familie verantwortlich zu fühlen, ist für sie bereits „der Stil von früher". Jeder muss schauen, wie er seine eigenen Probleme löst. So brüsk dies auch klingt, so ist es doch keine Parole sozialer Rücksichtslosigkeit, es ist für Anna die einzige Möglichkeit, den Lebensmittelpunkt zu erhalten, den sie gerade erst gefunden hat: ihre Familie.

In der „Villa Baviera" leben nicht so sehr Individuen als vielmehr Familien und Ehepaare zusammen. Anna sieht „Familienleben als Grundstein für alles andere". Ein „normales Leben" ist das Leben in einer Familie oder wenigstens mit einem Partner. Die neue Freiheit ist der Rückzug in die Privatheit der Familie. Ihr privater Raum soll den Familien materiell gesichert werden, die Grundstücke, auf denen ihre Häuser stehen und die bislang noch der Aktiengesellschaft Cerro Florido gehören, sollen bald auf sie übertragen werden.[117] Den inneren Zusammenhalt können diese Familien aber nur wahren, wenn an der Vergangenheit der Eltern nicht gerührt wird. Nach ihr zu fragen, hieße die Grenze zu überschreiten, die die Gegenwart, in der Anna einen Vater hat, um den sie sich kümmern kann, von der Vergangenheit trennt, in der dieser Vater nur als „Onkel" und Schläger auftauchte. In dieser Vergangenheit hat ihr „Papa" „Irrtümer" begangen. Welche das waren, ob es sich überhaupt um verzeihliche Irrtümer handelt oder nicht vielmehr um Verbrechen, warum er sie begangen hat, welche Folgen sie bis in ihre Gegenwart hinein haben – diese Fragen stellt sie nicht. Für eine Frau, die Mitte Zwanzig war, als sie es zum ersten Mal wagte, ihre Eltern „Mutti" und „Papa" zu nennen, würden solche Fragen wohl den Zusammenhalt der Familie gefährden oder sie gar zerstören. Ein Leben ohne die Familie Schnellenkamp aber würde für sie nicht Selbstständigkeit bedeuten, sondern verzweifelte Einsamkeit. Nur in der Familie gibt es, wie unvollkommen und brüchig auch immer, Geborgenheit und Liebe. Das Prinzip der Nichteinmischung in die Angelegenheiten anderer gilt daher gerade innerhalb der Familie.

So schweigt Annas Bruder Jörg über den Missbrauch, den er als einer von Schäfers Favoriten erlitt, schweigt der Vater über seine Rolle in der Führungsgruppe. Wer über sein Leiden redet wie Klaus, wer sich an die Prügel des Vaters und die Gleichgültigkeit der Mutter erinnert, schließt sich aus der Familie aus. Dass die Kinder „es nicht schön hatten" – das ist das Äußerste, was die Mutter als Erinnerung an Unterdrückung, Gewalt und Leid in der „Colonia" zulässt. „Vielleicht hätten wir den Kindern gegenüber ein wenig gerechter sein sollen" – das ist das Äußerste, was an Reue möglich ist, ohne die neuen Familienbande zu sprengen. Das Wenige, was zur Gerechtigkeit fehlte, nimmt dem Leben, das sie führte, aber nicht das grundsätzlich Gute: „Ich bin nicht für mich auf der Welt, sondern für die Gemeinschaft."[118]

In der Gemeinschaft der „Villa Baviera" fragen die Jungen nicht nach der Vergangenheit und nehmen zugleich einfühlsam Rücksicht auf Normen, die für sie nicht mehr gelten, aus denen die Alten sich aber nicht lösen mögen. Die einstige harte Ahndung jeglicher Art von sexueller Regung lebt fort in dem Verzicht auf zärtliche Gesten und körperliche Berührungen in der Öffentlichkeit, den sich auch Ehepaare immer noch selbst auferlegen, um den Alten nicht zu nahe zu treten. Die Verklärung von Arbeit als Gottesdienst klingt an, wenn die in Chile auch in Mittelschichtfamilien selbstverständliche Beschäftigung eines Dienstmädchens, einer „nana", bei den Alten immer noch Verärgerung und Befremden auslöst.[119]

Das verständnisvolle Eingehen auf ihre Gefühle und Einstellungen und das Schweigen über ihre Vergangenheit schützen die Alten in doppelter Hinsicht: Es schützt die Täter gegenüber der chilenischen Justiz, die in der „Villa Baviera" keine Zeugen gegen sie findet, trotz großzügiger Angebote auf Straferlass.[120] Und es schützt ihr Überleben. Wer nur eine kleine Rente aus Chile oder Deutschland bezieht, die nicht zum Leben reicht, wer keine Familie hat, die sich um ihn kümmert – etwa, weil er von seiner Familie, die nach Deutschland gegangen ist, in der Siedlung zurückgelassen wurde –, der bekommt Wohnung und Essen und am Ende ein Bett im Altersheim.

Was sie auch immer unter Schäfer getan haben – die Alten sind integraler Teil der Gemeinschaft der Unschuldigen. Sie sind selbstverständlich dabei bei allen gemeinsamen Festen und Veranstaltungen. Sie können in dem Ort, den sie urbar gemacht haben und der für sie

Heimat geworden ist, im ungebrochenen Glauben, ein gottgefälliges Leben geführt zu haben, wohnen und sterben.

## Schlussstrich und Neuanfang

Nach Schäfers Verurteilung wurde 2006 sein Badehaus zerstört, in dem er unzählige Jungen missbraucht hatte. Wände, Fliesen, Waschbecken, die Badewanne und Kloschüsseln wurden mit Vorschlaghämmern zu Schutt zerschlagen, die Trümmer verstreut. Über den Fundamenten wuchs Gras.[121] Die Siedler distanzierten sich auch öffentlich von dem Mann, der sie einst in das gelobte Land geführt hatte. Die Begründung, er habe kein einziges seiner Delikte zugegeben, ist allerdings unglaubwürdig.[122] Zum einen wussten sie, dass Schäfer die Vergewaltigung von Jungen nicht als Vergehen, sondern als sein Vorrecht ansah, zum andern forderten sie auch von keinem der verurteilten Täter, die in der Kolonie umsorgt wurden, ein Schuldbekenntnis, damit er bleiben konnte. Die Motive für die symbolische Auslöschung des einst allmächtigen Führers liegen tiefer. Zu Schäfers Begräbnis im April 2010 kamen nur seine Adoptivtochter Rebeca und zwei seiner Leibwächter in Argentinien, Peter Schmidt und Mathias Gerlach, er wurde weit weg von der Kolonie auf dem Friedhof Parque del Recuerdo Cordillera in Santiago begraben. Martin Matthusen rechtfertigte dies vor der Presse geradezu als eine Frage von Leben und Tod: „Wir werden nicht mit Paul Schäfer sterben, wir werden ihn nicht in der ‚Villa Baviera' beerdigen."[123]

Seine ehemalige Gemeinde fasste auf einer eigens einberufenen Versammlung den Beschluss, dass jeder, der wolle, an Schäfers Beerdigung teilnehmen könne, ansonsten aber das Leben normal weiterlaufen solle, ein Leben, das sie nicht zu führen wagten, wenn der Leichnam Schäfers in der „Villa" läge. Als ob noch sein Geist die Lebenden unter seinen mächtigen Willen zwingen könnte, so ist der Exorzismus Schäfers über seinen Tod hinaus Voraussetzung dafür, dass die, die ihm so lange folgten, weiterleben können. Nur indem sie ihre Vergangenheit mit Schäfer begraben, können sie ihre Zukunft gestalten. Sich an diese Vergangenheit zu erinnern, hieße, den Dämon Schäfer wieder zu erwecken und ihm auch die Zukunft auszuliefern.

Neu anfangen kann nur, wer mit dem Vergangenen völlig bricht. „Es gibt ja keine Ruhe, wenn man immer wieder aufwühlt, was gewesen ist. Wir haben gesagt, wir machen Schluss damit. Wir können nichts mehr dran ändern, was gewesen ist. (...) Grundsätzlich haben wir gesagt, wir machen einen Strich drunter und fangen ein neues Leben an."[124]

Zu vergessen, was geschehen war, in der Gegenwart zu leben, als ob nichts geschehen wäre und nach vorne zu blicken: das war die Haltung nicht nur derer, die in der ehemaligen „Colonia Dignidad" blieben, sondern auch vieler chilenischen Arbeiter und Bauern in der Umgebung: „Man sollte die Deutschen in Ruhe lassen, damit sie arbeiten und schaffen."[125] Die chilenischen Nachbarn wünschten sich diese Ruhe, weil sie sich um ihre Arbeitsplätze sorgten. Für die Gemeinde selbst hatte der Gedanke eines Schlussstrichs unter die Vergangenheit dagegen eine religiöse Dimension. „Wer seine Hand an den Pflug legt und sieht zurück, der ist nicht geschickt für das Reich Gottes", zitierte Horst Schaffrik aus der Bibel (Lukas 9,62), als Klaus Schnellenkamp ihn 2003 an eine Jahre zurückliegende Prügelorgie erinnerte.[126] So wie die Väter und Mütter sich 1961 aus allen Bindungen lösten, Besitz, Familien, Freunde und Glaubensbrüder zurückließen, um in der Ferne ein Gott geweihtes neues Leben zu beginnen, so wollten die Töchter und Söhne 45 Jahre später die Vergangenheit hinter sich lassen und an gleicher Stelle die Gemeinschaft neu entstehen lassen.

Für einen solchen Neuanfang bedurfte es keiner selbstkritischen Auseinandersetzung mit den Geschehnissen der Vergangenheit, keiner Reflektion des eigenen Verhaltens, keines Nachdenkens über die Strukturen einer Gemeinschaft, in der Menschen gefoltert und getötet worden waren. Dieser Neuanfang rechtfertigte sich selbst, indem er gelang: Indem verurteilte Täter und ihre Opfer und alle die, die Opfer und Täter zugleich waren, auf dem Gelände der „Colonia Dignidad" in der „Villa Baviera" zusammenblieben, indem sie ihr materielles Überleben sicherten, nicht mehr als abgeschlossener „Staat im Staate", sondern als konkurrenzfähiger Teil der chilenischen Gesellschaft und Wirtschaft, und indem sie in jungen Familien für den Nachwuchs sorgten, den Schäfer verboten hatte.

## Die Struktur der „Villa Baviera"

Die „Villa Baviera" ist ein Gebilde, in dem sich eine auf freiem Willen und gemeinsamem Glauben ihrer Mitglieder gegründete Gemeinschaft mit zwei formalen Strukturen verbindet, einem gemeinnützigen Verein und einem Geflecht aus Aktiengesellschaften.

Trägerin der Schule, der „Escuela Particular Villa Baviera", und der „Posta Médica" ist die „Organización Comunitaria de Desarrollo Social Perquilauquén", ein 1995 gegründeter gemeinnütziger Verein. Von den damals 234 Mitgliedern sind die meisten gestorben oder haben die Kolonie verlassen, heute sind noch 90 übrig, sie zahlen einen Beitrag und wählen einen Vorstand.[127] Daseinsgrund dieses Vereins sind chilenische Vorschriften, die staatliche Subventionen nur Organisationen gewähren, die nicht auf Gewinn ausgerichtet sind, also weder Aktiengesellschaften noch einer informellen Glaubensgemeinschaft. Über die Trägerschaft für zwei soziale Einrichtungen hinaus hat er keine Bedeutung.

Als eine Art ehrenamtlicher Bürgermeister der Glaubensgemeinschaft, als Vertreter der Bewohner gegenüber der Öffentlichkeit, als Ansprechpartner der chilenischen Angestellten und als Schlichter im Alltag fungiert derzeit Wolfgang Müller Altevogt. Er kam mit 25 Jahren 1975 in die Kolonie, seine Mutter und seine Schwestern waren Schäfer bereits 1961 nach Chile gefolgt und hatten ihn und seinen Vater in Gronau zurückgelassen – eine der baptistischen Familien, die an Baars Werben zerbrochen waren. In den 80er Jahren nahm ihn Schäfer in den Kreis der „Herren" auf. Bereits 2006 wurde er wegen Beihilfe zu Kindsmissbrauch und Kindsentführung zu einer mehrjährigen Haftstrafe verurteilt, die er mit Erlaubnis des Obersten Gerichtshofes seit 2013 in einem kontrollierten Bewegungsraum zwischen Parral und der „Villa" verbüßen darf.[128] In seine heutige Funktion wurde er nicht gewählt, sowenig wie er als informeller Bürgermeister fest umrissene Zuständigkeiten hat. Die Glaubensgemeinschaft „Villa Baviera" kennt keine Statuten. Er, der eloquente, selbstsichere Westfale, war bereit, Verantwortung zu übernehmen und die Gemeinde froh, dass jemand sie übernahm. Müller ist beruflich Geschäftsführer der Inverelectric, einer der Aktiengesellschaften, aus denen das chilenische Unternehmen „Villa Baviera“ besteht. In seiner Person sind Glaubensgemeinschaft und Wirtschaftsbetrieb verbunden.

Als Unternehmen ist die „Villa Baviera“ eine Holding, zu der verschiedene Firmen gehören, darunter drei, mit denen Schäfer 1990 die Aberkennung des Status der „Colonia“ als juristische Person umgangen hatte: die Abratec, die sich dem Baustoffhandel widmet, die Cerro Florido, die die Grundstücke der Kolonie besitzt, und die Prodal für die Lebensmittelproduktion. Eigentümer der Holding sind drei Aktiengesellschaften (S.A. – „sociedad anónima“): Agripalma S.A., Bardana S.A. und Cinoglosa S.A., in der Kolonie „ABC“ genannt.[129] Alle drei wurden am gleichen Tag, am 13. November 1989, gegründet und mit dem gleichen Grundkapital von drei Millionen Pesos ausgestattet, das auf dem Papier von den beiden Anwälten Cirilo Guzman und dessen Sohn Jaime kam. Die Guzmans übertrugen ihre Anteile nach der Registrierung der Gesellschaften auf Mitglieder der Kolonie. Bis heute sind die Aktionäre Bewohner der „Villa Baviera“ selbst, gebürtige Deutsche wie adoptierte Chilenen, die von den 33.000 ausgegebenen Aktien annähernd gleiche Anteile von durchschnittlich 1,09 % halten. Die kleinsten Anteile sind die der Geschwister Schnellenkamp mit jeweils 0,54 %, relativ größter, aber keinesfalls großer Aktionär mit einem Anteil von 3,16 % an der Cinoglosa ist Peter Schmidt, Schäfers Begleiter auf der Flucht nach Argentinien, und Johann Spatz, ein alter „Herr“, mit 4,04 % an der Agripalma. Die Gründungsaktionäre Hartmut Hopp und Gerhard Mücke tauchen in der Aktionärsliste nicht mehr auf, Rudolf Cöllen, Gerd Seewald, Kurt Schnellenkamp und Karl van den Berg, Mitglieder des alten Führungszirkels unter Schäfer, haben ihre Anteile an ihre Kinder weitergegeben, so dass sie nun, sollten die Wiedergutmachungszahlungen an Folter- und Vergewaltigungsopfer, zu denen sie verurteilt wurden, jemals fällig werden, völlig mittellos und damit zahlungsunfähig wären. Weitere Gesellschaften, die jeweils Gruppen von Siedlern gehören, erbringen Leistungen für Unternehmen der Holding.[130] Anzahl und Namen wechseln, 2006 waren das etwa die Transportgesellschaften Transportes Powertur Limitada und die Sociedad El Quilén Colectiva Civil, Multiáridos, Rarinca oder Transportes Esperanza, 2013 führt die Webseite der „Villa Baviera“ die Gesellschaften Agricola Valle Florido, Ataviba, Serviba, Turismo y Casino und Inverelectric auf.

Jede Aktiengesellschaft hat einen Geschäftsführer, der in der Regel aus der zweiten Generation der Schäferanhänger kommt, wie Wolfgang Müller bei Inverelectric, Markus Blanck, der Sohn von Hans-Jürgen Blanck, der die Agricola S.A. managt, Martin Matthusen, der Sohn Alfred Matthusens, dem die Prodal S.A. untersteht oder Erika Tymm, die Tochter des „Herrn" Albert Tymm, die den Bereich Turismo y Casino mitverantwortet. Es gibt zwei Ausnahmen: Die Abratec wird von dem Chilenen Marcelo Mesa geführt, und an der Spitze der Cerro Florido, der die Grundstücke der „Villa Baviera" gehören, steht seit März 2013 als Vorstandsvorsitzender Erwin Freese, ein in Valdivia geborener Deutschchilene, der nach einem Abschluss als Diplomkaufmann an der Universität Hamburg zunächst jahrzehntelang in Lateinamerika und Spanien für die BASF arbeitete und sich dann als Unternehmensberater selbstständig machte. Die Cerro Florido ist die mächtigste Aktiengesellschaft der Holding. Alle Investitionen, für die Kredite aufgenommen werden sollen, müssen von ihr gebilligt werden, denn nur sie verfügt über die Grundstücke, die einzigen Sicherheiten, die die „Villa Baviera" Banken anbieten kann. Erwin Freese ist damit der einflussreichste der Geschäftsführer, er ist nicht nur für die Cerro Florido zuständig, sondern hat den Auftrag, die Finanzen der Holding zu ordnen und sie insgesamt profitabel zu machen. Keiner der Siedler sah sich dazu in der Lage, weder von ihren professionellen noch von den sozialen Kompetenzen her. Deshalb suchten sie bereits 2009 einen externen Berater und verpflichteten Falk W. Spahn, einen Unternehmensberater, der am Ende seiner Karriere mit 66 Jahren bereit war, sie unentgeltlich zu unterstützen und sich nur für den Fall ein Erfolgshonorar ausbedungen hatte, dass die Holding Gewinne ausweisen würde – was ihm bis zu seinem Ausscheiden 2013 nicht gelang. Anders als Freese konnte Spahn seine Empfehlungen allerdings nicht selbst umsetzen, er war ohne Machtposition allein auf die Kraft seiner Argumente angewiesen.[131]

Die Geschäftsführer und die leitenden Angestellten der Aktiengesellschaften werden von einem siebenköpfigen „Directorio" bestellt und beaufsichtigt, das dem Aufsichtsrat einer deutschen AG entspricht. Ihm gehören nur Aktionäre an, die wiederum auf einer Aktionärsversammlung gewählt werden. Solche Versammlungen werden vom jeweiligen Geschäftsführer einberufen und geleitet, sie finden einmal im Monat statt, dort werden große Investitionen, Verkäufe und Grundlinien der Geschäftspolitik beschlossen. Soweit sie Aktionäre sind, bestimmen die Bewohner der „Villa Baviera" ihr wirtschaftliches Geschick selbst. Dieses Ineinander von Aktionärsdemokratie nach chilenischem Recht und Glaubensgemeinschaft deutscher Auswanderer macht die „Villa Baviera" aus, sie ist moderner Wirtschaftsbetrieb und evangelikale Gemeinde in einem. In dieser Struktur ist die Vergangenheit einer Gruppe von Gläubigen, die einem tyrannischen Anführer folgten, mit der Gegenwart eines chilenischen Unternehmens verknüpft, das sich auf dem Markt behaupten muss.

Das immer wieder neu zusammengesetzte Geflecht aus derzeit 16 Firmen ist bewusst intransparent gehalten. Es soll vor allem die Steuern reduzieren, die an den chilenischen Staat zu entrichten sind. Vor 2006 stellten sich die Firmen gegenseitig Rechnungen aus, die niemals bezahlt wurden, aber steuermindernd als Ausgaben verbucht werden konnten. Multiáridos und Transportes Esperanza verfrachteten etwa Baustoffe von Abratec und schrieben ihr dafür Transportrechnungen weit über dem Marktpreis. Prodal verarbeitete Milch, Mehl und Früchte von Cerro Florido, ohne dafür zu bezahlen. Auch die Kosten für Wasser und Strom wurden Prodal von Cerro Florido in Rechnung gestellt, aber nie beglichen. Die Summen, die so im Laufe der Jahre aufliefen, spotteten dem finanziellen Rahmen von Cerro Florido, und auch Prodal wäre bankrott gewesen, hätte sie bezahlen müssen, was sie bezogen hatte.[132] Diese internen Geldströme waren so lange ohne wirtschaftlichen Belang, wie die Führungsgruppe der „Colonia Dignidad" die Firmen nur benutzte, um das Auflösungsdekret der chilenischen Regierung zu umgehen. In ihrem religiösen Verständnis waren diese Gesellschaften ein Teil der Glaubensgemeinschaft, der all die Einnahmen zu Gute kamen, die sie mit Fleiß und Hingabe erwirtschaftete, in der Praxis gehörten alle Gewinne Schäfer und wenigen Vertrauten. Heute verbuchen und bezahlen die Unternehmen korrekt ihre Rechnungen, stellen sie sich aber immer noch gegenseitig so aus, dass sie bis zum Doppelten des Marktpreises gehen, oder verrechnen in der eigens dazu gegründeten Turismo y Casino S.A. die Gewinne des Restaurants Casino Familiar mit den Verlusten, die das Hotel Baviera und das Restaurant Zippelhaus immer noch schreiben.

Die rechtliche Trennung der Gesellschaften reduziert nicht nur die Steuern, sie verhindert auch, dass wirtschaftliche Probleme eines Unternehmens die Existenz der „Villa Baviera" insgesamt gefährden. Die defizitäre Abratec etwa könnte in Konkurs gehen, die Holding aber weiterbestehen. Dennoch ist es nicht nur ökonomisches Kalkül, das die undurchsichtige Struktur der Holding bestimmt, die Vermögensverhältnisse der „Villa Baviera" werden auch aus einem prinzipiellen, aus vergangenen Erfahrungen genährten Misstrauen gegenüber dem chilenischen Staat verschleiert. Die Aberkennung des Status als juristische Person 1990, die Razzien danach, die Prozesse gegen führende Vertreter ab 2006, die Beschlagnahmung der Grundstücke bis 2009, die Verhängung von Haftstrafen seit 2013 – alle Maßnahmen, mit denen der chilenische Rechtsstaat die deutsche Enklave der „Colonia Dignidad" aufbrechen und seinen Gesetzen unterwerfen wollte, bestimmen bis heute das Bild von einem grundsätzlich feindseligen Staat. „Warum diesem Staat auch noch Steuern bezahlen?" Inzwischen gefährdet diese verbissene Gegnerschaft aber den ökonomischen Erfolg. Denn die Vermögensverhältnisse sind nicht nur für die chilenischen Steuerbehörden schwer durchschaubar, sondern auch für die Banken, die für Kredite an ein so intransparentes Unternehmen besonders hohe Zinsen fordern. Ökonomisch rationaler wäre eine Neuordnung der Holding, eine Verringerung der Zahl der Aktiengesellschaften, ein interner Handel zu Marktpreisen und eine ungeschönte, von einem Wirtschaftsprüfungsunternehmen erstellte Bilanz für Banken und Finanzbehörden. Entschlössen sich die frommen Aktionäre dazu, würde die „Villa Baviera" deutlich mehr Steuern bezahlen, allerdings auch günstigere Kredite bekommen. Es wäre nicht nur ein vermutlich gutes Geschäft. Es wäre ein Schritt hin zu einem mentalen Friedensschluss der Kolonie mit dem chilenischen Staat. Er wäre nicht mehr der verhasste Gegner, gegen den jeder steuerliche Trick und jeder juristische Winkelzug eingesetzt werden darf, ja muss, er wäre der Ordnungsrahmen, in den sich die „Villa Baviera" wie alle anderen chilenischen Unternehmen einfügte, die Instanz, deren Regeln nicht mehr widerwillig, nur allein staatlicher Gewalt sich fügend eingehalten würden, sondern aus wirtschaftlicher Vernunft und politischer Überzeugung.

## Am Rande des Bankrotts

Als nach Schäfers Verhaftung der Staat ernsthaft daran ging, die deutsche Enklave aufzubrechen und dazu unter der Aufsicht des Regierungsbeauftragten Herman Schwember eine Buchprüfung durchgeführt und eine Bilanz der Einnahmen und Ausgaben aller Firmen erstellt wurde, ergab sich 2006 ein beträchtlicher Gesamtumsatz von 4 Milliarden Pesos (ca. 5,8 Millionen €). Den Wert aller Grundstücke der Kolonie schätzte die chilenische Steuerbehörde auf etwa 4,2 Millionen €[133] – die wirtschaftliche Lage jedoch war verzweifelt.

Zwar konnte, da die kurzfristig eingesetzte Zwangsverwaltung durch den Staat 2005 aufgehoben wurde, das beliebte Restaurant Casino Familiar weiter betrieben werden, zwar konnten die selbst produzierten Lebensmittel weiter in eigenen Läden in Bulnes, Concepción und Santiago und in den Supermärkten der Ketten Jumbo und Lider im ganzen Land abgesetzt werden. Die „Villa Baviera" stand aber aus einer Reihe von Gründen jahrelang am Rande des Bankrotts.

Die etwa 100 Siedler, die sich zur Rückkehr nach Deutschland entschlossen, hinterließen verwaiste Posten, die nicht mit gleichwertigen Fachleuten besetzt werden konnten. Die Produktion von Milch, Baustoffen, Saatgut und Geflügel konnte nur mit Mühe aufrechterhalten werden.[134] Die verschwindend geringen Kosten, die der „Colonia" große Gewinne beschert hatten, gehörten der Vergangenheit an. Die unentgeltlich geleistete, nur durch physische Erschöpfung oder die Launen von Schäfer begrenzte Arbeit für die Gemeinschaft gab es nicht mehr, deutsche und chilenische Arbeiter wurden jetzt bezahlt und hatten geregelte Arbeits- und Freizeiten. Ihre Löhne entsprachen chilenischen Normen, ein Handwerker erhielt etwa 300.000 Pesos (ca. 450 €) im Monat. Die „Villa Baviera" konnte somit nicht mehr mit konkurrenzlos niedrigen Preisen operieren, die Abratec verlor deswegen im Baustoffhandel mehrere Großabnehmer.

Regelmäßig mussten nun nach Aberkennung der Gemeinnützigkeit Steuern abgeführt werden, zusätzlich lasteten alte unbezahlte Steuerforderungen aus den Jahren ab 1990 auf der „Villa Baviera", die das Berufungsgericht in Talca 2002 auf 13,4 Millionen US-Dollar beziffert hatte.[135] Der Staat beschlagnahmte dafür das ganze Gelände der Siedlung, so dass keine hypothekarisch gesicherten Bankkredite aufgenommen und keine der dringend notwendigen Investitionen realisiert werden konnten – mit dramatischen wirtschaftlichen Folgen. 2009 war auf den Feldern gerade noch ein Traktor einsatzbereit, Sand und Kies wurden mit Maschinen ausgebaggert, die zum Teil über 40 Jahre alt waren und nur noch Schrottwert hatten.[136] An die Gelder, die Schäfer mit nach Argentinien genommen hatte, kam man nicht heran. Über die Höhe dieser Fluchtkasse gibt es keine sicheren Erkenntnisse. Rebeca Schäfer, die für ihren Vater Konten verwaltet hatte, gab nichts preis. Hartmut Hopp berichtete Richter Zepeda 2006 zwar von Schwarzkonten der „Colonia" in der Karibik und von chilenischen Firmen, über die Geld ins Ausland gebracht worden war, er erwähnte sogar eine Filiale der „Chemical Bank" in New York, über die solche Geschäfte gelaufen seien, Kontonummern und Einlagen kannte er aber nach eigenen Angaben nicht. Die von ihm namentlich genannten chilenischen Unternehmer, die Schäfer bei der Geldwäsche behilflich gewesen sein sollten, bestritten jegliche Beteiligung.[137] Versuche der Führung der „Villa Baviera", 2009 gerichtlich 3 Millionen US-Dollar des in Argentinien vermuteten Fluchtgeldes beschlagnahmen zu lassen, waren vergeblich. Peter Schmidt und Rebeca Schäfer, die über den Verbleib der Gelder Bescheid wissen müssen, verweigerten sich allen Gesprächsbemühungen der „Villa Baviera". Die Generation, die sich öffentlich von Schäfer lossagte, galt ihnen, wie Martin Matthusen meinte, als „Verräter".[138]

Belastet von Steuerforderungen in Millionenhöhe, abgeschnitten von Krediten, ohne Zugriff auf die verborgenen Schätze der „Colonia Dignidad" stand die „Villa Baviera" 2009 „kurz vor der Pleite".[139] Selbst die Stromrechnung konnte nicht immer rechtzeitig bezahlt werden, so dass der Strom abgestellt wurde und die Betriebe auf dem Gelände still standen.[140] Nach einem Gutachten, das der Anwalt und kurzzeitige Zwangsverwalter Herman Chadwick für die Deutsche Botschaft erstellte, machten die Firmen trotz einiger rentabler Geschäftszweige wie dem Restaurant und der Lebensmittelproduktion insgesamt Verluste, die bis zum Jahresende 2009 auf 2 Millionen € geschätzt wurden. Der größte Verlustbringer war die Landwirtschaft, die Preise für Getreide und Milcherzeugnisse verfielen landesweit, während die Kosten für Düngermittel, Strom und Benzin nach oben kletterten.[141]

Aus dem wirtschaftlichen Dahinsiechen konnte sich die „Villa Baviera“ erst erheben, als es ihr gelang, das beschlagnahmte Gelände wieder in eigene Regie zu nehmen. Im August 2009 gab die Regierung das gesamte Territorium frei, im Gegenzug wurden vier Grundstücke mit Hypotheken in Höhe von 5,4 Millionen € belastet, die als Entschädigung für die von Schäfer missbrauchten Jungen und für die Opfer von Menschenrechtsverletzungen in der „Colonia“ dienen sollten, sobald diese rechtskräftig würden.[142] Auf das Eintreiben alter Steuerschulden verzichtete sie. Diese Übereinkunft gab dem „Bayerischen Dorf“ eine „kaum noch erwartete Zukunftsperspektive“: Es konnte nun Kredite aufnehmen und lange aufgeschobene Projekte starten, in Material und Maschinen investieren und vor allem Häuser und Wohnungen für die jungen Familien bauen und sie damit aus dem eng gedrängten Aufeinanderleben zwischen notdürftig gezogenen Wänden und provisorisch aufgehängten Vorhängen in den alten Gemeinschaftsunterkünften erlösen.[143]

Einflussreiche Politiker der seit 1990 regierenden Großen Koalition („Concertación por la Democracia“) wie Jaime Naranjo, einer der beiden Vertreter der Region Maule und Fraktionsführer der Sozialisten im Senat, waren überzeugt, dass die Kolonie nicht gerettet, sondern aufgelöst werden müsste.[144] Seine Parteifreundin, die Präsidentin Michelle Bachelet, ließ sich trotz schwerer Bedenken auf einen Handel „Entschädigung gegen Freigabe“ ein, beinhaltete er doch auch, ein Grundvermögen zu legalisieren und der Nachfolgerin der „Colonia Dignidad“ zur wirtschaftlichen Nutzung zu überlassen, dessen Herkunft durchaus zweifelhaft, wenn nicht gar kriminell war, so sehr die neue Führung auch darauf bestand, dass es ausschließlich durch jahrzehntelange Ausbeutung ihrer Generation und der ihrer Eltern geschaffen worden war.[145] Ausschlaggebend war für die Entscheidung der Präsidentin, dass auf diese Weise Entschädigungen für die Opfer Schäfers und seiner Führungsclique garantiert wurden, die ohne das wirtschaftliche Überleben der „Villa Baviera“ niemals gezahlt würden. Allein Schäfer war zur Wiedergutmachung in Höhe von 760.000 € verurteilt worden, eine papierene Summe, die nie eingetrieben werden könnte, wenn nicht die Firmen der „Villa Baviera“ dafür einstehen würden. Die keineswegs uneigennützige Sorge der Bundesrepublik um das wirtschaftliche Überleben deutscher Staatsbürger in der ehemaligen „Colonia“, die Botschafter Michael Glotzbach bei einer Audienz der Präsidentin vortrug und durch das Gutachten von Herman Chadwick untermauerte, traf darum auf deren Bereitschaft, ein Fortbestehen der „Villa Baviera“ zu ermöglichen.[146]

## Wirtschaftliches Überleben

„Villa Baviera“, 23. Oktober 2013

Hier stand früher zwischen Stacheldraht und übermannshohen Betonpfosten das Wächterhaus, aus dessen Gegensprechanlage in der schweren Eisentür eine anonyme Stimme drang und unerwünschten Besuchern den Einlass verwehrte. Jetzt liegt eine rotweiße Schranke zwischen zwei niedrigen, ziegelbedeckten, in freundlichem Gelb bemalten Pfosten, die einen Maschendrahtzaun unterbrechen. Wenige hundert Meter entfernt hält das Hotel Baviera Zimmer bereit, die aus Schlafräumen entstanden, in denen noch vor 10 Jahren Aufseher auf die kleinste sexuelle Regung der Jungen wachten und sie mit Stromstößen aus Viehtreibern straften. Das Restaurant Zippelhaus gleich nebenan ist der frühere Versammlungssaal. Auf dem Podium, von dem aus Schäfer predigte, Beichten hörte und Schläge befahl, stehen gedeckte Tische, eine Vitrine, ein Klavier und eine alte Standuhr. Unten, wo die Gemeinde ihrem Führer lauschte, sind um einen riesigen alten Küchenherd herum Vierer- und Sechsertische aufgebaut, an der Längswand eine lange Tafel, hinten ein Tresen mit einer Zapfsäule und eine gut bestückte Bar. Hinter dem Restaurant erhebt sich ein großes weißes Zelt mit zwei Spitzen. Kleine Wimpel mit weißblauen Rauten flattern an den Spannseilen. „Herzlich willkommen“ heißt uns ein sanft geschwungenes Schild. Das Zelt ist leer, die ersten Aufbauten für das „Oktoberfest“ vom 7. bis 9. November sind schon zu erkennen: eine große Bayernfahne, zwei Zapfsäulen, ein Musikpodium, verstreute Biertische. Tausende von Besuchern werden dann erwartet zu Blasmusik, Schuhplattlern, Holzsägewettbewerben mit „lustigen Holzhackerbuam“, bayerischen Würsten und chilenischem „Shop“ (Fassbier). Im gepflegten Rasen hinter dem Zelt ist ein Teich angelegt, am Ufer aufgereiht weiße Plastikstühle. Eine Weinlaube führt rechts an ihm entlang ins Dorf, links dehnen sich gelb und grün Raps-

und Erbsenfelder, dahinter riesige Wälder bis zu den schneebedeckten Gipfeln der Kordillere. Klar zeichnet sich der Dreispitz, das Wahrzeichen der „Villa Baviera", vor dem blauen Himmel ab.

Eine Naturidylle. Ein Musterbetrieb. Ein Ferienort.

Die „Villa Baviera" entwickelte, angetrieben von Anna Schnellenkamp, seit 2007 das Geschäft mit den Touristen. Viele Bewohner widersetzten sich zunächst, sie fürchteten die „Invasion" von Fremden, fügten sich aber, als die Investitionen anfingen Früchte zu tragen. Allein zwischen 2008 und 2009 nahm die Zahl der Gäste in der „Villa" um 50 % zu.[147] Das Schwimmbad wurde 2006 fertig, ein Jahr später das Restaurant Zippelhaus eröffnet, 2008 kam ein Hotel mit 24 Zimmern hinzu, das erst Alpenhof genannt wurde und seit 2012 Hotel Baviera heißt. Rechnet sich das Vorhaben, aus einem Folterlager ein Touristenziel zu machen? „Es könnte besser sein", konkreter sind die Antworten, die wir erhalten, nicht. Man will den fremden Gästen gegenüber nicht offenlegen, was vor den chilenischen Finanzbehörden stets verborgen wurde.

Augenscheinlich rechnet es sich wohl. Wir sind zusammen mit einem chilenischen Ehepaar die einzigen Hotelgäste. All die Erlebnisangebote: Radtouren, Unimogfahrten über unwegsame Pisten in die Berge, Nachtwanderungen, Spielplätze, Picknicks an stillen Seen in einer überwältigenden Landschaft – noch locken sie nur wenige Urlauber und Familien in die „Villa Baviera", 343 km südlich von Santiago, 40 km teils holperige Schotterstraße von der Autobahn entfernt. Touristische Haupteinnahmequelle sind Veranstaltungen, die Besucher in Massen anziehen: das Oktoberfest, der chilenische Nationalfeiertag im September, der Vater- und Muttertag, die in Chile groß begangen werden, Hochzeiten, die für Hunderte von Gästen im „Frei-Haus", dem früheren Besucherzentrum, ausgerichtet werden, Firmenjubiläen, Rentnerausflüge. Die „Villa Baviera" ist noch kein Urlaubsort im Vorandenland, aber schon ein riesiges bajuwarisches Eventlokal.

Nach wie vor ist sie auch ein landwirtschaftlicher Großbetrieb. Auf 1.000 von 14.000 ha wird Getreide angebaut[148], Raps für die Speiseölindustrie, Erbsen für die Anbieter von Tiefkühlkost. Die Firmen, die die Produkte verarbeiten, ernten sie auch, die „Villa Baviera" übernimmt Aussaat und Aufzucht. 50.000 Hühner legen täglich 55.000 Eier. Wie schon seit Jahrzehnten werden Käse, Quark, Wurst, Schinken, Torten, Kuchen, Eis, Honig aus eigener Herstellung in zwei großen Supermarktketten und in eigenen Läden erfolgreich verkauft. Das Fleisch für die Großmetzgerei wird allerdings eingekauft und kommt nicht mehr aus der eigenen Viehzucht.

Zwei Großprojekte sollen der „Villa" langfristige Gewinne bringen: der Verkauf von Holz aus den riesigen Wäldern als regenerative Energiequelle und die Errichtung eines Wasserkraftwerks, das die Firma Invercap am Fluss Perquilauquén bauen soll, der durch die Siedlung fließt. Die Pläne sind fertig, noch läuft die „Umweltverträglichkeitsprüfung", wird sie positiv beschieden, werden in 2 bis 3 Jahren in 3 Stationen mit jeweils 2 Turbinen ca. 70 Gigawatt Strom produziert. Als Entgelt für die Übertragung der Wasserrechte an Invercap wird die „Villa" dann für 50 Jahre kostenlos Strom beziehen und einen festen Anteil am Umsatz erhalten. Ihre wirtschaftliche Existenz wäre damit gesichert, egal, wie sich die launische Tourismusbranche entwickelt.

Der gegenwärtige Goldesel ist, wie schon seit der Eröffnung 1985, das Restaurant Casino Familiar bei Bulnes. Im Sommer ist das Zelt, das bis zu 500 Gästen fasst, täglich gefüllt. An Muttertag und Valentinstag ist der Ansturm so groß, dass die Menschen stundenlang auf einen freien Tisch warten und die letzten um 18.00 Uhr abends ihr Mittagessen einnehmen. Aktionen wie die „Fiesta de pernil" (Eisbeinfest) und die „Wikingerbierfeste" ziehen über 1.000 Personen an.[149] Finanzielles Sorgenkind ist die Baustofffabrik Abratec. Investitionen von über 4 Millionen US-Dollar konnten die Produktivität nicht so steigern, dass das Unternehmen Baustoffe zu wettbewerbsfähigen Preisen anbieten kann. Der derzeitige Monatsumsatz von 1,5 Millionen US-Dollar reicht nicht aus, das Unternehmen macht Verluste.

Einige ihrer finanziellen Probleme drücken die „Villa Baviera" als Nachfolgerin der „Colonia Dignidad". Sie muss sehr hohe Kreditzinsen bezahlen, bis zu 1,9 % im Monat, im Jahr über 1,2 Millionen US-Dollar – Ausdruck des Misstrauens der Banken, und sie trägt die Kosten der Anwälte und der Prozesse gegen Mitglieder der alten Führungsgruppe, die sich bisher auf 300 Millionen Pesos, etwa 430.000 € belaufen. Zudem muss sie sich auf Entschädigungszahlungen an die chilenischen Opfer vorbereiten, die – in nicht abschätzbarer Höhe – fällig werden, sobald der Rechtsweg, den die Anwälte der „Villa" grundsätzlich bis in die letzte Instanz verfolgen, ausgeschöpft ist.

Auch wenn die Unternehmen der Holding „Villa Baviera“ tatsächlich und nicht nur den Finanzbehörden gegenüber keine Gewinne machen sollten – was Landwirtschaft, Tourismus und Baustoffhandel erwirtschaften, reicht offenbar aus, um zentrale Anliegen ihrer Aktionäre zu befriedigen.

- Sie können den Geschäftsführern Gehälter von ca. 1.800 € und den mittleren Managern etwa 1.000 € bezahlen; das ist weniger, als sie in vergleichbaren chilenischen Betrieben verdienen könnten. Chilenische Arbeiter beziehen als Hilfskräfte den Mindestlohn von derzeit 230.000 Pesos (ca. 330 €) im Monat, als Facharbeiter 450.000 Pesos (ca. 645 €).
- Die Bewohner leisten sich einen bescheidenen Wohlstand, ein kleines Haus oder Apartment, samt eigenem Auto und Dienstmädchen, den beiden Statussymbolen, die in Chile die Mittel- von der Unterschicht abheben.
- Für alte Menschen, die nicht mehr arbeiten können, wird ebenso gesorgt wie für jüngere Menschen, die arbeitsunfähig sind, denen aber für leichte Beschäftigungen ein auskömmliches Gehalt bezahlt und so ein würdiges Leben ermöglicht wird. Alle, die über Jahrzehnte in der „Colonia Dignidad“ geschuftet haben, leiden an Hüft- und Rückenproblemen. Manche sind zu krank, um regelmäßig arbeiten zu können. Jürgen Szurgelies, der wiederholt aus der Kolonie geflüchtet und von seinen Eltern immer wieder zurückgebracht worden war, hat das Leben unter Schäfer psychisch zerbrochen. Er arbeitet, soweit seine Kräfte und sein Wille reichen, als Kellner im Zippelhaus und begleitet als Fremdenführer Gäste durch das Dorf. Er ist verheiratet und kann sich ein eigenes Auto leisten, das chilenische Wohlstandssymbol. Sergio Contreras, ein 53-jähriger, schwer gehbehinderter Chilene, erhält zusätzlich zu seiner Invalidenrente ein kleines Gehalt für die Hintergrundmusik, die er auf einem Keyboard im Restaurant spielt. Er wurde mit 10 Jahren wegen seiner gelähmten Beine von seinen Eltern in das Krankenhaus der „Colonia“ gebracht und blieb. 2005 zog er zu seiner Familie, kehrte aber wieder zurück und will „die Villa nie verlassen“.[150]

Auf dem Gelände der „Villa Baviera“ arbeiten 2013 30 Deutsche und 182 Chilenen, im Restaurant Casino Familiar sind nur die Küchenleiterin Adelheid Baar, ihr Bruder Helmut als Geschäftsführer und seine Frau Dorothea als seine Assistentin Deutsche, alle anderen Angestellten sind Chilenen. Die deutschen Torten und Kuchen, traditionelle Verkaufsschlager, werden unter der Leitung von Martin Matthusen von vier deutschen und acht chilenischen Mitarbeitern hergestellt, die berühmten Würste und Schinken produzieren angelernte chilenische Arbeiter unter der Aufsicht des schon 77 Jahre alten Metzgers Sigmund Busse.[151] Aus der „Colonia Dignidad“, dem deutschen Staat im chilenischen Staat, ist ein von Deutschen geleitetes chilenisches Unternehmen geworden. Für die verbliebenen Deutschen war und ist diese Chilenisierung ihrer Gemeinschaft kein Anlass zur Sorge, sondern eher eine Gelegenheit, sich täglich ihrer eigenen Überlegenheit zu versichern. Herman Schwember beobachtete die herablassende Haltung gegenüber seinen Landsleuten, die die Siedler mit vielen Deutschchilenen gemeinsam haben, schon 2008: „Bis jetzt und stets spontan tauchten in vielen Gesprächen zwischen mir und den Mitgliedern der Gemeinde, einschließlich der in Chile geborenen Kinder und selbst der adoptierten Chilenen, kritische Kommentare gegen Personen von draußen auf. Ein immer wiederkehrendes Thema, oftmals durchaus begründet, war die fehlende Disziplin, Kompetenz und Verantwortungsbereitschaft vieler chilenischer Arbeiter aus der Umgebung. Gelegentlich erkannten sie an, dass einer besonders fleißig, geschickt, verantwortungsbewusst und zuverlässig war, aber er war eben die Ausnahme. In diesem Sinne sammelte ich Dutzende von Geschichten, von den Bauern, die den Karren, mit dem sie den Perquilauquén durchquerten, gefährlich überlasteten bis zu den Arbeitsunfällen, den Fehlern bei der Bedienung der Maschinen, den kleinen Betrügereien, wenn sie Zugang zu Bargeld hatten usw. All dies bestätigte in den Augen der Deutschen die chilenische Minderwertigkeit.“[152]

An dieser Einstellung hat sich nichts geändert. Das Casino Familiar muss, wenn in der Nebensaison das Zelt geschlossen bleibt, durch den Laden betreten und verlassen werden, in dem Lebensmittel aus der „Villa Baviera“ verkauft werden. Ein eigener Eingang existiert, ist aber immer verschlossen. Es sind ja schon einmal Gäste auf die Idee kommen, sich unbemerkt davonzumachen. Das eiserne Klischee, dass

Chilenen potentielle „ladrones", Diebe, sind, können auch Zigtausende korrekt zahlende Gäste nicht erschüttern.

## „From Torture to Tourism"[153]

Eine Versteigerung von Werkzeugen, Autos und Maschinen im August 2010 zog aufgrund des großen Medienechos 3.000 Besucher an. Sie erbrachte zwar nicht die erwarteten 15 Millionen €, die die „Villa Baviera" aus allen damaligen Finanznöten befreit hätte, immerhin aber 770.000 €.[154] Die Auktion zeigte vor allem, wie sehr nicht nur wirtschaftliche Probleme, sondern die eigene Geschichte die Geschäfte der „Villa Baviera" belasteten, wie sehr aber auch die Bewohner auf einen Neuanfang setzten, ohne sich mit der Vergangenheit ernsthaft auseinanderzusetzen. Thomas Schnellenkamp: „Das war eine großartige Entscheidung, um unsere Vergangenheit zu vergessen und uns der Zukunft zuzuwenden."[155] Zweieinhalb Jahre später, Anfang Februar 2013, fand erneut eine Versteigerung statt, angeboten wurden nun unter anderem der Mercedes, den Hopp bei seiner Flucht zurückgelassen hatte, persönlicher Besitz von Paul Schäfer, etwa sein Rasierapparat oder sein Megaphon, aber auch ein alter Krankenwagen, in dem in den 70er Jahren Gefangene transportiert worden waren. Adriana Borquez, die die Folterungen in der „Colonia Dignidad" überlebte und bezeugte, war in diesem Wagen von Talca in die Kolonie gebracht worden. Sie war erschüttert: „Man muss schon besonders dreist sein, um sich zu trauen, auf diese Art den Schmerz von hunderten Chilenen herauszufordern."[156] Der Auktionator Friedhelm Zeitner wiederholte die Botschaft von 2010: „Die Bedeutung dieser Versteigerung besteht darin, dass wir uns unserer Vergangenheit entledigen."[157] Die Vorstellung, diese Vergangenheit „entsorgen"[158] zu können wie giftigen Abfall, war aber eine Illusion, die Geschichte der „Colonia Dignidad" ließ sich nicht von der „Villa Baviera" ablösen, gerade nicht vom neuen Geschäftsfeld, dem Tourismus. „‚Villa Baviera'. Un lugar diferente" (ein besonderer Ort) warb eine neue Webseite. Der „besondere Ort" konnte aber, so sehr die Bewohner das auch hofften[159], seine Vergangenheit als Ort schwerster Menschenrechtsverletzungen und der täglichen Vergewaltigung von Kindern nicht einfach abschütteln.

*Ehemalige Gefangene und Angehörige Verschwundener stürmen am 20. August 2005 das Tor der „Villa Baviera"*

Die bruchlose Verwandlung eines Folterzentrums in ein Freizeitparadies gelang nicht. Schon die Opfer aus der „Colonia" selbst verweigerten das Vergessen. Franz Baar, der 2003 die Siedlung verlassen hatte, in die er wie sein Bruder Efraín Vedder als chilenisches Adoptivkind gekommen war, lehnte alle touristischen Anstrengungen seiner ehemaligen Glaubensgefährten strikt ab: „Hier sollte niemand zum Essen oder zum Spazierengehen herkommen, wenn er nicht weiß, um was es an diesem Ort geht. Hier sind Leute gestorben."[160] Für Georg Laube, der der „Villa Baviera" 2009 den Rücken kehrte, war dieses Vorhaben unerträglich: „Auf einem Gelände, wo so viel getrieben wurde, heute Turismo entstehen lassen, da gehört wie auf der ganzen Welt, wo solche Sachen geschehen sind, Buchenwald, Auschwitz und Theresienstadt, da gehört kein Turismo hin. Da gehört eine Ahnentafel hin, wer da alles gelitten hat und gemordet wurde, aber doch kein Turismo."[161]

Am Anfang glaubte man im „Bayerischen Dorf" noch, es genüge, auf die Schönheit der Landschaft zu verweisen, auf den Ruf der deutschen Küche zu setzen, auf die jungen Menschen zu vertrauen, die sich der Presse stellten, um das ersehnte gute Image zu erschaffen. Jörg Schnellenkamp forderte etwa: „Man muss das Image ändern, das Positive zeigen."[162] Wichtige Repräsentanten wie Mathias Matthusen oder er selbst und seine Schwester Anna hatten zwar mit den Verbrechen ihrer Väter persönlich nichts zu tun, beschworen aber schon mit ihren Namen die Vergangenheit herauf, über die sie so gerne geschwiegen hätten und auf die die Presse sie stets ansprach, wenn sie Werbung für ihr Touristenparadies machen wollten. Und alle verurteilten Mittäter Schäfers wohnten, bis sie ihre Haft antreten mussten, als behütete Greise und lebende Mahnmale der verweigerten Erinnerung auf dem Gelände.[163] Matthusen beklagte sich gleichwohl bitter darüber, dass seine Generation, die sich selbst als unschuldiges Opfer sah und sieht, an die Verbrechen der Vergangenheit gekettet blieb, für die sie keinerlei Verantwortung empfand:

*Ich und viele andere mit mir, wir wollen unsere Zukunft hier aufbauen. Wir haben kleine Kinder. Wir wollen, dass sie nicht unter dieser Last der „Colonia Dignidad" leiden, dem Kindsmissbrauch, den Verletzungen der Menschenrechte und all den Grausamkeiten, für die wir, obwohl wir unschuldig sind, jetzt bezahlen. Wir verurteilen es, wir wollen damit nichts zu tun haben und wir haben nicht die leiseste Verantwortung dafür. Damit das endlich aufhört, muss es eine Wiedergutmachung für die geben, denen von Bewohnern der „Villa Baviera" Schaden zugefügt wurde. Aber wir alle in meinem Alter, Männer und Frauen, waren auch Opfer. Wir litten unter Prügelstrafen, Missbrauch, Hausarrest, harter unbezahlter Arbeit. Wir bekamen nichts als Essen und einen Platz zum Schlafen. In meinem Fall waren das 28 Jahre voller Leid, denn erst in diesem Alter habe ich zum ersten Mal allein die „Villa Baviera" verlassen.*[164]

Zwar verwandelte die ehemalige „Colonia" sich nicht, wie manche befürchteten, in eine Pilgerstätte für Verehrer Schäfers[165], sie gewann aber zunächst auch keine Attraktivität als Erholungszentrum für gestresste Chilenen. Matthusen war sich bewusst, dass ein Schweigen über die eigene Geschichte wohl das Zusammenleben von Tätern und Opfern ermöglichen konnte, gegenüber der chilenischen Gesellschaft, aus der die Touristen kommen sollten, die das Überleben von Tätern und Opfern sicherten, aber nicht genügte: „Wir sind offen geworden, empfangen Gäste und beantworten auch ihre Fragen zu unserer Vergangenheit. Wir beziehen Stellung. Ja, es gab Übergriffe,

Menschenrechtsverletzungen, Waffenschmuggel. Meine Generation ist dafür zwar nicht verantwortlich, aber wir müssen das aufarbeiten."[166] Miguel Gálvez, der Geschäftsführer des Hotels, sagte nüchtern: „Wir können keinen Tourismus machen ohne die Geschichte zu erzählen, sowohl die positiven Aspekte als auch das negative Kapitel."

Wie sie diese Geschichte erzählen sollten, darum rangen die Siedler jahrelang. Nachdem erste Überlegungen zu einem Museum, in dem anhand von Fotos die Geschichte der „Villa Baviera" wie der „Colonia Dignidad" dokumentiert werden sollten, kein Resultat brachten, wurde 2012 unter dem Hotel ein „Historischer Gang" („Pasillo Histórico") eingerichtet, durch den Jürgen Szurgelies die Besucher führte. Im Eröffnungsjahr kamen nach seinen Angaben 30.000 Besucher, 90% davon Chilenen.[167] Auch dieser Versuch wurde wieder aufgegeben. Heute erzählen sie ihre Geschichte auf der Webseite der „Villa Baviera"[168] und im Dorf selbst auf zahlreichen sorgfältig gestalteten Schautafeln.

## Die Erzählung der eigenen Geschichte

„Die Vergangenheit wiegt schwer und klopft stets an die Tür der Neuen ‚Villa Baviera'". So pathetisch beginnt die Erzählung ihrer „Geschichte" auf der Webseite. Zunächst wird auf die religiösen Wurzeln der deutschen Aussiedler in freien evangelischen Gemeinden verwiesen, ehe sie sich um Paul Schäfer scharten, der ein ehemaliger Sanitäter der Wehrmacht und engagierter Sozialarbeiter gewesen sei. Die üppige Ausstattung des ersten Jugendheims der „Privaten Socialen Mission" in Heide wird beschrieben, Lobreden lokaler Würdenträger werden zitiert. Kein Wort dazu, dass Schäfer nicht nur dem Ruf Gottes folgte, als er seine Anhänger zur Auswanderung nach Chile bewog, sondern einem Haftbefehl wegen Kindsmissbrauch entkommen wollte. Diese seine „Verirrung" wird erst erwähnt, als von den Anklagen des ersten Flüchtlings Wolfgang Müller 1966 berichtet wird, sie wird aber eingebettet in die Erinnerung an den damaligen vollständigen Freispruch durch die chilenische Justiz, der ein „Triumph" für Schäfer gewesen sei. Seine Anhänger hätten erst dreißig Jahre später davon erfahren, als die Wahrheit der Anklagen chilenischer Mütter nicht mehr bestritten werden konnte. Die Perversion Schäfer ist nicht zu leugnen, die euphemistische Wortwahl und der entschuldigende Kontext sorgen aber dafür, dass sie den Stolz nicht mindert, der die Darstellung dieser dreißig Jahre durchzieht: Stolz auf den wirtschaftlichen Erfolg, den Zusammenhalt in dieser Gemeinschaft, den Fleiß und die Tüchtigkeit der Deutschen, auf ihr soziales Wirken für ihre chilenischen Nachbarn. Mitten in dieser Geschichte eines Erfolgs, wie es ihn in der abgelegenen Zone von Parral nie zuvor gegeben habe, steht ein einziger, gequält formulierter Satz zu den Verbrechen, die unter der Militärregierung in der Kolonie geschahen: „Die viele Jahre danach enthüllten Tatsachen legen Rechenschaft ab über eine direkte Zusammenarbeit der Leitung der Gemeinschaft bei strafbaren Handlungen in Zusammenhang mit Verletzungen der Menschenrechte."

Von den rechtskräftigen Verurteilungen einer ganzen Reihe von Führungskräften, die vor und nach ihrer Haft als umsorgte Greise in der „Villa Baviera" leben, ist keine Rede, nicht einmal von den Prozessen gegen Paul Schäfer. Zeiten, in denen sich die Kolonie schweren Anklagen ausgesetzt sah, werden „Wechselfälle des Lebens" genannt, Interventionen der chilenischen Regierung heißen „politische Verfolgung" oder „radikales Eingreifen". 2006 hatte die Schäfer-Gemeinde in einer öffentlichen Erklärung ihre Verantwortung für die Geschehnisse in der „Colonia" noch anerkannt, deren Aufklärung sich die chilenische Justiz zögernd zur Aufgabe machte. Auf diese Erklärung verweist nun nur noch ein Halbsatz. Der Schluss des damaligen Textes konnte noch so verstanden werden, als wollte sich die „Villa Baviera" sich an einer Wiedergutmachung dessen beteiligen, was die „Colonia Dignidad" Menschen zugefügt hatte. Nun wird der chilenischen Opfer mit keinem Wort gedacht, der Wille, „die Wunden der Vergangenheit" zu heilen, bezieht sich ausdrücklich auf die Wunden, die Schäfer seiner Gemeinde geschlagen hat. Wie damals wird die Schuld für alle Verbrechen Paul Schäfer aufgeladen, dessen Tyrannei so eindringlich geschildert wird wie die Leistungen der Kolonie. Er habe die Gemeinde in eine Sekte verwandelt, „wo der Wille der Untertanen stets zugunsten der Interessen ihres Führers gefügig gemacht wurde", ohne dass einer von ihnen „fähig gewesen wäre einzugreifen". Das Wort „fähig" (capaz) ist die einzige leise Andeutung einer Mitverantwortung derjenigen, die sich Schäfer gefügt hatten, zugleich klingt auch in ihm noch die Entschuldigung mit, dass es die totalitäre Unterdrückung in der „Colonia“ selbst war, die jede Fähigkeit zum Widerstand ausgelöscht hatte.

Dies ist der Kern ihrer Geschichtserzählung: In der alten „Colonia Dignidad“ wurden gute, gläubige, fleißige Deutsche zu unschuldigen Opfern eines bösen Tyrannen. Der Tyrann floh nach Argentinien und verschwand damit aus der Geschichte der Siedlung. Sein Verschwinden machte den Weg frei für die „Neue Villa Baviera“.

Diese neue Gemeinschaft unterscheidet sich für sie in drei wesentlichen Merkmalen von der alten: Familie, Freiheit, Offenheit. Dass jetzt „Männer und Frauen (...) normale Familien bilden konnten, die sie selbst niemals haben konnten“, ist die wichtigste Veränderung. Freiheit bedeutet für sie, ihr Leben selbst zu bestimmen, „wieder neu anzufangen“. Schließlich öffnen sie sich der Welt, die vorher nur „böse“ war. Sie wollen nun Teil von ihr werden, jeder soll „nichts weiter als ein Bürger unter vielen“ sein. Die „Villa Baviera“ ist, so glauben sie, nach einem „lange(n) Weg voller Schwierigkeiten, aber auch voller Freude und tiefer Befriedigung“ im modernen Chile angekommen.

Ein Extrakt dieser Erzählung hängt, zusammengeschrumpft auf vier Din-A-4-Seiten, unauffällig im Restaurant Zippelhaus. Die Ränder wirken angesengt, das Ocker des Papiers ist matt wie altes Pergament, die Seiten sind schief aneinandergefügt – ein Relikt der düsteren Vergangenheit, aus der die glänzende Gegenwart erwachsen ist, deren Würdigung eine ganze Wand am Hotel Baviera dient. In elf rechteckigen Segmenten, die von gezackten dunkelbraunen Bändern getrennt werden, wird dort unter groß gedruckten Jahreszahlen mit Farbfotos und schlagwortartigen Texten die „Chronologie des Tourismus in der ‚Villa Baviera‘“ dargestellt. Ab 2007 ist jedem Jahr ein Plakat gewidmet, das jeweils eine neue Etappe touristischen Fortschritts zeigt, der Zeitraum davor wird ganz unterschiedlich eingeteilt. Auf das Jahr 1961, der „Ankunft der Siedler in Chile“, folgen 1961 bis 1997 „Años dificiles“, „schwierige Jahre“. 1998 bis 2004 befand sich die „‚Villa Baviera‘ im Übergang“, die beiden Jahre 2005/2006 steckten voller wirtschaftlicher und rechtlicher Probleme. Welcher Art die Schwierigkeiten waren, die 36 Jahre andauerten, erfährt der Besucher nicht. Fotos zeigen lachende Frauen bei der Rodung eines Feldes, dicht gedrängt sitzende Besucher, die einer gymnastischen Vorführung zusehen, einen Chor junger Männer in Lederhosen, Männer und Frauen, die gemeinsam ein Dach decken. Schäfer, ohne dessen Untertauchen 1997 und Verhaftung 2005 die Einteilung der Erinnerungstafeln unverständlich bleibt, wird mit keinem Wort erwähnt, der Begriff „Colonia Dignidad" erscheint nirgendwo. Das vage Wissen über die Vergangenheit dieses Ortes, das gewiss jeder Tourist mitbringt, die blasse Erinnerung an die Schrecken der „Colonia Dignidad", die mit jedem Bruchstück dieses Wissens verbunden ist, werden aufgenommen und zugleich zu Schwierigkeiten bagatellisiert, mit den positiven Botschaften der Fotos kompensiert und als Teil einer Erfolgsgeschichte relativiert. Die Chronologie feiert den erfolgreichen Aufbau einer Touristenattraktion an einem paradiesisch schönen Ort und erzählt diese Geschichte nahezu ausschließlich unter zwei Aspekten: wie eine Gruppe von Deutschen aus einem abgelegenen Tal im Süden Chiles zunächst einen landwirtschaftlichen Großbetrieb und dann einen Ferienkomplex entwickelte und wie sie dabei sehr viel Gutes für ihre armen chilenischen Nachbarn tat.

Vor jedem Wirtschaftgebäude steht eine aus dunkelbraunen Brettern rustikal gezimmerte Schautafel im Design der Chronologie, die den Schaulustigen auf seinem Spaziergang durch das Dorf informiert. Über die Konditorei, deren Produkte in ganz Chile begehrt sind, erfährt er z. B. dieses:

*Die Herstellung von Kuchen und feinen Süßwaren galt in den ersten Jahren, als die Gemeinschaft sich in Chile einrichtete, als „Luxus". Das ging so weit, dass der Genuss eines Streuselkuchens oder eines Bienenstichs, einer Biskuitrolle oder einer Apfeltasche dem Nachmittagskaffee an Sonntagen vorbehalten war, wenn sich die Gemeinschaft versammelte, um zu feiern, was man unter der Woche geschafft hatte, und dies auch nur in Mengen und Größen, die genau zugeteilt wurden. Diese Regel konnte man nicht brechen, weil es sonst nicht für alle gereicht hätte. Tatsächlich wurde eine semi-industrielle Konditorei, wo man in der Hochsaison Tausende von Pasteten, Torten und Kuchen herstellte, erst eingerichtet, als das Restaurant in Bulnes eröffnet wurde. Mit dem Anwachsen der Produktion wurde eine Erweiterung notwendig, wozu im Jahre 1989 ein neues Gebäude errichtet wurde. Im April 2013 feierte Frau Ruth, die ehemalige Leiterin der Bäckerei und Konditorei der „Villa Baviera", ihr 50-jähriges Dienstjubiläum.*[169]

Deutsche Handwerkskunst, die noch in der heutigen Massenproduktion fortlebt und mit dem Bild von Ruth Gert ein Gesicht bekommt; eine Gemeinschaft bescheidener, fleißiger, genügsamer Menschen, die strenge, aber vernünftige Regeln befolgen und die Früchte ihrer gemeinsamen Anstrengungen nicht im egoistisch-flüchtigen Genuss verschleudern wollen – das war die „Colonia Dignidad", das ist die „Villa Baviera".

In dem Gebäude, das bis 1997 das Krankenhaus der Siedlung war, befinden sich heute eine „Posta Médica", eine Station zur ambulanten medizinischen Erstversorgung der Bewohner der „Villa Baviera", ein gut ausgestattetes Labor und eine Röntgenabteilung, ein kleines Altersheim und einige Wohnungen. Einmal im Monat kommen Ärzte aus Parral zur Sprechstunde, schwere Fälle werden in die Krankenhäuser von Chillán oder Concepción gefahren. In einer nahe gelegenen kleinen Senke stehen gleich sechs große Schautafeln. Sie entfalten die Geschichte des Hospitals, der wichtigsten guten Tat der Deutschen, in aller Breite. Fotos von langen Schlangen chilenischer Bauern, die auf Behandlung warten; von jungen Männern, die während der Wartestunden Suppe und Brot bekamen; Menschen in der Tracht von Landarbeitern („huasos"), die sich zu Pferd und zu Fuß zum Hospital aufmachen; halbverhungerte, verletzte, wundgelegene Säuglinge, die von armen Eltern in die Siedlung getragen wurden; daneben lachende, strahlende Babies, einige der mehr als 2.400 Kinder, die im Hospital der „Colonia" auf die Welt kamen; Schwestern und Ärzte in OP-Kleidung; ernste Schwestern in schwarz-weißer Tracht aufgereiht zum Gruppenbild; lächelnde Schwestern, die kleine Kinder an der Hand halten; die Hebamme Ingrid Seelbach, zärtlich auf einen Säugling blickend, den sie im Arm birgt; ein Ölgemälde der leitenden Ärztin Gisela Seewald. Über zwei Meter nehmen detaillierte Zahlen zu den Behandlungen zwischen 1963 und 1994 ein, als das Krankenhaus erstmals geschlossen werden musste, erzwungen „mit Polizei und Tränengas". Auf einem Foto drängt eine Phalanx von Polizisten, mit Schlagstöcken und Schutzschildern bewaffnet, die Gesichter hinter Visieren verborgen, eine Menschenmenge vor dem Hospital zurück. Ein anderes Foto zeigt Hunderte von Demonstranten. „Unsere Kinder sterben ohne ‚Hospital Dignidad'", steht auf einem die ganze Breite der Straße einnehmenden Transparent. Die endgültige Schließung

1997 wird so begründet: „Die Schließung des Hospitals erfolgte nicht nur in Folge von administrativen Fehlern, der Aberkennung des Status als juristische Person oder des Fehlens von qualifiziertem Personal, sondern auch wegen interner Misshandlungen, angeordnet durch den ehemaligen Führer PS." Dieser Halbsatz ist der einzige Hinweis auf Verbrechen, die in diesem Gebäude begangen wurden. Der Schuldige wird genannt und hinter der Abkürzung „PS" zugleich verborgen.

Mehr als die Anfangsbuchstaben seines Namens auf einer einzigen Schautafel ist in der „Villa Baviera" von Paul Schäfer nicht geblieben. Er ist aus ihrem Gedächtnis getilgt. In Erinnerung sollen die großartigen Leistungen der Menschen bleiben, die er nach Chile führte, sie sind das zentrale Element in der Geschichtserzählung dieser Ferienanlage, die Schrecken dieses Ortes werden in knappsten Andeutungen versteckt. Dabei werden sie keineswegs geleugnet. „Es war eine schreckliche, fast teuflische Zeit."[170] Diese Zeit jedoch ist überwunden, und deshalb muss über sie nicht weiter geredet werden. In seiner Broschüre zum 50-jährigen Bestehen der „Villa Baviera" dichtet der Architekt Johannes Wieske: „Und überwinden taten wir/Das, was uns traurig machte hier./Davon wollen wir nichts mehr sagen/Und niemals mehr darüber klagen."[171]

Eine fortdauernde Beschäftigung mit den Geschehnissen in der „Colonia Dignidad" wäre für die Bewohner der „Villa Baviera" kein notwendiger Versuch, ihre Vergangenheit aufzuarbeiten, sie wäre vielmehr eine unnütze Klage über eine ferne Zeit. Das, was sie „traurig machte", überwanden sie, indem sie ihr Leid eingrenzten, abstrahierten, relativierten und schließlich einordneten.

Leid ist zunächst nur das, was ihnen widerfahren ist, was chilenischen Kindern und Gefangenen angetan wurde, zählt nicht. Menschenrechtsorganisationen, die hartnäckig an die Verbrechen in der Siedlung erinnern, werden verächtlich abkürzend als „derechos humanos" (Menschenrechte) tituliert und mit der Abwertung der Gruppen, die sich für chilenische Opfer der „Colonia" einsetzen, auch deren Leid abgetan. „Neulich haben die ‚derechos humanos' wieder vor der Porteria (der Pforte) Krach gemacht. Ich habe gefragt, was sie denn eigentlich von uns wollen, aber nur eine einzige Frau ist hereingekommen und hat kurz mit uns gesprochen." „Die" wollen nur eins: „Sie wollen nur Geld." Jedem ist klar, dass die „Villa Baviera" in naher

Zukunft Entschädigungszahlungen an chilenische Opfer leisten muss, erzwungen durch Richtersprüche, niemand glaubt aber, dass diese Zahlungen zu Recht erfolgen, niemand käme hier auf die Idee, dass die Gemeinschaft von sich aus eine wie auch immer geartete Wiedergutmachung anbieten könnte.

Leid wird abstrahiert. Menschen, die uns 2008, als wir sie kennenlernten, grausame Geschichten von Misshandlungen in der Siedlung erzählt hatte, wiederholen diese Einzelheiten 2013 mit keinem Wort. Sie zeigen uns die modernen Laboratorien im ehemaligen Krankenhaus, wollen aber nichts „von früher" erzählen, das sei zu schrecklich gewesen. Erinnern sie sich doch an Elektroschocks, dann haben sie die Viehtreiber „wie die meisten anderen auch" gespürt. Die individuell erlittenen Qualen werden Teil eines gemeinsamen Schreckens, sie lösen sich in der Erinnerung an das allgemeine Leid auf.

Leid wird relativiert durch die forcierte Erinnerung an die „guten Seiten". „Es wird von diesem Standpunkt aus die Geschichte von ‚Villa Baviera' betrachtet", betont Johannes Wieske in seiner Jubiläumsbroschüre.[172] Die guten Seiten: das sind zunächst gemeinsame Erlebnisse, das gemeinsame Musizieren, das gemeinsame Wandern, das gemeinsame Baden im See, das gemeinsame Grillen auf einer Waldlichtung. „Wenn's zum Steinsammeln ging, nahmen wir immer eine 20-Liter-Kanne voller Saft mit." „Van den Berg und Johann Spatz haben uns auf Nachtwanderungen mitgenommen, wir haben Lagerfeuer gemacht und gesungen." „Nachdem Schäfer weg war, hat sich Ingrid (Szurgelies, H.R.) einmal bitter bei Gerhard Mücke beklagt, was er ihr alles angetan hatte. ‚Ingrid', hat er sie da gefragt, ‚hast du denn gar nichts Gutes erlebt?' Und da musste sie zugeben, doch, da war auch viel Gutes." „Die guten Seiten": das sind sodann die guten Taten für die armen Nachbarn, vor allem aber sind es ihre guten Absichten. Nichts, was später geschah, kann für sie den guten Willen in Zweifel ziehen, mit dem die deutschen Siedler 1961 nach Chile gingen. Das gewollte, erlebte und bewirkte Gute wiegt alles Böse der „Colonia Dignidad" auf. „Man kann diese aufrichtigen Absichten nicht in Frage stellen mit dem Wissen, das dann später über das Verhalten des Leiters dieser Gemeinschaft bekannt wurde."[173]

Leid wird schließlich eingeordnet in einen höheren Plan Gottes, von dessen Vorhandensein diese zutiefst gläubigen Menschen fest überzeugt sind. „Unser Gottvertrauen hat sich bewährt. Wir sind keinem Trug gefolgt, sondern dem, der uns alleine das ewige Leben zu geben vermag." Gottvertrauen bewährt sich gerade in der Not. Leid ist eine Prüfung, die es im festen Glauben an Gottes Güte zu bestehen gilt. Was auch immer sie erlitten, es war Teil von Gottes Plan, der sie nach Chile führte und ihnen hier eine neue Heimat gab. Alles Leid endet in Gutem. „Was langsam wurde, war dann gut." Die Erinnerung an die Schrecken ihrer Kindheit und Jugend festigt den Glauben der Erwachsenen. Sie bestärkt ihr Gottvertrauen. Leid gewinnt Sinn.

Vom Leid, das sie überwunden haben, wollen sie nicht mehr sprechen. Vom Leid, das anderen in der „Colonia" angetan wurde, wollen sie nichts wissen. Von der Vergangenheit der „Colonia Dignidad" wird in der „Villa Baviera" derzeit vor allem geschwiegen.

1 „Sektenführer in Argentinien festgenommen", Spiegel Online vom 10.3.2005, und „Ewiger Onkel", Der Spiegel 11/2005 vom 14.3.2005, www.spiegel.de

2 Heller 2006, S. 9

3 Ebenda, S. 11; siehe auch „Neue Ermittlungen im Fall Schäfer", Lateinamerika Nachrichten 379, Januar 2006, „Paul Schäfer in Haft. Das Ende einer langen Suche", Cóndor vom 18.3.2005 sowie Salinas/Stange, S. 21ff.

4 Die Metapher findet sich bei Heller 2006, S. 113

5 Ab 2001 wurden zur Verfolgung von Menschenrechtsfällen insgesamt 60 Spezialrichter berufen. Diese Maßnahme trug dazu bei, dass Menschenrechtsverletzungen nun entschieden verfolgt wurden. Gab es im Dezember 2001 noch 27 Prozesse wegen Menschenrechtsverletzungen, in denen nur vier Angeklagte auch verurteilt wurden, waren es im Dezember 2006 schon 219 Prozesse mit 141 Verurteilten. Da die Verurteilten, ähnlich wie die Angeklagten der „Colonia Dignidad", alle Rechtsmittel ausschöpften, saßen im gleichen Monat nur 21 von ihnen auch im Gefängnis; Ruderer, S. 325 und S. 372 (Tabelle)

6 Schwember, S. 154 und 233 hält diese frappante Ineffizienz der chilenischen Justiz nicht für das Ergebnis politisch motivierter Verschleppungsmanöver, sondern für ein Charakteristikum des Justizsystems

7 Die „Mauer des Schweigens", die die Täter seit 1990 um ihre Verbrechen während der Pinochet-Diktatur errichtet hatten, war kurz zuvor gefallen. Im November 2004 wurde der sog. „Valech-Bericht" an Präsident Lagos übergeben, in dem 27.255 Folterungen an politischen Gefangenen in über 1.000 Einrichtungen nachgewiesen worden, Zahlen, die die chilenische Gesellschaft schockierten. General Cheyre erkannte daraufhin die „institutionelle Schuld der Armee" an; Ruderer, S. 282f. Manuel Contreras übergab der Regierung im Mai 2005 einen Bericht, in dem er von 555 Verschwundenen während seiner Zeit als DINA-Direktor sprach. Die Verantwortung dafür schob er allein auf Pinochet; ebenda, S. 293

8 „Gebunkerte Geheimnisse", Süddeutsche Zeitung vom 17.5.2010, www.sueddeutsche.de

9 „C. Dignidad: revisan condenas en medio de nuevas denuncias", La Nación vom 5.6.2010, www.lanacion.cl

10 Bei den Razzien wurden in der „Colonia Dignidad" auch 36.000 Karteikarten gefunden, die Daten über Personen des öffentlichen Lebens Chiles, aber auch Abschriften von Folteraussagen, Namen von Verschwundenen, geheimdienstliche Analysen von Aussagen und Hinweise für die Suche nach weiteren Oppositionellen enthalten sollen. Sie wurden seit 1974 von Gerd Seewald angelegt und verwahrt. Aus ihnen könnte das Netz an Unterstützern der „Colonia Dignidad" unter chilenischen Parlamentariern, Beamten und Geschäftsleuten und die Verwicklung von Militär- und Polizeiangehörigen in das Foltern und Töten politischer Gefangener hervorgehen; vgl. „Neue Ermittlungen im Fall Schäfer", Lateinamerika Nachrichten 379, Januar 2006 sowie „El secreto que esconden las fichas de Dignidad"; La Nación vom 9.11.2008, www.lanacion.cl. Dieses Archiv wurde von Richter Zepeda beschlagnahmt und erst im April 2014 zur öffentlichen Auswertung an Menschenrechtsorganisationen übergeben; vgl. Bundestagsdrucksache 17/7280, S. 13 sowie „Piden revelar 36 mil fichas sobre red de protección de la Colonia Dignidad", El Mercurio vom 30.1.2013, www.emol.com und „Colonia Dignidad: Juez envía más de 39 mil fichas a Instituto de Derechos Humanos", La Tercera vom 7.4.2014, www.latercera.cl

11 „Confirman condena a ex cúpula de Dignidad", El Mercurio vom 8.1.2011 und „Hija de Schäfer y otros 4 colonos quedan libres", El Mercurio vom 29.5.2011, www.emol.com

12 Die Daten wurden zusammengestellt nach den bei emol.com unter dem Stichwort „Colonia Dignidad" aufrufbaren Artikeln aus der chilenischen Presse, www.emol.com

13 Schwember, S. 280

14 „Haftstrafe für Mitglieder der Colonia Dignidad", www.amerika21.de vom 24.1.2012, aufgerufen am 18.11.2013

15 Schwember, S. 280

16 „Die würdelose Kolonie", Lateinamerika Nachrichten 351/352, September/Oktober 2003

17 Beschluss Nr. 551 des Innenministeriums, zitiert bei Schwember, S. 261

18 „Falleció Herman Schwember, ex-Delegado del Gobierno para VB", La Terecera vom 31.5.2008: www.latercera.com

19 Diese und die folgenden Zitate stammen aus seinem Statement im Film „Deutsche Seelen"; zu Schäfer als „schlimmstem Verbrecher" s.a. Schwember, S. 87 und S. 90

20 Im Film „Deutsche Seelen"

21 Schwember, S. 264, das folgende Zitat S. 301

22 Loos, S. 96

23 Schwember, S. 265

24 Ebenda, S. 276f.

25 Ebenda, S. 38 und S. 301

26 „Falleció Herman Schwember, ex Delegado del Gobierno para V.B.", La Tercera vom 31.5.2008: www.latercera.com

27 So der Gesandte der Botschaft, Klaus Bönnemann in: Das Erbe der Colonia Dignidad: „Wie aus einer anderen Welt", Cóndor vom 28.10.2005; das folgende Zitat ebenda

28 Bundestagsdrucksache 17/7280, S. 29

29 „Die würdelose Kolonie" Lateinamerika Nachrichten 351/352, September/Oktober 2003

30 Bundestagsdrucksache 17/7280, S. 29; Bundestagsdrucksache 17/12980, S. 3

31 Schwember, S. 284

32 Deutscher Bundestag Drucksache 17/12980, S. 3; dafür wurden 2008 bis 2010 Haushaltsmittel in Höhe von 250.000 Euro pro Jahr bereitgestellt, 2011 noch 245.000 Euro, ab 2012 sollen die Mittel weiter sinken, 2013 auslaufen. Herman Schwember meinte bitter, es sei ein fundamentales Ziel der Regierung, dass „die deutschen Staatsbürger in der Gemeinde die größtmöglichen Sicherheiten und Wohltaten zu den kleinstmöglichen Kosten für den deutschen Staat hätten"; Schwember, S. 283. Vgl. dazu auch Fröhling, S. 292f.

33 Heller 2006, S. 119

34 Die Angaben und Zitate in diesem Kapitel stammen, wenn nicht anders vermerkt, aus N. Biedermann, J. Strasser, J. Poluda: „Colonia Dignidad" – Psychotherapie im ehemaligen Folterlager einer deutschen Sekte, in: Zeitschrift für Politische Psychologie, Jg. 14, 2006, Nr. 122, S. 111–127

35 Niels Biedermann im Film „Deutsche Seelen"

36 Schwember, S. 62

37 „Crisis en la ex Colonia Dignidad desata pugna por la fortuna que ocultó Schäfer", www.ciperchile.cl. 24.3.2009, aufgerufen am 24.6.2013

38 Bundestagsdrucksache 17/7280, S. 5

39 Anna Schnellenkamp im Film „Deutsche Seelen"

40 Das Erbe der Colonia Dignidad: „Wie aus einer anderen Welt", Cóndor vom 28.10.2005

41 Biedermann et al., S. 127

42 Das Erbe der Colonia Dignidad: „Wie aus einer anderen Welt", Cóndor vom 28.10.2005

43 Vgl. seinen Leserbrief an die Westdeutsche Zeitung vom 20.8.2011, zitiert bei Fröhling, S. 278/279

44 „Kolonie der Würdelosen", Süddeutsche Zeitung vom 30.1.2013, S. 8

45 Unterausschuss 1988, S. 48

46 Die Darstellung folgt ECCHR 2011

47 Heller 2006, S. 51

48 Michael wurde am 19.3.1983 als Cristián Godoy geboren. Seine Mutter Sonia Godoy brachte ihn 1986 wegen einer gebrochenen Hüfte ins Krankenhaus der Kolonie und unterschrieb, im Glauben, es handle sich um eine Erlaubnis, die Behandlung ihres Sohnes in Santiago fortzusetzen, als Analphabetin eine Einwilligung zur Adoption. Ihrer Erklärung, ihr Sohn habe sich die Hüfte bei einem Unfall im Haus gebrochen, wurde von einem Polizeibeamten widersprochen, der von einer Misshandlung des Jungen durch seine Mutter ausging; vgl. „El misterioso hijo del doctor Hopp", El Mercurio vom 25.6.2011, www.emol.com

49 ECCHR 2011, S. 22

50 Dies erklärt aufgrund von Zeugenaussagen die Rechtsanwältin Petra Schlagenhauf, die gegen Hopp wegen schwerer Körperverletzung und Beihilfe zum Missbrauch Anzeige erstattet hat, „Dutzende Diktaturgegner verschwanden", taz vom 24.3.2013, www.taz.de

51 Gemballa 1998, S. 40

52 ECCHR 2011, S. 22

53 Diese Vermutungen stützen sich auf Angaben des Leiters des ehemaligen bakteriologischen Instituts des Heeres, Sergio Romero, der 2002 ausgesagt hatte, dass Hartmut

Hopp während der Diktatur regelmäßig in das Institut gekommen sei, um Versuchskaninchen für Experimente abzuholen; ECCHR 2011, S. 28; Schwember, S. 252

54 „Doctor Hopp destapó red de lavado de dinero de la Colonia Dignidad en el caribe, EE.UU., Canadá y Chile", La Nación vom 24.5.2006, www.lanacion.de

55 ECCHR 2011, S. 11

56 Schnellenkamp, S. 102

57 El Mercurio vom 6.12.1987, zitiert bei ECCHR 2011, S. 20

58 Gemballa 1988, S. 172

59 Vgl. „Los nuevos secretos de ‚Villa Baviera'", La Nación vom 28.12.2008, www.lanacion.cl

60 Martin Matthusen: „Ich schließe nicht aus, dass jemand, der dem Inneren der ‚Villa Baviera' sehr nahe steht, ihm bei seinem Weggang geholfen hat." In: „PDI detiene a ex colonia en Parral y Bulne para evitar fuga masiva", La Discusión vom 24.5.2011 (Eigenes Archiv)

61 In einer E-Mail an Gonzalo Díaz, Arzt in der Klinik in Parral, in der Hopp zuletzt arbeitete, schrieb er am 16.5.2011: „Gegenwärtig befinde ich mich in Deutschland, wo ich im Verlauf des gestrigen Tages angekommen bin, nach mehr als einer einwöchigen Reise über Argentinien und Paraguay, nachdem ich Chile auf dem Landweg verlassen hatte." Zitiert in „Führungsmitglied der Colonia Dignidad: Zuflucht in Krefelder Kirche", taz vom 17.8.2011, www.taz.de. Hopps Flucht löste große Empörung in Chile aus. Der damalige Vizepräsident der Republik, Rodrigo Hinzpeter, kündigte eine Untersuchung an: „Hinzpeter: Se investigará si alguien facilitó la huida de Hopp", La Nación vom 24.5.2011, www.lanacion.cl

62 Fröhling, S. 278/79

63 Fall Hopp: Ehemaliger Sektenarzt zieht in „ständigen Kampf gegen Vorverurteilungen", www.amerika21.de, aufgerufen am 18.11.2013

64 Vgl. „Doctor Hopp: Schaefer debe responder ante la Justicia", El Mercurio en Internet vom 11.3.2005 und „Doctor Hopp dice que está decepcionado de Schaefer", El Mercurio en el Internet vom 12.9.2005, www.emol.com; auch sechs Jahre später äußert er in der E-Mail an Gonzalo Díaz seine tiefe Enttäuschung über Schäfer, den er bis 2002 für vollkommen unschuldig gehalten und gegen alle ungerechten Anklagen verteidigt habe; vgl. „Hartmut Hopp: El fallo me cayó casi como una condena de muerte", El Mercurio vom 15.8.2011, www.emol.com

65 „50 Jahre und kein Ende in Sicht", Lateinamerika Nachrichten 450, Dezember 2011

66 Vgl. Fußnote 64 und „Führungsmitglied der Colonia Dignidad: Zuflucht in Krefelder Kirche", taz vom 17.8.2011, www.taz.de

67 „Colonia Dignidad: Anwalt fordert umfassende Ermittlungen", in: Deutschlandradio Kultur am 2.9.2011, www.dradio.de

68 „Gegen das Vergessen – Proteste gegen Colonia Dignidad in Krefeld", Westart Magazin vom 11.6.2013, www1.wdr.de/mediathek

69 „Es gibt keine Gräueltaten, die es nicht gab", Die Welt vom 1.4.2013, www.welt.de

70 Kurznachricht in Süddeutsche Zeitung vom 30.7.2013

71 „50 Jahre und kein Ende in Sicht", Lateinamerika Nachrichten 450, Dezember 2011

72 Hopps Übersetzungen erwähnt Schwember, S. 123; dass ehemalige Mitglieder der „Colonia" regelmäßig die Gottesdienste der Volksmission besuchen, ergaben auch eigene Recherchen vor Ort am 12.8.2013

73 Zu den Widerständen gegen den „Dr. Unerwünscht“ siehe Spiegel Online vom 23. und 26. 8. 2011, www.spiegel.de

74 Zit. nach: „Colonia-Dignidad-Gründer: Ein Onkel aus Deutschland“, Spiegel Online vom 11. 3. 2005, www.spiegel.de

75 Vgl. „Colonos preparan el éxodo de ‚Villa Baviera‘“, El Mercurio vom 27. 8. 2005, www.emol.com

76 Vgl. „Muller amenazado de muerte“, El Mercurio vom 1. 4. 2005, www.emol.com

77 Vgl. Heller 2006, S. 118ff.

78 Die adoptierten chilenischen Kinder wurden nach Schwember, S. 291 in diesem Prozess der Neuverteilung von Macht „klar diskriminiert“

79 „Alvear kam 1972 in das Hospital der Enklave, geplagt von einem Problem in einem seiner Beine. Seitdem wurde er einer der Schlüsselmänner für die Deutschen und selbstverständlich waren die Augen der chilenischen Justiz auf ihn gerichtet, seit die Untersuchung der Fälle von Menschenrechtsverletzungen und Vergewaltigungen in dem Siedlungsbezirk begann.“ Nach: „Ex-colonos de ‚Villa Baviera‘ se entregaron a la justicia chilena“, www.ladiscusion.cl vom 26. 2. 2013

80 Schwember, S. 290/291

81 Salinas/Stange, S. 147

82 www.villabaviera.cl, „O.D.C. Perquilauquén“, aufgerufen am 27. 8. 2013

83 Vgl. „Posta de salud comienza a funcionar en ‚Villa Baviera‘“, El Mercurio vom 30. 1. 2006, www.emol.com, und „Primeros profesionales de ‚Villa Baviera‘ relatan su compleja inserción en la sociedad chilena“, El Mercuio vom 8. 9. 2008, www.emol.com

84 Vgl. „Predios de ‚Villa Baviera‘ se abren al turismo“, El Mercurio vom 10. 9. 2006, www.emol.com

85 Dies schreibt seine Witwe Adriana Azócar de Schwember in einem Leserbrief an „La Tercera“, in dem sie sich zugleich bitter beklagt, dass die Verdienste ihres Mannes öffentlich nicht gewürdigt würden; vgl. La Tercera vom 10. 8. 2009, www.latercera.com

86 „Vom Guten überzeugt gewesen“, Cóndor vom 28. 4. 2006

87 Eigene Übersetzung des am 19. 4. 2006 im El Mercurio veröffentlichten Textes, www.emol.com

88 Loos, S. 96; auch Herman Schwember nannte dies den schwierigsten Punkt bei der Formulierung der Erklärung. Vgl. „Schwember: Es genuína petición de perdón de ex colonos de Dignidad“, La Nación vom 22. 4. 2006, www.lanacion.cl

89 Schwember, S. 273; vgl. auch „Delegado está decepcionado por la indiferencia ante carta de ex colonos“, El Mecurcio vom 24. 4. 2006, www.emol.com

90 Vgl. „Lagos Weber no duda de ‚buena fe‘ de ex colonos de Dignidad“, La Nación vom 23. 4. 2006, www.lanacion.cl

91 In den drei großen Tageszeitungen El Mercurio, La Tercera und La Nación erschienen keine Stellungnahmen; Schwember beklagte: „Aus der Gesellschaft kommt null Reaktion“, „Delegado está decepcionado por la indiferencia ante carta de ex colonos“, El Mecurcio vom 24.4.2006, www.emol.com

92 Ortserkundungen (4), S. 2; Schwember, S. 278

93 Vgl. „Delegado está decepcionado por la indiferencia ante carta de ex colonos“, El Mecurcio vom 24. 4. 2006, www.emol.com

94 Vgl. „Salo Luna: El poder de Colonia Dignidad no está desarticulado", El Mercurio vom 3.6.2006, www.emol.com. Luna lebte nach den Angaben in diesem Artikel zu dieser Zeit bei seiner Mutter in Paso Ancho bei San Carlos und erhielt vom chilenischen Staat eine monatliche Opferrente von 160.000 Pesos, ca. 240 Euro

95 „Revelaciones de ‚Villa Baviera' post Schaefer", El Mercurio vom 31.5.2009, www.emol.com

96 Ortserkundungen (4), S. 6

97 Loos, S. 96

98 Statement im Film „Deutsche Seelen"

99 Statement in „Gegen das Vergessen – Proteste gegen Colonia Dignidad in Krefeld", Westart Magazin vom 11.6.2013, www1.wdr.de/mediathek

100 „Gebunkerte Geheimnisse", Süddeutsche Zeitung vom 17.5.2010, www.sueddeutsche.de. Das Verfahren gegen Zeitner ist noch nicht abgeschlossen. Hauptangeklagter für diese Kindesentführung ist Albert Schreiber, der 1997 nach Deutschland floh und 2008 verstarb, ohne dass gegen ihn ein Verfahren eröffnet wurde. Zu Schreiber vgl. Heller 2006, S. 125f. sowie Informationen über ihn in Artikeln, die in der Presse im Zusammenhang mit Hopps Flucht nach Deutschland erschienen, vgl. „Chiles Justiz geht gegen Colonia Dignidad vor. Haftbefehl gegen Sekten-Arzt", taz vom 25.5.2011, www.taz.de; „Colonia-Dignidad-Arzt in Krefeld: Dr. Unerwünscht", www.spiegel.de; „Berüchtigte Sekte: Flüchtiger Colonia-Dignidad-Arzt lebt nun in Krefeld", Die Welt vom 22.8.2011, www.welt.de

101 „La nueva vida de Colonia Dignidad", El Mercurio vom 14.12.2008, www.emol.com

102 Vgl. „Dignidad: Califican carta como gran signo, pero con reparos". El Mercurio vom 20.4.2006, www.emol.com

103 „‚Villa Baviera' potencia su turismo sin olvidar la era de Paul Schaefer", El Mercurio vom 4.11.2012, www.emol.com

104 Schwember, S. 188, Fußnote

105 Schnellenkamp, S. 43

106 „Hier sind schreckliche Dinge passiert", Deutschlandradio Kultur/Interview, 2.7.2010, www.dradio.de

107 Dieses und die folgenden Zitate aus „50 Jahre Chile"

108 „Die Vergangenheit überwinden", Interview mit Dr. Niels Biedermann, Cóndor vom 7.8.2009

109 Alle Zitate hier und in den folgenden Absätzen stammen, soweit nicht anders angegeben, aus Gesprächen in der „Villa Baviera" zwischen dem 23. und 28.10.2013. Die Gesprächspartner wünschten anonym zu bleiben

110 „Straftäter feiert in einstiger Colonia Dignidad", www.amerika21.de vom 12.11.2012, aufgerufen am 20.2.2013

111 Beide Zitate aus Statements im Film „Deutsche Seelen"

112 „Was soll aus uns werden?", Der Spiegel 42/2005 vom 17.10.2005

113 Diese Geschichte wurde uns am 24.10.2013 in der „Villa Baviera" erzählt

114 E-Mail-Mitteilung am 14.11.2013 von Pfarrer Enno Haaks an den Autor

115 Zu Franks Religion vgl. „Freie Volksmission Krefeld", Center for Studies on New Religions" (Cernur), www.cernur.org, aufgerufen am 15.11.2013; zu Franks Wirken in der „Villa Baviera" und dem Einreiseverbot in Chile: „50 Jahre und kein Ende in Sicht", Lateinamerika

Nachrichten 450, Dezember 2011. Frank ließ die Behauptung, er habe Hartmut Hopp nach dessen Flucht in Krefeld „Zuflucht" gewährt, gerichtlich verbieten, er habe nur „Opfern", aber keinen „Tätern" aus der „Colonia Dignidad" Beistand geleistet, mit der „Dignidad-Sekte" gebe es keinerlei Verbindung; s. news aktuell – presseportal news-room Freie Volksmission Krefeld e.V., www.presseportal.de am 16.11.2011, aufgerufen am 15.11.2013, sowie „Freie Volksmission in Krefeld distanziert sich von Colonia Dignidad", Westdeutsche Zeitung vom 21.12.2011, www.wz-newsline,de. Die Sicht der Journalisten, die den inkriminierten Vorwurf erhoben hatten, in: „Quellen preisgeben oder Prozess verlieren", www.amerika21.de vom 1.12.2011, aufgerufen am 15.11.2013

**116** „Los nuevos secretos de ‚Villa Baviera'", La Nación vom 28.12.2008, www.lanacion.cl

**117** Anna Schnellenkamp in einer E-Mail an den Autor vom 22.3.2014

**118** Alle Zitate von Elisabeth Schnellenkamp aus „Es bleibt in der Familie", Die Zeit vom 28.4.2005, www.zeit.de

**119** Vgl. „Ex Colonia Dignidad: las distintas razones entre los que se quedan y los que se van", El Mercurio vom 10.9.2006, www.emol.com

**120** „50 Jahre und kein Ende in Sicht", Lateinamerika Nachrichten 450, Dezember 2011. Zitiert wird ein vertraulicher Bericht des amerikanischen Botschafters Kelly vom 20.12.2005 über ein Gespräch Zepedas mit dem amerikanischen Konsul Murphy, den Wikileaks an die Öffentlichkeit gebracht hatte

**121** Matthias Zuber im Interview mit Magdalena Klein, Extras zum Film „Deutsche Seelen"

**122** Vgl. „Colonos reniegan de ex líder", El Mercurio vom 4.9.2006, www.emol.com

**123** „Göttliche Gerechtigkeit oder Entschädigungsgesetz?", Lateinamerika Nachrichten 432, Juni 2010

**124** Statement von Johann Spatz im Film „Deutsche Seelen"; ganz ähnlich äußerten sich Dennys Alvear: „Wir jungen Eltern wollen, das man aufhört in die Vergangenheit zu schauen"; „Colonia Dignidad: las distintas razones entre los que se quedan y los que se van", El Mercurio vom 10.9.2006, www.emol.com, und Helmut Baar: „Das ist eine andere Etappe, deshalb wollen wir alles hinter uns lassen, was mit der Vergangenheit zusammenhängt"; „La realidad de los colonos alemanes luego de la muerte de Paul Schaefer", El Sur vom 2.5.2010 (Eigenes Archiv)

**125** Schwember, S. 117

**126** Schnellenkamp, S. 178

**127** www.villabaviera.cl, aufgerufen am 16.11.2013

**128** E-Mail-Mitteilung von W. Müller Altevogt an den Autor vom 18.5.2014; der chilenische Terminus ist „libertad vigilada"

**129** „Crisis en la ex Colonia Dignidad desata pugna por la fortuna que ocultó Schäfer", www.ciperchile.cl. 24.3.2009, aufgerufen am 24.6.2013; vgl. auch „La nueva vida de Colonia Dignidad", El Mercurio vom 14.12.2008, www.emol.com; „Los nuevos secretos de ‚Villa Baviera'", La Nación vom 28.12.2008, www.lanacion.cl

**130** ciperchile.cl/wp.../lista-de-accionistas-agripalma.pdf; ciperchile.cl/wp.../lista-de-accionistas-cinoglosa.pdf; ciperchile.cl/wp-content/uploads/fundadorescerroflorido_02.pdf, www.ciperchile.cl, aufgerufen am 17.8.2013, vgl. auch Schwember, S. 160f. und S. 284

**131** Spahn war 25 Jahre lang Vorsitzender der „Sarah Consult" in Bogotá, davor arbeitete er für Bayer und in der Unternehmensberatung Kienbaum. Vgl. „50 Jahre und kein Ende in Sicht", Lateinamerika Nachrichten 450, Dezember 2011

132 Schwember, S. 168f.

133 Ebenda, S. 169

134 Ebenda, S. 65

135 „Die würdelose Kolonie", Lateinamerika Nachrichten 351/352, September/Oktober 2003. Hinzu kamen nach chilenischem Arbeitsrecht nicht gezahlte Löhne für die Siedler in Höhe von fast 1 Million US-Dollar, die die Betroffenen aber selbst hätten einklagen müssen; Salinas/Stange, S. 139

136 „Crisis en la ex Colonia Dignidad desata pugna por la fortuna que ocultó Schäfer", www.ciperchile.cl. 24.3.2009, aufgerufen am 24.6.2013

137 Vgl. „Doctor Hopp destapó red de lavado de dinero de la Colonia Dignidad en el caribe, EE.UU., Canadá y Chile", La Nación vom 24.5.2006, www.lanacion.cl. Über die Untersuchungen der chilenischen Justiz ist nichts bekannt, vgl. „50 Jahre und kein Ende", Lateinamerikanachrichten 450, Dezember 2011

138 Vgl. „Los directivos de ‚Villa Baviera' intentarán recuperar dineros ocultados de Schäfer", La Tercera vom 5.3.2009, www.latercera.com

139 „50 Jahre und kein Ende in Sicht", Lateinamerikanachrichten 450, Dezember 2011

140 Ebenda; s.a. „Chilenische Foltersiedlung probiert Neuanfang", Die Welt vom 10.1.2011, www.welt.de

141 „Crisis en la ex Colonia Dignidad desata pugna por la fortuna que ocultó Schäfer", www.ciperchile.cl. 24.3.2009, aufgerufen am 24.6.2013

142 Vgl. „Indemnizaciones también serán por casos de DD.HH.", El Mercurio vom 29.8.2009, www.emol.com

143 „Neue Perspektiven für die Opfer", taz vom 4.9.2009, www.taz.de. Zwei Jahre zuvor war der Plan, solche Wohnungen zu bauen, noch an der Weigerung der Regierung gescheitert, die beschlagnahmten Grundstücke dafür partiell freizugeben; Schwember, S. 268ff.

144 Schwember, S. 116

145 Martin Matthusen: „Das alles sind Früchte unserer Arbeit und der unserer Eltern"; in: „Crisis en la ex Colonia Dignidad desata pugna por la fortuna que ocultó Schäfer", www.ciperchile.cl. 24.3.2009, aufgerufen am 24.6.2013

146 Ebenda

147 Diese und die folgenden Angaben nach Aussagen von Anna Schnellenkamp in „La realidad de los colonos alemanes luego de la muerte de Paul Schaefer", El Sur vom 2.5.2010 (Eigenes Archiv)

148 „Aufbruchsstimmung zum Oktoberfest", Cóndor vom 12.11.2010

149 „La realidad de los colonos alemanes luego de la muerte de Paul Schaefer", El Sur vom 2.5.2010 (Eigenes Archiv); die folgenden Zahlen wurden dem Autor in der „Villa Baviera" mitgeteilt. Das Hotel war 2013 nur zu 40% ausgelastet, „die Einnahmen reichen längst nicht", vgl. „Ausspannen im Folterlager", Die Zeit vom 28.6.2014, www.zeit.de

150 „Colonos no dejan su estilo de vida", El Sur vom 22.8.2010 (Eigenes Archiv)

151 „Aufbruchsstimmung zum Oktoberfest", Cóndor vom 12.11.2010

152 Schwember, S. 110

153 „From Torture to Tourism: Chiles ‚Villa Baviera' opens to Visitors", Mark Johanson by Reuters, International Business Times vom 16.5.2012, www.ibtimes.com, aufgerufen am 15.5.2013, ebenfalls erschienen in der Chicago Tribune vom 9.5.2012; als Zwischen-

überschrift in „Insight: German sect victims seek escape from chilean nightmare", thomson reuters eikon vom 9.5.2012, www.uk.reuters.com, aufgerufen am 15.5.2013

**154** Vgl. zum enttäuschenden finanziellen Ertrag „Remate en ‚Villa Baviera' recauda menos de lo esperado". El Mercurio vom 22.8.2010, www.emol.com; zum überraschenden Besucherandrang „Remate en ‚Villa Baviera' supera lo esperado", El Sur vom 22.8.2010 (Eigenes Archiv)

**155** Zitiert nach „Remate en ‚Villa Baviera' recauda menos de lo esperado". El Mercurio vom 22.8.2010, www.emol.com

**156** Zitiert nach „Deutschland ist mitverantwortlich", taz vom 5.2.2013, www.taz.de

**157** „Verurteilt in Chile – (noch) frei in Deutschland", Lateinamerika Nachrichten 465, März 2013; irrtümlicherweise wird Wolfgang statt Friedhelm als Auktionator angegeben; vgl. „Remate en ex-colonia dignidad: 3 milliones por auto de Hopp", 3.2.2013 noticias.terra.cl

**158** Dieter Mayer in „Gegen das Vergessen – Proteste gegen Colonia Dignidad in Krefeld", Westart Magazin vom 11.6.2013, www1.wdr.de/mediathek

**159** Martin Matthusen sagte im September 2006 dem „Mercurio": „Hoffentlich behalten die Leute das Gute von uns und können all das Schlechte, das geschehen ist, vergessen." „Ex-Colonia Dignidad: las distintas razones entre los quese quedan y los que se van", El Mercurio vom 10.9.2006, www.emol.com

**160** Vgl. „El regreso de un ex colono a ‚Villa Baviera'", La Terecera vom 4.2.2013, www.latercera.com

**161** Georg Laube in „Es ist noch nicht vorbei ... Prozesse gegen die Colonia Dignidad in Chile." Von Gaby Weber. Deutschlandradio Kultur/Weltzeit – 20.7.2010, www.dradio.de, aufgerufen am 15.7.2013;

**162** „La nueva vida de Colonia Dignidad", El Mercurio vom 14.12.2008, www.emol.com

**163** „Los nuevos secretos de ‚Villa Baviera'", La Nación vom 28.12.2008, www.lanacion.cl

**164** „Crisis en la ex Colonia Dignidad desata pugna por la fortuna que ocultó Schäfer", www.ciperchile.cl. 24.3.2009, aufgerufen am 24.6.2013; ebenso entschieden äußerte sich Anna Schnellenkamp: „Alle Kinder und Minderjährigen, die damals in die VB kamen oder dort geboren sind bis zum Jahr 1997, (sind) Opfer." E-Mail an den Autor vom 22.3.2014

**165** Etwa Erwin Zott 2006, zitiert bei Loos, S. 71

**166** Dieses und das folgende Zitat aus „Von der Kolonie Würde zum Bayerischen Dorf", Deutsche Welle 31.7.2011, www.dw.de

**167** Vgl. „‚Villa Baviera' potencia su turismo sin olvidar la era de Paul Schaefer", El Mercurio vom 4.11.2012, www.emol.com

**168** www.villabaviera.cl, aufgerufen am 29.8.2013. Alle Zitate sind eigene Übersetzungen aus dem Spanischen

**169** Eigene Übersetzung des spanischen Textes auf der genannten Schautafel (Eigenes Archiv)

**170** Alle Zitate hier und in den folgenden Abschnitten stammen, soweit nicht anders angegeben, aus Gesprächen des Autors in der „Villa Baviera" zwischen dem 23. und 28.10.2013. Die Gesprächspartner wünschten anonym zu bleiben

**171** „50 Jahre Chile", Umschlagseite innen

**172** Ebenda, S. 2

**173** Dieses und die beiden folgenden Zitate ebenda

## Unbewältigte Vergangenheit

*Die Kapelle der „Hermanas de la Paz"*

Der Versuch der „Villa Baviera", die Vergangenheit des Folterlagers „Colonia Dignidad" hinter sich zu lassen und als Touristenattraktion einen Neuanfang zu wagen, ist bisher durchaus gelungen. Er ähnelt in vieler Hinsicht den Bemühungen der Bürger der Bundesrepublik Deutschland in den 50er Jahren, die nationalsozialistische Herrschaft und ihre Verbrechen zu verdrängen und rasch Wohlstand im Wirtschaftswunder zu erlangen. Nach dem berühmten Satz von Karl Marx ereignen sich „weltgeschichtliche Tatsachen und Personen sozusagen zweimal, (...) das eine Mal als Tragödie, das andere Mal als Farce."[1] Deutsche Geschichte wiederholte sich nach 60 Jahren in einer kleinen Glaubensgemeinschaft, die, abgeschottet gegen alle anderen, am südlichen Ende Lateinamerikas ihre eigene Zeit und ihre eigene Moral leben wollte, sich dem Diktator Pinochet als geheime Stätte für Folter und Mord andiente und nach dessen Abtreten gezwungen wurde, sich der Welt zu öffnen: im Großen wie im Kleinen erst der Kampf um das wirtschaftliche Überleben, dann die immer selbstbewusstere Konzentration auf den ökonomischen Erfolg; die Abwehr jeglicher Schuldeinsicht; die Dämonisierung eines übermächtigen Führers, als dessen erste Opfer sich seine Anhänger selbst sahen; das Pochen auf einen Schlussstrich; das widersprüchliche Schwanken zwischen Leugnung und Rechtfertigung angesichts unleugbarer und nicht zu rechtfertigender Verbrechen. Die erst zögerliche, dann immer intensivere Bewältigung der eigenen Vergangenheit, die in der Bundesrepublik mit den Auschwitzprozessen in den 60er Jahren einsetzte, steht im „Bayerischen Dorf" allerdings noch aus.

Was ist das eigentlich – „Vergangenheitsbewältigung"? Das Wort kam in Westdeutschland nach dem ersten Nachkriegsjahrzehnt auf, erstmals 1955 auf einer Tagung der Evangelischen Akademie in Berlin, gebraucht von einer kritischen Minderheit, die glaubte, dass die Vergangenheit der jungen Bundesrepublik, die NS-Diktatur, noch unbewältigt sei, während die Mehrheit überzeugt war, einen Schlussstrich unter diese Vergangenheit setzen und sich dem Wohlstand hingeben zu dürfen in einem Staat, der gerade mit der Integration in westliche Bündnisse, der Wiederbewaffnung und dem Wirtschaftswunder unverhofft schnell einen Weg in die Zukunft gefunden hatte.[2] In dem kirchlichen Kontext, in dem der Begriff geprägt wurde, bestimmten zunächst Fragen nach persönlichem Mitwissen und individueller Mitschuld das Verständnis von einer „Bewältigung" der Vergangenheit, ehe Hermann Heimpel, der damalige Direktor des Göttinger Max-Planck-Instituts für Geschichte, sie auch als Auftrag für die Wissenschaft ansah: „(Die unbewältigte Vergangenheit) bricht über alle herein, ob sie es wissen oder nicht – denn der Kampf um unsere Vergangenheit liegt nicht hinter uns, sondern vor uns."[3] „Vergangenheit" bezeichnete damals die NS-Zeit. „Bewältigung" meinte bei denen, die dieses Wort gebrauchten, nicht „Vergessen" und „Erledigen" der Vergangenheit. „Bewältigung" wurde in Anlehnung an Freuds Psychoanalyse als „Aufarbeitung" verstanden, als das anstrengende und schmerzhafte Bewusstmachen von Widerständen gegen die Erinnerung an eine verdrängte und doch immer noch quälende Schuld, auf das dann die Erinnerung selbst und die selbstkritische Frage nach den

Ursachen der sogenannten „Machtergreifung" der Nationalsozialisten 1933 und der Verbrechen während ihrer Herrschaft folgen konnte.[4] Inzwischen wird der Begriff in einem politischen Sinn für alle Anstrengungen gebraucht, die demokratische Staaten unternehmen, um die Verbrechen ihrer diktatorischen Vorgängerregime so aufzuarbeiten, dass sie das Funktionieren und die Entwicklung der neuen Ordnung nicht gefährden, sei es Chile nach dem Ende des Pinochet-Regimes, Südafrika unter Nelson Mandela, das Nach-Franco-Spanien oder das wiedervereinigte Deutschland.[5] So unterschiedlich die einzelnen Staaten den Übergang in die Demokratie auch handhabten, so bewusst war allen Verantwortlichen, dass sie sich angesichts des oft ungeheuerlichen Ausmaßes der „staatlich organisierten Verbrechen" und der großen Anzahl von Menschen, die auf unterschiedlichste Weise beteiligt und verwickelt waren, nicht auf eine gerichtliche Aburteilung einiger weniger Täter beschränken durften.[6]

Die „Vergangenheitspolitik"[7] der Besatzungsmächte und ab 1949 der Regierung Adenauer setzte in ihrem letztlich vergeblichen Bestreben, die jüngste Vergangenheit rasch zu erledigen, auf Strafverfolgung der Haupttäter, auf Entnazifizierung der Millionen NSDAP-Mitglieder, die 1951 bereits per Gesetz für beendet erklärt wurde, auf Wiedergutmachung gegenüber Israel und auf Amnestien für Hunderttausende „kleiner" Gehilfen und Mittäter. Die große Mehrheit der Deutschen wies jeden Vorwurf einer Mitschuld an den nationalsozialistischen Verbrechen entrüstet von sich und setzte auf Vergessen.

Gewiss kann in einem strafrechtlichen Sinn von einer kollektiven Schuld der Deutschen keine Rede sein. Rechtswidriges Handeln ist immer individuell zu verantworten. Erst in den großen Debatten um die Verjährung von Mord, die 1965 begannen, weil nach den geltenden Gesetzen in diesem Jahr Morde wie Völkermorde verjährt und damit NS-Massenmörder, die noch nicht entdeckt worden waren, straffrei geblieben wären, wurde auch die moralische Schuld der Kriegsgeneration so thematisiert, wie es Karl Jaspers schon kurz nach Kriegsende vorgeschlagen hatte. Obwohl er damals gängigen Überzeugungen weit entgegengekommen war, fand er kaum Gehör.[8] Er gab der Politik anderer Staaten eine Mitschuld am Zweiten Weltkrieg. Er gestand sehr wohl zu, dass der Einzelne in einer Diktatur sich ohnmächtig gefühlt habe. Auch er teilte die verbreitete Dämonisierung

Hitlers, den er nicht beim Namen nannte, der aber als „ein einziger verantwortungsloser Führer" Deutschland „in den Abgrund getanzt" habe. Aber er sprach niemand von Schuld frei. Schuld war für ihn ohnehin in einem ahistorischen Sinn eine Grundbedingung der menschlichen Existenz, eine der von ihm so genannten „Grenzsituationen", in die jeder Mensch gestellt wird. Bezogen auf die Deutschen unter dem Nationalsozialismus unterschied er zwischen krimineller, strafrechtlich zu ahndender Schuld einer kleinen Minderheit von Tätern, einer moralischen Schuld etwa durch Schweigen, Wegsehen und Nicht-Handeln, die dem politischen und juristischen Zugriff der Sieger entzogen sei, über die jeder Einzelne sich aber in individueller Selbstprüfung Rechenschaft geben müsse, ehe er einen moralischen Neuanfang wagen könne, und schließlich der politischen Schuld, der „politischen Haftung" für die Verbrechen der Nationalsozialisten, deren Herrschaft von den meisten Deutschen spätestens ab 1936 unterstützt und getragen wurde. Diese Haftung erlege dem deutschen Volk sehr wohl die Pflicht zur Wiedergutmachung und eine kritische Akzeptanz der von den Siegern installierten Demokratie auf. Ganz im Sinne Jaspers sagte Adolf Arndt (SPD) 1965 in der Debatte im Bundestag, die bis heute als „Sternstunde des Parlaments" gilt: „Ich weiß mich mit in der Schuld, denn sehen Sie, ich bin nicht auf die Straße gegangen und habe geschrien, als ich sah, dass die Juden aus unserer Mitte lastkraftwagenweise abtransportiert wurden. Ich habe mir nicht den gelben Stern angemacht und gesagt: Ich auch! (...) Ich kann nicht sagen, daß ich genug getan hätte. Ich weiß nicht, wer das von sich sagen will. Aber das verpflichtet uns, das ist ein Erbe. (...) Es geht darum, eine sehr schwere und im Augenblick leider noch ganz und gar unpopuläre Last und Bürde auf uns zu nehmen. Es geht darum, dass wir dem Gebirge an Schuld und Unheil, das hinter uns liegt, nicht den Rücken zuwenden."[9]

Die Angehörigen der Kriegsgeneration mussten sich spätestens jetzt Rechenschaft geben über ihre Rollen innerhalb des NS-Systems, ihre Taten im Krieg und ihr Wissen um die Verbrechen, die um sie herum geschahen. Die Wissenschaft suchte nach Aufklärung über die sozialen Wurzeln des Nationalsozialismus und die Kontinuitäten innerhalb der deutschen Eliten, sie brachte erste Antworten auf die „beunruhigende Doppelfrage (...): warum Hitler nicht verhindert werden konnte, und warum die Gewaltverbrechen gerade in Deutschland geschehen sind.“[10]

Die „Villa Baviera“ verharrt hingegen, wie die Westdeutschen in der ersten Nachkriegsdekade, noch im „Konsens des diskreten Beschweigens“[11] ihrer Vergangenheit und in der zufriedenen Zurschaustellung ihres wirtschaftlichen Erfolgs. Sie ist ein chilenisches Unternehmen unter deutscher Leitung. Sie hat im Eventtourismus Fuß gefasst. Sie vermarktet erfolgreich Delikatessen deutscher Metzgers- und Konditorskunst. Sie plant ihre Zukunft als Lieferant erneuerbarer Energien. Sie sichert deutschen Familien und chilenischen Angestellten einen bescheidenen Wohlstand und alten Menschen einen würdigen Lebensabend. Ihre Kinder gehen auf chilenische Schulen, sie sprechen mühelos Deutsch und Spanisch. Steuern werden, soweit es unumgänglich ist, bezahlt, Gesetze und Vorschriften penibel eingehalten. Eine Erfolgsgeschichte deutscher Einwanderer im Süden Chiles.

So würden es die Bewohner der „Villa“ gerne sehen: Sie haben sich von der „Colonia Dignidad“ gelöst. Sie haben mit ihrer Vergangenheit gebrochen. Sie haben ihr Leid überwunden. Sie haben den Neuanfang geschafft. Sie haben ein normales Familienleben begonnen. All dies stimmt. All dies ist eine große Leistung. Und doch bleibt die Gegenwart der „Villa Baviera“ an die Vergangenheit der „Colonia Dignidad“ gebunden. Fröhliche Feste finden statt an Orten von Folter, Mord und Vergewaltigungen. Junge Gesichter der Siedlung wie Anna Schnellenkamp, Martin Matthusen und Markus Blanck tragen die Namen von Männern, die zu den engsten Vertrauten Schäfers gehörten. Verurteilte Schwerverbrecher werden in ihren Familien liebevoll umsorgt. Chilenische Demonstranten vor dem Zaun der Siedlung erinnern hartnäckig daran, was die Deutschen ihren Eltern, Geschwistern und Kindern angetan haben.

Davon wollen die Bewohner der „Villa“ schweigen. Der Wille, die Vergangenheit zu vergessen, ist ein wesentliches Element des Neubeginns. Schweigen ist die Grundlage für das Zusammenleben der älteren Generation, die an ihrem Leben mit Schäfer nichts Falsches und Schlechtes erkennen mag, mit den Jüngeren, die nicht mehr darunter leiden wollen, was ihre Eltern ihnen und anderen angetan haben. Sie empfinden keineswegs das Bedürfnis, „die dunklen Episoden der Vergangenheit weitestgehend aufzuklären“, das ihnen wohlmeinende Chilenen zuschreiben. Sie wollen das neue Leben, das sie in der „Villa Baviera“ begonnen haben und die Zukunft, die ihre Kinder hier finden sollen, nicht mit Erinnerungen an die „Colonia Dignidad“ belasten – und können ihnen doch nicht entkommen.

*Demonstration von Angehörigen Verschwundener vor der „Villa Baviera“ am 15. Oktober 1997*

Wollen sie sich wirklich in die chilenische Gesellschaft integrieren, wie sie so oft versichert haben, müssen sie ihr Schweigen brechen. Die große konservative Minderheit Chiles hat sie von jeher zu den Ihren gerechnet. Aber auch die demokratische Linke und die christlich-liberale Mitte des Landes würden ihnen wohl jene „verständnisvolle Nähe“ entgegenbringen, zu der die Zeitung „La Discusión“ die Chilenen 2011 aufforderte[12], und sie als Teil der pluralistischen Gesellschaft akzeptieren – vorausgesetzt, sie stellten sich der Auseinandersetzung mit ihrer Vergangenheit, die sie bisher vermeiden. Dazu gehörte dreierlei: Den chilenischen Opfern der Colonia Dignidad materielle Wiedergutmachung zu leisten. Einen Ort der Erinnerung zu errichten. Und schließlich der moralischen Dimension ihrer Schuld nachzugehen.

Die Entschädigung chilenischer Opfer wird die chilenische Justiz erzwingen, der die „Villa Baviera“ bisher auch die Ermittlung und Bestrafung der Täter überlässt. Wie hoch sie auch immer ausfallen mag, die Bewohner des „Bayerischen Dorfes“ werden diese Wiedergutmachung für so ungerecht halten wie die bisher verhängten Strafen. Die geschlossene Abwehr der ergangenen Urteile gestattet ihnen gegenwärtig noch, sich als Gemeinschaft der Unschuldigen und Gutwilligen zu sehen, die von einem tyrannischen Anführer missbraucht wurde. Mit dem Tod Schäfers, des einzig Bösen, soll alle Schuld von denen genommen sein, die ihm jahrzehntelang folgten. Die Dämonisierung eines Alleintäters wird zur Bewältigung der Vergangenheit in der „Villa Baviera“ aber nicht genügen.

Manche unter ihnen ahnen dies. „Die Frage ist, welche Schuld man dabei hat.“[13] Nicht nur der greise Gerd Seewald, jeder in der „Villa Baviera“ wird sich fragen müssen, was er durch bewusstes Wegschauen, gehorsames Mitmachen, überzeugte Ausführung, willige Hingabe, unterlassenen Widerspruch an moralischer Schuld auf sich geladen hat. Diese Schuld ist nicht justiziabel. Sie anzuerkennen oder abzulehnen kann nur Gegenstand eines langen Prozesses der Selbstbefragung sein. Ob die Menschen der „Villa Baviera“ gemeinsame Antworten finden, kann sich nur in schmerzhaften Auseinandersetzungen erweisen, wie sie sie in dem Ringen um die öffentliche Erklärung von 2006 schon einmal auf sich genommen haben. Etliche sind bereits entschlossen, die Geschichte der „Villa Baviera“ nicht mehr nur in der bizarren Verengung auf die wenigen Jahre ihrer touristischen Entwicklung zu zeigen, sondern in einem neuen Museum auch die, wie es stereotyp heißt, „schlechten Seiten“ darzustellen. Es wäre das Symbol einer versuchten Erinnerung, so wie die Schautafeln, auf denen sich die „Villa Baviera“ heute präsentiert, Zeichen der verweigerten Erinnerung sind. Dem Bau einer Erinnerungsstätte würden wohl bittere Diskussionen vorangehen, gerade in und zwischen den Familien. Gewiss besteht die Gefahr, dass dabei das gegenwärtige Fundament des gemeinsamen Schweigens über Geschehnisse, von denen alle wissen, aufbricht. Eine Aufarbeitung ihrer Vergangenheit kann die Familien aber auch stärken, wenn es gelingt, neue Bande zu knüpfen, die nicht auf Vergessen, sondern auf Verstehen gründen.

Zur Integration in die chilenische Gesellschaft fehlte dann noch eines: ein Erinnerungsort für die chilenischen Opfer der „Colonia Dignidad“, den Menschenrechtsorganisationen bislang vergeblich einfordern.[14] Sie finden inzwischen nicht mehr nur taube Ohren, Vertreter der jungen Generation wie Anna Schnellenkamp suchen die Kommunikation mit ihnen und der „mesa de trabajo de Colonia Dignidad“ (Arbeitskreis „Colonia Dignidad“), in dem sich Familienangehörigen der chilenischen Opfer zusammengeschlossen haben.[15] Es gibt einen Ort, an dem beide Geschichten, die der „Colonia“ und die ihrer Opfer, symbolisch haften könnten. Er wäre dabei nicht, wie viele in der „Villa Baviera“ fürchten, ein dauerndes Monument der Anklage, er könnte vielmehr ein „Platz der Versöhnung“ werden.[16] Gegenüber der Schule, vor dem Eingang zur „Villa Baviera“, steht auf einem Hügel eine kleine Kapelle, umschlossen von einer Mauer, in die ein eisernes Tor eingelassen ist. Sie wurde 1977 von katholischen Nonnen, den „Hermanas de la Paz“, den „Schwestern des Friedens“, errichtet. 1983 erwarb die Schäfer-Gemeinde das Grundstück und versuchte sogleich, die unerwünschten Nachbarinnen durch einen Zermürbungskrieg zu vertreiben.[17] Die Wasserleitungen der Nonnen wurden aufgeschnitten, der Wassertank zerstört, Stromleitungen gekappt, Bäume gefällt. Als sie nicht wichen, standen im Juni 1987 schließlich Kirche und Wohnungen in Flammen, die Frauen fürchteten um ihr Leben und zogen sich Ende dieses Jahres zurück. Die „Colonia“ baute die Kirche wieder auf und verwendete sie als Lagerraum. Sie wurde inzwischen liebevoll restauriert, wird allerdings nur selten für Gottesdienste und Hochzeiten genutzt. In der Kapelle der „Schwestern des Friedens“, die die „Colonia Dignidad“ bekriegte, könnte die „Villa Baviera“ ihren Frieden mit Chile schließen.

1 Karl Marx: Der achtzehnte Brumaire des Louis Bonaparte. MEW 8, S. 115

2 Vgl. Grete Klingstein: Über Herkunft und Verwendung des Wortes „Vergangenheitsbewältigung“, in: Geschichte und Gegenwart 4, 1988, S. 301–312

3 Zitiert ebenda, S. 305

4 So das Verständnis von Theodor W. Adorno in einem Vortrag „Was bedeutet: Aufarbeitung der Vergangenheit“, zitiert ebenda, S. 305f.

5 Vgl. Helmut König, Michael Kohlstruck u. a. (Hrsg.): Vergangenheitsbewältigung am Ende des zwanzigsten Jahrhunderts, Opladen Wiesbaden 1998, S. 7

6 Peter Reichel: Vergangenheitsbewältigung in Deutschland. Die Auseinandersetzung mit der NS-Diktatur von 1945 bis heute, München 2001, S. 22

7 Norbert Frei: Vergangenheitspolitik. Die Anfänge der Bundesrepublik und die NS-Vergangenheit, München 2012 (Neuausgabe)

8 Karl Jaspers: Die Schuldfrage, in ders.: Hoffnung und Sorge. Schriften zur deutschen Politik 1945–1965, München 1965, S. 76ff.

9 Annette Weinke: Eine Gesellschaft ermittelt gegen sich selbst. Die Geschichte der Zentralen Stelle Ludwigsburg 1958–2008, (Darmstadt 2009), 2. Auflage; zitiert ebenda, S. 190/191; 1965 wurde der Verjährungsbeginn auf den 31.12.1949 verlegt, was 1969 ein erneutes Gesetzgebungsverfahren erforderte, in dem die Verjährungsfrist auf 30 Jahre ausgedehnt wurde. 1979 wurde die Verjährung von Mord und Völkermord schließlich ganz aufgehoben

10 Reichel, S. 210

11 Ebenda S. 139

12 Dies und das vorherige Zitat aus „Ex Colonia y la Justicia", La Discusión vom 24.5.2011 (Eigenes Archiv)

13 „Was soll aus uns werden?", Spiegel 42/2005 vom 17.10.2005

14 So etwa am Jahrestag des Pinochet-Putsches im September 2013 mit einer Demonstration vor der chilenischen Botschaft und dem Auswärtigen Amt in Berlin; vgl. „Menschenrechtler fordern Gedenkstätte", taz vom 11.9.2013, www.taz.de; kürzlich setzten Angehörige von Verschwundenen am Rio Perquilauquén einen eigenen Gedenkstein; „Colonia Dignidad: Gedenkstein für Verschwundene", www.amerika21.de, 21.3.2014

15 Anna Schnellenkamp in E-Mails an den Autor vom 22. und 28.3.2014

16 Schwember, S. 279 und 328; er schlug diese Nutzung der Kapelle dem Bischof von Linares vor, der aus unbekannten Gründen die Gespräche abbrach

17 Vgl. Heller 1993, S. 192f.; Schnellenkamp S. 94f.; ausführlich Araya/Lecaros, S. 115ff

# Literatur und Materialien

*In allen Zitaten wurde die ursprüngliche Rechtschreibung beibehalten. Im Original spanischsprachige Texte wurden vom Autor übersetzt.*

## Aufsätze, Broschüren und Bücher


15 años Sociedad Benefactora y Educacional Dignidad. 1961–1976, Festschrift ohne Verfasser, Erscheinungsort und -jahr

50 Jahre Chile. 1961–2011 „Villa Baviera", Gestaltung, Texte, Zeichnungen und Fotos von Johannes Wieske, Los Angeles 2011

Araya Escotorín, Marcelo & Lecaros Álvarez, Pia: Se busca Paul Schäfer – salvador o demonio de Colonia Dignidad?, Santiago 1998 (Centro de documentación del Museo de la Memoria y los Derechos Humanos, Santiago)

Bange, Dirk: Sexueller Missbrauch an Jungen. Die Mauer des Schweigens, Göttingen 2007

Biedermann, Niels, Strasser, Judith, Poluda, Julian: „Colonia Dignidad" – Psychotherapie im ehemaligen Folterlager einer deutschen Sekte, in: Zeitschrift für Politische Psychologie, Jg. 14/2006, Nr. 122, S. 111–127

Bock, Petra & Wolfrum, Edgar (Hrsg.): Umkämpfte Vergangenheit. Geschichtsbilder, Erinnerung und Vergangenheitspolitik im internationalen Vergleich, Göttingen 1999

Deutscher Bundestag – Protokoll der 10. Sitzung des Unterausschusses für Menschenrechte und Humanitäre Hilfe des Auswärtigen Amtes vom 22.2.1988, www.agpf.de/Colonia – Bundestagsprotokoll.htm

Deutscher Bundestag – Drucksache 17/7280 vom 4.10.2011: Antwort der Bundesregierung auf die Kleine Anfrage der Abgeordneten Jan Korte u.a., Fraktion DIE LINKE

Deutscher Bundestag – Drucksache 17/12980 vom 2.4.2013: Antwort der Bundesregierung auf die Kleine Anfrage der Abgeordneten Hans-Christian Ströbele u.a., Fraktion Bündnis 90/Die Grünen

Dinges, John: The Condor Years. How Pinochet and his Allies brought Terrorism to Three Continents, New York 2004

European Center for Constitutional and Human Rights (ECCHR): Stellungnahme zur Rolle von Hartmut Hopp innerhalb der Colonia Dignidad, Berlin 2011

Flüchtlinge und Vertriebene in der westdeutschen Nachkriegsgesellschaft. Bilanzierung der Forschung und Perspektiven für die künftige Forschungsarbeit, hrsg. von Rainer Schulze, Doris von der Brelie-Lewien, Helga Grebing, Hildesheim 1987

Frei, Norbert: Vergangenheitspolitik. Die Anfänge der Bundesrepublik und die NS-Vergangenheit, München 2012 (Neuausgabe)

Frenz, Helmut: Mi vida chilena. Solidaridad con los oprimidos, Santiago 2006

Fröhling, Ulla: Unser geraubtes Leben, Köln 2012

Gemballa, Gero: Colonia Dignidad. Ein deutsches Lager in Chile, Reinbek 1988

Gemballa, Gero: Colonia Dignidad. Ein Reporter auf den Spuren eines deutschen Skandals, Frankfurt/Main, New York 1998

Heller, Friedrich Paul: Colonia Dignidad. Von der Psychosekte zum Folterlager, Stuttgart 1993, 1. Auflage

Heller, Friedrich Paul: Lederhosen, Dutt und Giftgas, Stuttgart 2006, 2. Auflage

Imbusch, Peter, Messner, Dirk, Nolte, Detlef (Hrsg.): Chile heute, Frankfurt/Main 2004

Jaspers, Karl: Die Schuldfrage, in ders.: Hoffnung und Sorge. Schriften zur deutschen Politik 1945–1965, München 1965

Klein, Naomi: Schockstrategie. Der Aufstieg des Katastrophen-Kapitalismus, Frankfurt/Main 2007

Klingenstein, Grete: Über Herkunft und Verwendung des Wortes „Vergangenheitsbewältigung", in: Geschichte und Gegenwart 4/1988, S. 301–312

König, Helmut & Kohlstruck, Michael u. a. (Hrsg.): Vergangenheitsbewältigung am Ende des zwanzigsten Jahrhunderts, Opladen, Wiesbaden 1998

Lateinamerika Nachrichten: Nr. 201 „Das Ende der Colonia Dignidad"?, März 1991; Nr. 227 „Colonia Dignidad vor dem Aus?", Mai 1993; Nr. 229/230 „Wo sie sind, bleibt ungeklärt", Juli/August 1993; Nr. 281 „Die Festung wankt", November 1997; Nr. 351/352 „Die würdelose Kolonie", September/Oktober 2003; Nr. 379 „Neue Ermittlungen im Fall Schäfer", Januar 2006; Nr. 394 „Wahnsinn und Politik", April 2007; Nr. 415 „Hinter den sieben Bergen, bei den sieben Zwergen", Januar 2009; Nr. 432 „Göttliche Gerechtigkeit oder Entschädigungsgesetz?", Juni 2010; Nr. 450 „50 Jahre und kein Ende in Sicht", Dezember 2011; Nr. 454 „Überleben in der Colonia Dignidad", April 2012; Nr. 465 „Verurteilt in Chile – (noch) frei in Deutschland", März 2013

Loos, Lorena Mazuré: Perspektiven der deutsch-chilenischen Minderheit in Chile auf Colonia Dignidad, Magisterarbeit an der Universität Wien, Wien 2009

Oesterreich, Detlef: Flucht in die Sicherheit. Zur Theorie des Autoritarismus und der autoritären Reaktion, Opladen 1996

Reichel, Peter: Vergangenheitsbewältigung in Deutschland. Die Auseinandersetzung mit der NS-Diktatur von 1945 bis heute, München 2001

Rinke, Stefan: Kleine Geschichte Chiles, München 2007
Rojas, Álvaro: Los secretos de la Colonia Dignidad, Santiago o. J. (Centro de documentación del Museo de la Memoria y los Derechos Humanos, Santiago)
Ruderer, Stephan: Das Erbe Pinochets. Vergangenheitspolitik und Demokratisierung in Chile 1990–2006, Göttingen 2010
Salinas, Claudio & Stange, Hans: Los amigos del „Dr." Schäfer. La complicidad entre el Estado Chileno y Colonia Dignidad, Santiago 2006
Schildt, Axel & Sywottek, Arnold: Modernisierung im Wiederaufbau. Die westdeutsche Gesellschaft der 50er Jahre, Bonn 1998
Schnellenkamp, Klaus: Geboren im Schatten der Angst, München 2007
Schwember, Herman: Delirios e indignidad. El estéril mundo de Paul Schäfer, Santiago 2009 (posthum erschienen)
Sofsky, Wolfgang: Die Ordnung des Terrors: Das Konzentrationslager, Frankfurt am Main 1993
Straßner, Veit: Die offenen Wunden Lateinamerikas. Vergangenheitspolitik im postautoritären Argentinien, Uruguay und Chile, Wiesbaden 2007
Treibgut des Krieges. Zeugnisse von Flucht und Vertreibung der Deutschen. Hrsg. Volksbund Deutsche Kriegsgräberfürsorge e.V., Kassel 2008
Vedder, Efraín: Weg vom Leben, Berlin 2007
Weber, Max: Wirtschaft und Gesellschaft. Grundriss der verstehenden Soziologie, Frankfurt am Main 1922
Weinke, Annette: Eine Gesellschaft ermittelt gegen sich selbst. Die Geschichte der Zentralen Stelle Ludwigsburg 1958–2008, Darmstadt 2009, 2. Auflage
Westphal, Kathrin: Ursachen des Ausstiegs aus religiös-fundamentalistischen Gruppierungen. Eine qualitative Untersuchung, Jena 2002
Zwischenbericht der Enquete-Kommission „Sogenannte Sekten und Psychogruppen", hrsg. vom Deutschen Bundestag, Referat Öffentlichkeitsarbeit, Bonn 1997

## Filme und Radiosendungen

Colonia Dignidad. Une secte nazie en pays de Pinochet, von José Maldavsky, Produktion: Temps noir, History Channel, France 5, 2006, www.terrorismodeestadoenchile.blogspot.com.ar
Colonia Dignidad. Anwalt fordert umfassende Ermittlungen, Deutschlandradio Kultur, gesendet am 2. 9. 2011, www.dradio.de
Das Geheimnis der Colonia Dignidad, von Rolf Pflücke, ZDF 1987 (DVD im Centro de documentación del Museo de la Memoria y los Derechos Humanos, Santiago)

Deutsche Seelen. Leben nach der Colonia Dignidad, von Martin Farkas und Matthias Zuber, Zorro Film GmbH, München/Berlin 2010
Eine-Welt-Report zur „Colonia Dignidad“ in Chile; Nord Süd Forum München e.V. besucht "Colonia Dignidad" in Chile, Radio LORA München, gesendet am 31.12.2013, www.amerika21.de
Es ist noch nicht vorbei ... Prozesse gegen die Colonia Dignidad in Chile. Von Gaby Weber, Deutschlandradio Kultur/Weltzeit – 20.7.2010, www.dradio.de
Gegen das Vergessen – Proteste gegen Colonia Dignidad in Krefeld, Westart Magazin vom 11.6.2013, www.wdr.de/mediathek
Geheimniskrämer. Informationsfreiheit in Deutschland und in den USA, von Gaby Weber, swr2, gesendet am 7.1.2011, swr2.-wissen-Manuskriptdienst, www.swr.de/swr2
„Hier sind schreckliche Dinge passiert“, Deutschlandradio Kultur/Interview – 2.7.2010, www.dradio.de
Ortserkundungen (4): „Villa Baviera“. Die ehemalige Colonia Dignidad, von Heike Tauch, Deutschlandfunk, gesendet am 28.8.2007, Deutschlandradio, unkorrigiertes Manuskript
„The Colony: Chile´s dark past uncovered“, by Faris Kermani and Lucia Newman, Al Jazeera Correspondent 11/2013, www.aljazeera.com
Von der Kolonie Würde zum Bayerischen Dorf, Deutsche Welle, gesendet am 31.7.2011, www.dw.de

*Artikel aus Zeitungen und Zeitschriften sowie alle weiteren, hier nicht genannten Webseiten werden in den entsprechenden Fußnoten nachgewiesen.*

## Zeitzeugen

Winfried Hempel
Ernst-Wolfgang Kneese

sowie viele Menschen aus der „Villa Baviera“, mit denen wir Ende Oktober 2013 sprachen, die aber ungenannt bleiben möchten.

**Horst Rückert,**
1950 in einem Dorf bei Nürnberg geboren, studierte Deutsch, Geschichte und Sozialkunde und war anschließend Gymnasiallehrer in München.
Zwischen 1990 und 2009 arbeitete er 14 Jahre als Lehrer und Schulleiter an deutschen Auslandsschulen in Peru und Chile. Während seiner Tätigkeit in Chile begann er sich intensiv mit der ehemaligen „Colonia Dignidad" zu beschäftigen.
Horst Rückert lebt in München

1. Auflage 2014



www.a1-verlag.de

Satz: Kretschmann2, Bad Aibling

Litho: Kochan & Partner GmbH, München

Typographie, Umschlagentwurf & Gestaltung: Konturwerk, Herbert Woyke

Titelmotive: „Polizei konnte Schäfer nicht finden ..." picture-alliance/dpa (oben), „Eingezäunte Villa Baviera" Horst Rückert (unten)

Bildnachweis: Horst Rückert (Seite 7, 164, 242, 255), Redaktionsarchiv Rhein-Sieg-Anzeiger (Seite 14), ullstein bild – AP (Seite 25, 181), picture-alliance/dpa (Seite 30, 62, 112, 117), Festschrift „15 años Sociedad Benefactora y Educacional Dignidad. 1961–1976" (Seite 35 oben und unten, 38, 50, 98), Ernst-Wolfgang Kneese (Seite 136), picture-alliance/dpa/dpaweb (Seite 101), AFP/Getty Images (Seite 135, 145, 224, 247), picture-alliance/AP Photo (170)

Druck: Friedrich Pustet, Regensburg

Papier Innenteil: 90 g/m² Werkdruck Munken Premium cream, 1,5-fach

Papier Bezug: 135 g/m² BVS Bilderdruck weiß hochglänzend

Papier Vor- und Nachsatz: 135 g/m² Surbalin Linea ockergrün von Peyer

Gesetzt aus der 11/13,3 Punkt Adobe Garamond Pro regular

Printed in Germany

ISBN 978-3-940666-56-7